Über dieses Buch Viele depressiv erkrankte Menschen haben einen langen und leidvollen Weg von Arzt zu Arzt hinter sich, bis sie endlich Aufmerksamkeit und Verständnis finden und angemessen medizinisch behandelt werden. Der Weg aus dem Dunkel der Krankheit wird oft von Hindernissen versperrt, die geläufige Namen haben: Unwissenheit, Vorurteil, Verständnislosigkeit, Egoismus. Die Frauen, die in diesem Buch zu Worte kommen, schildern Erfahrungen und Symptome, die trotz der Einmaligkeit eines jeden menschlichen Schicksals typisch oder spezifisch für die Krankheit Depression sind. Die hier dargestellten oder protokollierten Frauenschicksale sind authentisch. Die Fragen, die sich dem Laien beim Lesen des Textes stellen, werden von kompetenten Fachleuten eingehend beantwortet.

Depression ist kein spezifisches Frauenproblem, keine »weibliche« Erkrankung, auch wenn Untersuchungen und Statistiken dies immer wieder glauben machen wollen. Es ist wohl vielmehr so, daß Frauen eher bereit sind, sich ihre Erkrankung einzugestehen und Hilfe anzunehmen. Sie neigen weniger dazu, in Überspielung, Verharmlosung oder Kompensierung durch Gewalttätigkeit zu flüchten.

Das Buch will Betroffene ermutigen, den Weg aus dem »schwarzen Loch«, in das sie gefallen sind, zu suchen und gibt Hinweise, wie man auf den »richtigen Weg«, das heißt zum richtigen Arzt findet. Es macht deutlich, daß Depression kein Makel ist, den es zu verbergen oder zu ignorieren gilt, und daß Ärzte und Psychotherapeuten der Krankheit Depression nicht mehr so hilflos gegenüberstehen wie noch vor dreißig oder vierzig Jahren. So ist dies – trotz der erschütternden Leidenswege depressiv erkrankter Frauen, von denen wir erfahren – ein Buch, das Hoffnung macht.

Die Autorin Monika Beckerle, Jahrgang 1943, verheiratet, drei Kinder, lebt als freie Schriftstellerin in Speyer. Publikationen u. a.: »Das Kartenhaus« (Roman, 1983); »Karl Krolow« (Essays zu einem Bildbuch, 1984); »Schattenliebe« (Gedichte, 1985); »Der Toten Tanz« (Roman, 1986); mehrere Kinderbücher.

Monika Beckerle

Depression: Leben mit dem Gesicht zur Wand

Erfahrungen von Frauen

Fischer Taschenbuch Verlag

Die Frau in der Gesellschaft
Lektorat: Ingeborg Mues

24.–28. Tausend: Februar 1992

Originalausgabe
Veröffentlicht im Fischer Taschenbuch Verlag GmbH,
Frankfurt am Main, Februar 1989

Umschlaggestaltung: Susanne Berner
Gesamtherstellung: Clausen & Bosse, Leck
Printed in Germany
ISBN 3-596-24726-8

Inhalt

Monika Beckerle
Vorwort

1973 habe ich eine Freundin verloren, die aus einer schweren Krise heraus in eine Psychose geriet und sich das Leben nahm. Ich vergesse den Tag nicht, mein Entsetzen, das Gefühl, nicht konsequent genug gehandelt zu haben, meine ohnmächtige Wut.

Ich war damals dreißig Jahre alt und wußte nichts oder doch sehr wenig über Depression. Der Satz »Unwissenheit schützt vor Strafe nicht« hatte sich auf bittere Art und Weise bewahrheitet. Ich reagierte auf den Verlust mit einer intensiven Beschäftigung mit dem Thema Depression, las Fachliteratur und wurde im Alltag hellhörig und aufmerksam. Schon damals kam mir der Gedanke, ich müsse die erworbene Fachkenntnis so darzustellen versuchen, daß man sie auch als Laie verstehen kann. Aber ich war skeptisch gegenüber meinem missionarischen Eifer und unterließ es.

Im Laufe der folgenden Jahre sind mir viele Menschen begegnet, die depressiv krank waren, manchmal ohne es selbst zu wissen. Menschen, die einen qualvollen Weg von Arzt zu Arzt hinter sich hatten oder nie einen Arzt aufsuchten, weil sie sich ihre Erkrankung nicht eingestehen konnten.

Es waren Frauen und Männer verschiedenen Alters und aus den unterschiedlichsten Berufen und sozialen Schichten. Depression ist kein spezifisches Frauenproblem, keine »weibliche Erkrankung«, auch wenn Untersuchungen und Statistiken dies immer wieder glauben machen wollen. Es ist wohl so, daß Frauen eher bereit sind, sich ihre Erkrankung einzugestehen und Hilfe anzunehmen. Sie neigen weniger dazu, in Überspielung, Verharmlosung, somatische Erkrankung zu flüchten, mit Gewalthandlungen zu reagieren oder Unfälle zu provozieren.

Die Frauen, die in diesem Buch zu Wort kommen, schildern Krankheitssymptome, die trotz der Einmaligkeit eines jeden menschlichen Schicksals typisch oder spezifisch sind für die Krankheit Depression. So soll anderen Frauen die Möglichkeit gegeben werden, zu erkennen, daß sie nicht allein sind mit ihrer Verstimmung, Reaktion oder Psychose. Daß sie kein »Einzelfall« sind und es vielen Menschen ähnlich ergeht. Vor allem aber sollen sie sehen, daß es immer einen Weg geben kann, der herausführt aus dem Tunnel, aus dem Gefängnis, aus dem »schwarzen Loch«. Aber diesen Weg muß man suchen. Darin sehe ich den Sinn dieses Buches: daß es Hinweise gibt, wie man – vielleicht mit Hilfe von Angehörigen oder Freunden – auf den »richtigen Weg«, das heißt zum richtigen Arzt oder/und Therapeuten findet. Es ist der Versuch einer Erklärung, daß depressive Erkrankung kein Makel ist, den es zu verbergen oder zu ignorieren gilt; aber auch der Hinweis darauf, daß Ärzte und Psychotherapeuten heute Depressionen nicht mehr so hilflos gegenüberstehen wie noch vor dreißig oder vierzig Jahren.

Die Motivation für das Buch war subjektiv. Die Berichte der Frauen sind subjektiv. Aber die Tatsache, daß in der Bundesrepublik Deutschland jährlich acht Millionen Menschen wegen psychischer Beschwerden die Praxen von Allgemeinärzten aufsuchen, ist objektiv wie die erschreckende Mitteilung der Allgemeinen Presseagentur vom 3.10.1987, wonach sich bei uns jährlich 14000 Menschen das Leben nehmen, und ebenso objektiv wie die Bekanntgabe der Deutschen Gesellschaft für Selbstmordverhütung auf ihrer fünfzehnten Jahrestagung 1987, daß sie die Zahl der Suizidversuche auf das Acht- bis Zwanzigfache schätzt.

Die Berichte der Frauen sprechen für sich selbst. Die beigegebenen Fragen und Antworten sollen informieren und klären. Ich habe mir überlegt, ob ich mich bei den zu Befragenden an Frauen wenden sollte und nur an sie, weil ich dachte, allein Frauen könnten Frauen wirklich gut verstehen. Ich hatte mich getäuscht. Davon abgesehen, daß Depression keine Frauenkrankheit ist, machte ich die Erfahrung, daß männliche Ärzte auf depressiv Erkrankte anders reagieren als weibliche. Natürlich nicht besser, aber anders. So wurde unter anderem auch verhindert, daß ich einäugig in eine Frauenleiden-unter-Männern-Rolle glitt. Depressiv kranke Männer leiden zudem an den gleichen Symptomen, sind gleichermaßen hilflos und hoffnungslos, irritiert und verzweifelt wie kranke Frauen.

Ich benutze in diesem Vorwort den Begriff »Depression«, ohne ihn definiert zu haben. Das ist mißverständlich und gefährlich. Ich verweise deshalb ausdrücklich auf die begriffsklärende Einleitung von Dr. Ulrich Pratje.

Die geschilderten oder protokollierten Schicksale sind authentisch, biographische Daten wurden jedoch zum Schutze der Persönlichkeit geändert oder verfremdet. Aber auch wenn die Frauen anonym bleiben, gilt ihnen mein besonderer Dank. Fast alle betonten die Motivation für ihre Mitarbeit: anderen Betroffenen zu zeigen, daß es immer einen Ausweg geben kann, daß es darauf ankommt, die Tür ins Freie zu kennen, die man finden muß, wenn man im dunklen Gefängnis einer Depression umherirrt. Diese ausgesprochene Motivation wird Leser, so wünsche und hoffe ich, auch daran hindern, sich unversehens in der Rolle des Voyeurs wiederzufinden.

Meine Bemühungen, die immer mitbetroffenen Angehörigen zu einem Gespräch zu bewegen, blieben erfolglos. Weshalb ist das so? Es gibt zahllose Gründe. Im Gespräch mit Doris K., die bereit war, über die Reaktionen ihrer Familie auf die Depression ihrer Mutter (deren Geschichte in diesem Buch nicht dargestellt ist) zu berichten, werden diese Gründe überzeugend bewußt gemacht.

Ich danke Frau K. ebenso wie den Menschen, die meine Fragen beantwortet haben. Wo sie sich zu den Problemen äußern, geben sie ihre persönliche Meinung wieder, wobei zu bedenken ist, daß es in keinem Lebensbereich eine »Wahrheit an sich« gibt und vieles eine Frage der Anschauung, Fachrichtung, Schule und des Ermessens ist. Sie alle leisten einen Beitrag zum besseren Verständnis depressiver Verstimmung und

Erkrankung: Elisabeth Schad, Diplompsychologin; Dr. Ulrich Pratje, Nervenarzt; Dr. Adalbert Orth, Allgemeinarzt; Dr. Gerhard Jakob, Gynäkologe; Dr. Hans Sproll, Gynäkologe; Dr. Ernst Gutting, Weihbischof.

Bedanken möchte ich mich auch bei Leonarda Spoelstra-Raphaël und Aloisia Schwarzmüller für die kritische Durchsicht der Beiträge und die langen intensiven Gespräche. Diese beiden Frauen haben mir bewußt gemacht, daß man als »Hilfsbereite(r)« sehr rasch in Versuchung gerät, die eigenen Insuffizienzgefühle, die Angst vor dem Schuldigwerden und die Ratlosigkeit angesichts schwer zu verstehenden Verhaltens mit Fürsorglichkeit zuzudecken, insbesondere dann, wenn der einzig richtige Weg – der Weg zum Arzt – vom Kranken oder seinen Angehörigen nicht akzeptiert werden kann.

Dr. Ulrich Pratje
Einführung

»Depression – Leben mit dem Gesicht zur Wand« heißt dieses Buch, in dem berichtet wird, wie Frauen mit ihren Leiden umgingen.

Das Anliegen dieses Buches ist es, einer breiteren Leserschaft ein Krankheitsbild näherzubringen, das sehr häufig verkannt, oft mißdeutet und daher ebenso oft nicht in der erforderlichen Weise behandelt wird. Schon der Begriff einer »Depression« ist vieldeutig. Im engeren Sinne eigentlich ein medizinisch-ärztlicher Begriff, wird er heute im Alltagsgebrauch in sicher nicht zutreffender Form bei allen möglichen Gelegenheiten benutzt.

»Ich bin depressiv« – damit will man oft einen Zustand beschreiben, der eigentlich eher mit »deprimiert« bezeichnet werden könnte. Der Einfluß des schlechten Wetters, eine schlechte Nachricht, ein verlorenes Geldstück, eine mißlungene Arbeit: alle diese alltäglichen Bagatellen haben mit einer »Depression« nichts zu tun. Man ist vielleicht traurig, man ist deprimiert, aber keinesfalls depressiv.

Depressiv bezeichnet einen viel tiefergehenden Zustand, der nicht eine flüchtige Augenblicksstimmung beschreibt, sondern ein Ausdruck des Gefühlslebens ist. Der Verlust eines nahestehenden Menschen, der Verlust des Arbeitsplatzes und die dadurch drohende existentielle Not, der Vertrauensbruch eines seit Jahren angeblich eng befreundeten Menschen – alle durch solche Erfahrungen ausgelösten tiefergreifenden Verstimmungszustände, die Tage und länger anhalten können, kann man schon eher als »Depressionen« bezeichnen, obwohl sie mit der eigentlichen Krankheit »Depression« auch nichts zu tun haben. Aber hier kann man nicht mehr wie bei den weiter oben genannten kleinen Enttäuschungen mit einem herzlichen Schulterklopfen dem Betroffenen weiterhelfen. Hier sind schon vertrauliche Gespräche, auch mit einem Arzt, in schweren Fällen sogar längere Gespräche mit einem Psychotherapeuten erforderlich.

Letztendlich gibt es aber auch die Erkrankung »Depression«, bei der Menschen aus heiterem Himmel und ohne irgendeinen erkennbaren Zusammenhang zu äußeren Ereignissen tief traurig werden, jedes Selbstvertrauen und jeden Mut verlieren, keine Hoffnung mehr für die Zukunft sehen, unter schweren Schlaf- und Appetitstörungen leiden und oft auch körperliche Beschwerden empfinden, denen kein Arzt einen krankhaften Organbefund zuordnen kann. Hier kann eigentlich nur der Arzt, der Psychiater, entscheidend helfen.

Auf den folgenden Seiten soll nun allerdings nicht versucht werden, dem Laien eine einwandfreie Diagnostik zu ermöglichen (hierzu sind die Verhältnisse viel zu kompliziert und erfordern eine reiche Erfahrung im Umgang mit kranken Menschen), sondern es sollen einige Begriffe klargestellt werden. Die Beiträge der Frauen demonstrieren selbst, wie unterschiedlich die Ausprägung solcher Verstimmungszustände unter Berücksichtigung der Persönlichkeitsstruktur der Betroffenen sein können, wie sehr sie die Lebensgestaltung und die Verhaltensweisen der Menschen beeinflussen. Es sollen Wege der Therapie aufgezeigt werden, wobei zu erkennen ist, wie schwierig oft die klare Diagnose und auch die systematische Behandlung ist. Dabei soll auch der Versuch gemacht werden, die immer noch bestehenden erheblichen Vorurteile gegen seelische Erkrankungen durch entsprechende Erklärungen abzubauen.

Seelisch kranke Menschen benötigen in allererster Linie Verständnis, ebenso dringend aber auch Rücksichtnahme. Was sie am allerwenigsten brauchen, ist Mitleid. Wichtig dagegen sind Hilfe und Beistand. Sie zu leisten, ist Sache kompetenter Ärzte und Therapeuten.

Wir wollen zunächst einmal grundsätzlich klären, mit welchen Erkrankungen sich ein *Nervenarzt* befaßt. Das Gebiet der Nervenheilkunde kann man in zwei große Gebiete teilen:

1. Die Erkrankungen des Nervensystems, sowohl des Gehirns als auch des Rückenmarkes und der in den Körperregionen verlaufenden peripheren Nerven, bei denen als Ursache der Erkrankung organische Veränderungen im Gewebe nachgewiesen werden können.

2. Psychische Erkrankungen, die Erkrankungen der Seele sind. Dabei wissen wir auch heute noch nicht, wo man die »Seele« lokalisieren soll. Der Mensch vermutet den Sitz der Seele im Gehirn. Bei seelischen Erkrankungen können wir aber mit heute zur Verfügung stehenden Mitteln keine organischen Veränderungen am Gewebe einer Körperregion, auch des Gehirnes nicht, erkennen. Es sind auch keine krankhaften chemischen Veränderungen des Stoffwechsels sicher bekannt, die in einem ursächlichen Zusammenhang mit seelischen Erkrankungen stehen. Die Medizin unterstellt lediglich solche Zusammenhänge, da sich in jüngerer Zeit seelische Erkrankungen sowohl durch physikalische als auch durch chemische Maßnahmen (zum Beispiel Medikamente) günstig beeinflussen lassen. Es muß also sowohl für physikalische als auch für chemische Substanzen Angriffspunkte im Körper geben, die pathologische Veränderungen normalisieren.

Nervenkrankheiten können wir hier außer acht lassen.

Das große Gebiet der psychischen Erkrankungen unterteilt man in drei Gruppen:

1. Abnorme Persönlichkeitsstrukturen

Darunter versteht man Eigenarten der Persönlichkeit, die von einer willkürlich nach allgemeiner Übereinkunft mehr oder weniger präzise festgelegten Norm abweichen, keinesfalls aber als krankhaft angesehen werden müssen, zum Beispiel ein »Spleen«.

2. Körperlich begründbare seelische Erkrankungen

Hierunter versteht man alle seelischen Krankheiten, die Folge einer nachweisbaren krankhaften Organveränderung sind, zum Beispiel Niereninsuffizienz, Anämie, Herzinsuffizienz, Cerebralsklerose.

3. Körperlich nicht begründbare seelische Erkrankungen
Dies sind die eigentlichen endogenen Psychosen, deren Ursache – wie oben bereits ausgeführt – nicht bekannt ist, andererseits aber vermutet wird.

In diesem Buch wird nun vornehmlich auf »Depressionen« eingegangen. Depressionen gehören in das Gebiet der körperlich nicht begründbaren sogenannten »endogenen« Psychosen. Sie werden auch unter dem Begriff der Zyklothymie eingeordnet, da Depressionen sehr häufig phasenhaft verlaufen, das heißt, daß die Stimmung gewissermaßen unter eine Norm absinkt, zu dieser Norm aber wieder zurückkehrt. In einzelnen Fällen kann es dann zu einer Gegenregulation kommen, die gesamte Stimmungslage erhebt sich über die Norm. Dies nennen wir eine Manie. Auch die Manie kehrt dann wieder zur Null-Lage zurück. Die Erkrankung schwingt also gewissermaßen um eine Null-Linie sowohl ins Negative als auch ins Positive. Dies will man mit dem Begriff der »Zyklothymie« deutlich machen. Im vergangenen Jahrhundert entstand für diese Erkrankung der Begriff »manisch-depressives Irresein«, der dasselbe ausdrücken wollte. Der Begriff des »Irren« ist aber glücklicherweise seit vielen Jahrzehnten endgültig aufgegeben worden.

Depressionen muß man grundsätzlich wieder in zwei Gruppen unterteilen:
1. Reaktive Depression
Darunter versteht man Reaktionen auf ein Ereignis, die mit Trauer, Niedergeschlagenheit, bei stärkeren Reaktionen auch mit Tränenausbrüchen und Verzweiflung einhergehen können. Der Zusammenhang mit dem äußeren Ereignis ist meistens erkennbar, die Reaktion als solche verständlich.

Von einer reaktiven Depression wird man aber nur dann sprechen, wenn die Reaktion über ein nach allgemeiner Übereinkunft als normal zu bezeichnendes Maß hinausgeht. Man kann natürlich auch die Reaktion auf den Verlust eines größeren Geldbetrages schon als reaktive Depression bezeichnen.

Eine reaktive Depression macht in den meisten Fällen ärztliches Handeln nicht erforderlich. Nur in Ausnahmefällen, wenn diese Reaktion eben ein normales Maß wesentlich überschreitet, wird der Arzt zu Hilfe gerufen. Überschreitet die reaktive Depression nicht nur in ihrem Ausmaß, sondern auch in ihrer Dauer ganz erheblich das normale Maß, wird in seltenen Fällen auch ein Psychotherapeut eingeschaltet werden müssen.

2. Endogene Depression

Hierunter versteht man eine depressive Verstimmung mit allen Zeichen tiefer Traurigkeit, Mut- und Hoffnungslosigkeit, mit sinnlosen Selbstvorwürfen und Schuldgefühlen, tiefer Verzweiflung, die bis zur Selbstmordneigung reichen kann, wobei die Ursache nicht erkennbar, die Depression also für die Umgebung unverständlich ist. Hier handelt es sich um eine echte, schwere und für den Betroffenen qualvolle Erkrankung. Er erkennt selbst oft die Ursachen seiner Verstimmung nicht oder versucht, sie mit völlig unbegründeten Selbstvorwürfen zu erklären. Die Umgebung fordert sehr häufig auch kopfschüttelnd zum »Sich-Zusammennehmen« und zum »Sich-Beherrschen« auf. Dies ist dem Kranken vollkommen unmöglich. Er ist seiner Erkrankung völlig wehrlos ausgeliefert.

Von diesen beiden grundsätzlich voneinander unterschiedenen Arten der Depression gibt es besonders benannte Varianten.

Eine reaktive Depression kann zum Beispiel auch im Rahmen einer abnormen Erlebnisreaktion auftreten. Unter einer abnormen Erlebnisreaktion verstehen wir jede Reaktion auf ein Erlebnis, die nach Art, Intensität oder Dauer von einer nach allgemeiner Übereinkunft fixierten Norm abweicht. Dies *muß* keine depressive Reaktion sein, kann es aber auch sein und wird dann als reaktive Depression eingestuft.

Zu einer endogenen Depression gehört zum Beispiel die »larvierte« Depression, worunter man eine versteckte oder verschleierte Depression versteht. Hier kann der Patient seine depressiven Empfindungen noch einigermaßen beherrschen.

Im Vordergrund stehen dafür die bei einer endogenen Depression von den Patienten empfundenen körperlichen Mißempfindungen und Funktionsstörungen, die den Patienten mit rein körperlichen Beschwerden zum Arzt führen. Dabei ist dann natürlich der gesamte körperliche Untersuchungsbefund völlig normal. Die Beschwerden bleiben unbeeinflußbar.

Auch die sogenannte »Altersdepression« gehört hierher, wobei man hierunter lediglich eine Depression versteht, die im Alter durch organisch bedingte psychische Auffälligkeiten – »Einschränkung der Merk- und Konzentrationsfähigkeit, gelegentliche Verwirrtheit« – in ihren Symptomen verwischt und untypisch wird.

Neurotische Depression

Unter einer neurotischen Depression versteht man eine depressive Verstimmung, deren Ursache in einem seelischen Konflikt des Patienten selbst liegt. Sie ist damit eigentlich eine Unterform der reaktiven Depression, wobei aber nicht die Reaktion auf ein äußeres Ereignis, sondern die Reaktion auf ein im Menschen selbst liegendes Problem die Ursache ist.

Als letztes sei angemerkt, daß es auch endogene Depressionen gibt, die durch ein Ereignis ausgelöst werden. Dabei mündet eine reaktive Depression schließlich in eine endogene Depression ein. Dies läßt sich an der psychopathologischen Symptomatologie erkennen. Hierher gehören Depressionen, die von dem auslösenden Ereignis ihren besonderen Namen haben: Wochenbettdepression, klimakterische Depression, Erschöpfungsdepression und auch die oben genannte Altersdepression.

Nachdem eine kurze Systematik die Formen der Depressionen klargelegt hat, stellt sich nun die Frage, wer im einzelnen für die Behandlung zuständig ist.

In der Regel wird der Patient, sofern er ärztliche Hilfe für erforderlich hält, zunächst zu seinem Hausarzt gehen. Dieser Weg ist grundsätzlich auch der richtige, da der Hausarzt eine mögliche erlebnisbedingte Reaktion rasch abklären, eine körperliche Ursache ausschließen und dann den weiteren Weg vorzeichnen kann. Der Hausarzt kennt seine Patienten seit vielen Jahren, kennt oft auch schon Reaktionen und Ausmaß von Reaktionen seiner Patienten, kennt die echten Sorgen und Nöte und kann diese von krankhaft übersteigerten Sorgen und Nöten unterscheiden. Jeder Hausarzt wird, sofern die Unterscheidung für ihn problematisch und schwierig ist, seinen Patienten an den Psychiater überweisen, der hier dem Hausarzt mit Rat zur Seite steht oder die Behandlung selbst übernimmt.

Psychiater

Noch heute scheuen sich viele Menschen, den Psychiater aufzusuchen. Die Ursachen hierfür sind vielfältig, haben ihren tiefen Grund wohl in einer gewissen Abwehrhaltung und Ängstlichkeit des Menschen gegenüber seelischen Erkrankungen. Er sieht sich mit Krankheitssymptomen konfrontiert, die er nicht versteht. Daß man bei einem Schnupfen niesen muß, bei einem Beinbruch nicht gehen kann und Schmerzen hat, ist leicht verständlich; daß Krebs die Organe zerstört, muß akzeptiert werden; daß ein davon betroffener Mensch depressiv, verzweifelt und oft mutlos ist, ist einsehbar. In eine seelische Erkrankung kann sich aber der Gesunde nicht einfühlen, sie ist für ihn unheimlich und unverständlich. Der Mensch fürchtet, durch den Gang zum Psychiater schon zu einem »Geisteskranken« abgestempelt zu werden. Bei echten seelischen Problemen verbindet sich mit dem Gang zum Psychiater die Angst, unversehens in eine »Irrenanstalt« eingewiesen zu werden. Alle Bemühungen, dieses Bild von seelisch kranken Menschen und den sie behandelnden Ärzten zu ändern, sind, wie sich besonders in den letzten Jahren gezeigt hat, vergeblich.

Die Behandlungsmethoden der modernen Psychiatrie werden immer noch als menschenunwürdig bezeichnet. Sie stellen sich vielleicht dem völlig sachunkundigen Besucher oder

Beobachter auch so dar, sind aber oft durch Art und Auswirkungen der Erkrankungen erzwungen. Sie basieren auf immer neuen Erkenntnissen und Möglichkeiten in der Behandlung dieser Menschen und sind mit Sicherheit seit dem vergangenen Jahrhundert nicht mehr »menschenunwürdig«, es sei denn, man wirft der medizinischen Wissenschaft mit ihren heutigen Erkenntnissen vor, daß sie diese Erkenntnisse nicht schon vor hundert Jahren gehabt habe.

Der moderne Psychiater ist sicher bestrebt und auch in der Lage, seine Patienten nach den neuesten Erkenntnissen richtig zu behandeln. Er kennt Möglichkeiten und Risiken, und er kennt auch den Zeitpunkt, zu dem eine ambulante Behandlung nicht mehr zu vertreten und eine klinische Behandlung erforderlich ist – ebenso wie bei allen anderen Erkrankungen. Der Psychiater wird die stationäre Behandlung so lange wie möglich vermeiden und zu einer solchen Behandlung nur dann raten, wenn sie ihm aufgrund seiner Fachkenntnis und Erfahrung als unumgänglich erscheint.

Psychologe

Psychologie befaßt sich mit der »Arbeitsweise« der Seele, mit seelischen Vorgängen überhaupt. Es gibt hier zahlreiche Forschungsrichtungen und Spezialisierungen. Eine dieser Spezialisierungen ist auch die »angewandte Psychologie«, die sich mit den Möglichkeiten psychologischer Erkenntnisse im praktischen Leben befaßt. Hier gibt es wieder Spezialisierungen, zum Beispiel klinische Psychologie, Arbeits-Psychologie etc.

Psychologen sind keine Ärzte, und sie dürfen Patienten nur behandeln, wenn sie eine spezielle klinische Weiterbildung absolviert haben. Diese Psychologen bekommen eine besondere Erlaubnis, unter Aufsicht eines entsprechend fachlich qualifizierten Arztes psychotherapeutische Behandlungen durchzuführen. Medikamente verordnen dürfen Psychologen grundsätzlich nicht.

Das Hauptarbeitsgebiet der klinischen Psychologen ist

zum Beispiel Ehe- und Erziehungsberatung, Beratung bei Verhaltensstörungen von Kindern und Erwachsenen, Beratung in Konfliktsituationen. Alle diese Aufgabengebiete überschneiden sich natürlich mit denen des Psychiaters und sollen deshalb auch vom Psychiater speziell in Auftrag gegeben werden. Psychologe und Psychiater müssen und sollen also eng zusammenarbeiten.

Psychotherapeut

Psychotherapie ist eine spezielle Form der Behandlung, wobei keine seelischen Krankheiten, sondern gewissermaßen seelische Probleme behandelt werden. Jeder Arzt ist bis zu einem gewissen Grad auch Psychotherapeut, weil er jeden seiner Patienten auch seelisch betreut. Dies mag zuweilen nur guter Zuspruch und Ermutigung zum Überwinden einer Erkrankung sein.

Besondere Aufgabe des Psychotherapeuten ist die Behandlung schwerer seelischer Konflikte, von denen viele unbewußt sein können, das heißt, der Patient ist sich der Ursache seiner Verstimmungszustände nicht bewußt. Hier ist eine psychotherapeutische Behandlung erforderlich. Sie verlangt allerdings von dem Psychotherapeuten eine spezielle Aus- und Weiterbildung, die dann zu der Anerkennung der Zusatzbezeichnung »Psychotherapie« führt.

Psychoanalyse ist eine spezielle und wesentlich vertiefte Form der Psychotherapie und erfordert eine weitere zusätzlich qualifizierende Ausbildung. Psychoanalyse ist nur in relativ wenigen Fällen erforderlich.

Therapie

An therapeutischen Möglichkeiten zur Behandlung von Depressionen gibt es zwei große Gruppen:

1. Medikamente

In den 50er Jahren kam es zu der Entdeckung einer ersten chemischen Substanz, die psychische Erkrankungen günstig beeinflußte. In den folgenden Jahren entwickelte die pharmazeutische Industrie eine große Zahl immer neuer chemischer Verbindungen, die einen heilenden Einfluß auf psychische Erkrankungen hatten und die man im Laufe der Zeit sogar in ihrer Wirksamkeit einzelnen psychischen Erkrankungen speziell zuordnen konnte. Allerdings weiß man bis heute noch nicht genau, wo, an welcher Stelle und wie diese Substanzen günstig wirken. Ihre Wirksamkeit ist aber wesentlicher Hinweis darauf, daß psychische Erkrankungen in irgendeiner Form organische oder chemische Störungen sein müssen.

Durch diese günstige Wirkung der Medikamente, die weltweit unter dem Begriff »Psychopharmaka« zusammengefaßt werden, konnte der Großteil von stationären Behandlungen vermieden werden. In der Folgezeit konnten auch viele Patienten, die sich in stationärem Daueraufenthalt befanden, wieder aus der Klinik entlassen und in die soziale Lebensgemeinschaft eingegliedert werden.

Schwer psychisch erkrankte Patienten waren bis zu diesem Zeitpunkt auf dauernde Isolierung in entsprechenden Kliniken angewiesen. In völliger Verkennung ihrer segensreichen Wirkungen wurden diese Medikamente gelegentlich als »chemische Keule« diskriminiert.

Heute können sehr viele psychisch Kranke ambulant behandelt werden, sehen niemals eine psychiatrische Klinik. Andere Patienten brauchen nur kurzfristig eine stationäre Behandlung, um soweit wiederhergestellt zu werden, daß sie in ihrer alten Umgebung weiterleben können.

Leider vermögen die Psychopharmaka auch heute noch nicht Folgezustände schwerer psychischer Erkrankungen zu vermeiden oder zu bessern. Dies ist aber auch in vielen anderen Gebieten der Medizin der Fall, in denen Krankheiten Folgen hinterlassen und diese Folgen weder vermeidbar noch am Ende zu beseitigen sind.

Richtig angewandt und richtig dosiert sind diese Substanzen niemals eine »chemische Keule« oder eine »chemische Zwangsjacke«. Sie werden nur in dem Maße eingesetzt, in dem sie Krankheitssymptome beseitigen müssen, um einen

gewissen Gesundungsprozeß einzuleiten und zu fördern und am Ende einen erreichten günstigen Behandlungserfolg auf Dauer zu stabilisieren. Dabei sind einzelne Nebenwirkungen dieser Medikamente unvermeidlich, da sie der chemischen Substanz eigen sind und wegen der günstigen Wirkung auf die Erkrankung in Kauf genommen werden müssen.
Man unterscheidet einige Hauptgruppen:
a) Tranquilizer
Dies sind allgemein psychisch entspannende und beruhigend wirkende Medikamente, bei denen es sich nicht um ausgesprochene Schlaftabletten handelt. Sie werden leider nur zu oft zur Beruhigung in Konfliktsituationen benutzt, führen dann sehr oft zur Gewöhnung und am Ende zur Abhängigkeit und Sucht, ohne die Probleme, für die sie ursprünglich eingesetzt wurden, zu lösen. Problemlösende Medikamente gibt es nicht!
b) Neuroleptika
Dies sind Medikamente, die psychische Spannungszustände lösen und in gewissem Umfang auch Wahnbildung bessern beziehungsweise eindämmen können. Diese Medikamente haben stärkere Nebenwirkungen, die aber unter Umständen in Kauf genommen werden müssen, um die für den Patienten und die Umgebung unerträglichen Symptome der seelischen Erkrankung günstig zu beeinflussen.
c) Antidepressiva
Diese Medikamentengruppe wirkt speziell auf depressive Verstimmungszustände.

Nicht genau in diese Gruppe gehört das Lithium, das aber doch zur Behandlung von Depressionen eingesetzt wird. Lithium ist ein im Körper auch normalerweise vorkommendes Element, bei dem bekannt ist, daß es vorbeugend auf sich häufig wiederholende Depressionen einwirkt. Der Mechanismus ist heute noch nicht bekannt, man kann diese Substanz aber zur Vorbeugebehandlung nutzen. Sie muß sehr exakt gehandhabt werden und hat erhebliche, unter Umständen auch gefährliche Nebenwirkungen, sobald der Patient nicht regelmäßig und konsequent in ärztlicher Überwachung bleibt. Ist dies aber der Fall, so kann dieses Medikament sich sehr segensreich auf depressive Menschen auswirken.

2. Psychotherapie

Die Psychotherapie findet ihr Anwendungsgebiet nicht bei seelischen Erkrankungen, sondern bei sogenannten abnormen Entwicklungen. Darunter versteht man eine innerseelische Konfliktsituation, die zu Spannungen führt und die der betroffene Mensch nicht selbst lösen kann, möglicherweise auch aufgrund der Tatsache nicht, daß er diese Spannungen nicht erkennt.

Der Psychotherapeut bemüht sich in einem sehr engen menschlichen und persönlichen Kontakt zu seinem Patienten, über bestimmte Methoden derartige Konfliktsituationen aufzudecken und bewußtzumachen. Auf diese Weise kann der Patient dann seine innerseelischen Konflikte mit Hilfe des Psychotherapeuten selbst lösen und damit die Spannungen abbauen und wieder zu einer spannungsfreien Lebensform finden.

Die Gefahr der Psychotherapie liegt darin, daß sie tief in das menschliche Wesen oder Unbewußte eingreift und hier bei falscher Handhabung auch Schaden anrichten kann. Der Psychotherapeut muß sehr behutsam vorgehen, muß es auch verstehen, den sich seiner Führung anvertrauenden Patienten wieder in die Selbständigkeit zu entlassen.

Auf keinen Fall darf Psychotherapie bei seelischen Krankheiten eingesetzt werden, obwohl manche Psychotherapeuten glauben, auch seelische Krankheiten behandeln zu können. Psychotherapie arbeitet nicht mit Medikamenten!

Auf dem Hintergrund dieser sachlichen Ausführungen mag der Leser nun versuchen, sich in die dargestellten Einzelschicksale depressiv erkrankter Menschen einzufühlen.

I

Giovanna B.
Der Trümmerbruch

Ein Bericht

»Ich war immer bemüht, eine gute Tochter zu sein, eine gute Freundin, eine gute Dolmetscherin, eine gute Ehefrau, eine gute Haushälterin, eine gute Mutter, eine gute Nachhilfelehrerin meiner Kinder, eine gute Gärtnerin – lächelnd und hilfsbereit und allzeit für alle bereit.«

Das war der erste Satz, den ich von Giovanna B. hörte und den ich nicht vergessen habe, obwohl inzwischen mehr als zehn Jahre vergangen sind. So oder so ähnlich habe ich diesen Satz in meinem Leben schon oft gehört und höre ihn immer wieder wie eine Litanei, die ich durchaus mitzubeten bereit bin.

Ich begegnete Frau B. zum erstenmal in der Chirurgischen Abteilung der Städtischen Krankenanstalten. Sie teilte das Zimmer mit einer meiner Bekannten, die hier mit einem komplizierten Schlüsselbeinbruch lag. Sie hatte nichts von ihrem Humor eingebüßt und stellte mir Frau B. so vor: »Das ist unser Trümmerbruch.«

Frau B. lachte, obwohl sie ganz offensichtlich Schmerzen hatte. Die beiden Frauen verstanden sich gut. Frau B. schien sich in dem Blumenmeer, in das sie geradezu eingetaucht lag, wohl zu fühlen. Sie werde von ihrer Familie verwöhnt, versicherte sie mehrmals. Sie beteiligte sich an unserem Gespräch und machte auf mich den Eindruck einer tapferen, etwas schwerblütigen Frau, die ihre Unfallfolgen mit Fassung trug. Sie war bei Dunkelheit mit dem Fahrrad gegen eine Leitplanke geprallt, so erzählte sie, und dabei so unglücklich auf die Fahrbahn gestürzt, daß sie beinahe von einem Lastkraftwagen überrollt worden wäre. Giovanna B.s Schilderung des

Unfalles war wort- und gestenreich, aber etwas diffus. Wahrscheinlich wußte sie die Einzelheiten selbst nicht mehr genau. Sie war mit einem offenen Bruch direkt unterhalb des Knies schwer verletzt eingeliefert worden und ließ sich von der Aussicht, sechs bis acht Wochen liegen zu müssen, nicht im geringsten schrecken. Im Gegenteil: Sie genoß die Besuche ihres Mannes und ihrer Kinder, aber auch die Behandlung des Pflegepersonals und benahm sich fast ein wenig kindisch und babyhaft.

Giovanna B. war 52 Jahre alt.

Monate später lud mich meine Bekannte zu einer ihrer berühmt-berüchtigten Teestunden ein. Dabei traf ich Frau B. wieder. Sie schien mir jetzt, in ihren Alltag zurückgekehrt, ein wenig melancholischer als damals im Krankenzimmer. Vielleicht war sie aber auch einfach müde und erschöpft. Sie konnte nur mit Anstrengung gehen, der Bruch war schlecht verheilt. Auf ihren schönen Vornamen angesprochen, erzählte sie, sie sei gebürtige Italienerin, komme aus Ravenna, jener Stadt mit den wunderschönen Mosaiken. Frau B. kam ins Schwärmen, es klang sehnsüchtig. Mir fiel auf, daß sie ein ganz anderes Deutsch als damals im Krankenhaus sprach. Es war voller grammatikalischer Fehler, mit falsch gesetzten Artikeln und eigenartiger Betonung. Sie erinnerte mich an ein kleines Kind, das als Reaktion auf die Geburt eines Geschwisterchens wieder in die Babysprache zurückfällt. Auf die Frage, wie lange sie schon in Deutschland lebe, sagte Frau B.: »27 Jahre. Mehr als die Hälfte meines Lebens. Mein Mann ist Deutscher. Er ist Tiefbauingenieur und arbeitet oft im Ausland. So haben wir uns damals kennengelernt.« Und nach einer kleinen Pause kam ein Seufzer: »Mamma mia, was war ich damals verliebt!«

Unser Gespräch bei Tee und Sandkuchen plätscherte dahin. Wieder fiel eine Bemerkung, die jener im Krankenhaus nicht unähnlich war. Ich kann sie nur dem Sinn nach wiedergeben: Immer habe ich für andere ein warmes, weiches Nest bereitet. Zu Hause in Italien für meine arme kranke Mama und die kleinen Geschwister, später für meinen Mann und dann für die Kinder, die eines nach dem anderen aus dem Ei schlüpften und zu schnell flügge wurden. Immer war *ich* das Nest. Nie konnte ich mich, wenn Gefahr drohte oder ich müde war, selbst in ein Nest flüchten. Das war übrigens das Schöne im Krankenhaus...

Als ich mich vom »Teekränzchen« verabschiedete, lud mich Giovanna B. ein, sie doch bald zu besuchen. Ich sagte spontan und gerne zu. Diese Frau war mir sympathisch, und ich freute mich, sie näher kennenzulernen. Außerdem bin ich grundsätzlich neugierig auf Menschen.

Es war ein ganz ungewöhnliches Haus, das Frau B. in einem zentral, aber dennoch ruhig gelegenen Viertel ihrer Stadt bewohnte. Als Fachwerkhaus erbaut, fiel es schon äußerlich auf. Im Inneren war es, ohne überladen oder protzig zu wirken, mit ausgesucht schönen und seltenen alten Möbeln ausgestattet. Es strahlte eine Atmosphäre aus, die mich bezauberte. Giovanna B. war es gewohnt, daß man ihr Heim bewunderte. Sie lächelte und bat mich in die geräumige Küche. Dort, am Küchentisch sitzend, einen duftenden Espresso schlürfend, den Kater Pietro auf dem Schoß und eine Fensterbank voller Blumen im Rücken, hätte ich den Rest meiner Tage verbringen mögen.

Giovanna B. umriß ihr Leben: Mit 25 Jahren war sie nach Deutschland gekommen, mit 26 Jahren hatte sie ihr erstes, mit 27 Jahren ihr zweites Kind zur Welt gebracht. Dann, mit 29 Jahren, wurde das dritte, mit 32 und 33 Jahren das vierte und fünfte Kind geboren. Sie hatte diese Kinder gewollt, sie hatte sich wohl gefühlt trotz der vielen Arbeit, war glücklich gewesen, fünf gesunde Kinder aufziehen zu dürfen. Heute, in ihrem 52. Lebensjahr, hatte das jüngste sein Abitur gemacht und war wie die vier Geschwister ebenfalls aus der Stadt weggezogen, um zu studieren. Und der Ehemann? Er war von Jahr zu Jahr erfolgreicher geworden, hatte immer längere Auslandsaufenthalte zu absolvieren, war stolz auf seine fünf Kinder und finanzierte ihre Studien und Hobbys.

Giovanna schien er im Laufe der Jahre vergessen zu haben. Sie war fülliger geworden mit jedem Kind, aber nicht schwerfällig und schon gar nicht häßlich, im Gegenteil. Er aber mochte keine molligen Frauen und ließ es Giovanna spüren. Vielleicht aber war ihre veränderte Figur auch nur ein willkommener und fadenscheiniger Vorwand. Jedenfalls war es eines Tages zu einer Auseinandersetzung zwischen den beiden gekommen. Giovanna hatte ihrem Mann Vorwürfe gemacht. Sie wollte nicht als ausgediente Matrone abgeschoben werden, und außerdem liebte sie ihren Mann, den Vater ihrer prächtigen »Bambini«, wie sie ihre erwachsenen Kinder zärtlich nannte. Bei dieser Auseinandersetzung erfuhr Giovanna, daß ihr Mann seit Jahren eine Freundin und Geliebte hatte, eine junge und attraktive Frau, die ihn regelmäßig auf seinen Auslandsreisen begleitete. Giovanna war entsetzt. Kopflos und schockiert setzte sie sich auf ihr Fahrrad und strampelte los. Sie hatte kein Ziel. Sie hatte nur dieses ungeheure Fluchtbedürfnis, und sie wagte es nicht, im Zustand völliger Verwirrung mit dem Auto zu fahren. Das war jene Nacht, in der sie an die Leitplanke fuhr und schwer verunglückte. Sie hatte es nicht absichtlich getan. Sie hatte sich nicht umbringen wollen.

Giovanna lebte jetzt also die meiste Zeit über allein. Das verletzte Bein behinderte sie stark. Sie vernachlässigte die Pflege des menschenleeren Hauses. Der wunderschöne Garten verwilderte. Giovanna hätte sich einen Gärtner leisten können, aber es lag ihr nichts daran. Sie war traurig und schwunglos und ertrug es schlecht, Tag und Nacht allein zu sein. Sie wußte sich nicht zu beschäftigen und sah in der Hausarbeit keinen Sinn mehr.

Giovanna B. war eine gläubige, eine fromme Frau. Nun konnte sie plötzlich nicht mehr beten, sie, die ihr ganzes Leben und die Erziehung ihrer Kinder aus dem Glauben heraus gestaltet hatte.

»Ich bin stumm und stumpf und sprachlos«, klagte sie. »Gott ist taub für mein Lallen und Stammeln und Flehen.

Und falls er mich doch hört, so antwortet er nicht.« Giovanna fühlte sich innerlich so leer und ohne Verständnis für alles, was sie einmal geglaubt hatte, daß sie den Mut verlor.

»Das ist die geistliche Wüste«, sagte sie, »von der ich so oft gelesen habe und die ich mir nie vorstellen konnte. Man kommt darin um. Man verdurstet. Ich bin schon ganz ausgetrocknet.«

Giovanna litt sehr unter dieser Öde. Doch je mehr sie sich bemühte, einen Weg zu finden, die Leere zu überwinden, desto verkrampfter und hilfloser wurde sie. So beschloß sie, den Pfarrer ihrer Gemeinde aufzusuchen. Es war die Angst vor sich selbst, die sie diesen Entschluß fassen ließ. Sie spürte, daß ihr Vertrauen in Gott, ihre Zuversicht in seinen Heilsplan, in den auch sie sich ihr Leben lang mit eingeschlossen gefühlt hatte, verlorengingen.

Der Priester, so erfuhr Giovanna im Pfarramt, hatte erst am übernächsten Tag Sprechstunde. Sie kehrte heim, fühlte sich irgendwie beschämt und gedemütigt. Trotzdem ging sie zwei Tage später zur Sprechstunde. Sie mußte nicht lange warten. Der Geistliche kannte sie, er hatte die Kinder getauft und zur Heiligen Kommunion geführt. Giovanna vertraute der Kraft seines Amtes. Sie erzählte ihm von der Untreue ihres Mannes. Sie wurde getröstet und zum Durchhalten ermutigt und eingeladen, wiederzukommen, so oft sie es für notwendig halte.

Giovanna ging in der folgenden Woche noch einmal zum Pfarrer, sprach von ihrer Einsamkeit, von dem schrecklich leeren Haus und ihrer geistlichen Not. Der Priester war freundlich und nahm sich viel Zeit für Giovanna. Als sie aber eine Woche später wieder erschien und noch einmal von ihrem Kummer sprach, spürte sie deutlich die aufkommende Ungeduld. Der Geistliche war mit seinem Latein am Ende und empfahl Giovanna, sich der Katholischen Frauengemeinschaft anzuschließen und sich dort sozial zu engagieren. Das lenke sie von ihrem Kummer ab und gebe ihrem Leben neuen Inhalt und Sinn.

Giovanna fühlte sich unverstanden und abgeschoben und mied fortan das Pfarrhaus.

Als sich in der folgenden Zeit ihr Mann für mehrere Wochen zu Hause aufhielt, klagte sie ihm: »Ich kann dieses Leben nicht mehr aushalten, so allein und ohne Liebe.« Seine Antwort: »Nimm dich zusammen, andere Frauen müssen es auch. Du bist in den Wechseljahren, da sieht manches schwieriger aus, als es ist.« Giovanna weinte, und ihr Mann reiste früher ab, als unbedingt nötig gewesen wäre.

In der folgenden Zeit überfiel Giovanna eine tiefe Verstimmung und Niedergeschlagenheit. Sie weinte viel und ohne äußeren Anlaß. Schlechte Nachrichten in der Presse oder aus der Nachbarschaft lösten heftige Weinkrämpfe aus. Wenn das Telefon läutete oder jemand an der Haustür klingelte, zuckte sie erschrocken zusammen und ging – obwohl sie doch so viel allein war und sich nach Gesellschaft sehnte – nur noch zögernd an den Apparat oder die Haustür. Giovanna, die so gerne erzählt hatte, war wortkarg geworden. Sie erschrak, als sie eines Tages merkte, daß ihr Deutsch holprig wurde, fast stammelnd; daß ihr auch mit mir kein rechtes Gespräch mehr gelang, obwohl wir inzwischen sehr vertraut miteinander umgingen; daß ihr die einfachsten Verrichtungen des Alltags zur qualvollen Pflichterfüllung gerieten – für wen? Sie hatte es nie gelernt, für sich zu leben. Es kam ihr auch jetzt nicht in den Sinn.

Giovanna B. hatte im Laufe der Monate nacheinander sechs verschiedene Priester der Stadt aufgesucht, die Telefonseelsorge angerufen und mit der Priorin eines Frauenklosters gesprochen. Sie versicherte immer wieder, wie lieb und hilfsbereit man überall gewesen sei. Dennoch hielt sie es nirgendwo lange aus. Nach drei oder vier Besuchen konnte sie nicht mehr. Dann fühlte sie sich erschöpft, ausgebrannt und wußte nicht mehr, was sie sagen sollte und wozu sie überhaupt noch irgend etwas sagte. Die Ratschläge, die sie überall zur Genüge erhielt, befolgte sie nicht. Sie konnte es nicht. Giovanna veränderte sich zusehends. Sie, die es einmal gewohnt gewesen war, fünf Stundenpläne gleichzeitig im Kopf zu haben, alle Freizeittermine ihrer Kinder geschickt zu koordinieren und eine gemütliche Ordnung im Hause ohne Hektik und Krampf zu schaffen, sie war plötzlich unfähig, einen einfachen Entschluß zu fassen. Ihre Gedanken schob sie umständlich hin und her und klagte über die Unordnung im Kopf, der nie mehr so richtig klar zu werden schien. Giovanna fühlte sich benommen, es sei, als gehe sie auf Watte, als stecke sie im Nebel. Der lästige Druck hinter den Augen, das ständige Summen in den Ohren und in den Händen das Gefühl, als seien sie kreidebestäubt, quälten sie zusätzlich.

Ich hatte das Gefühl, daß es ihr niemand mehr rechtmachen konnte. Nach jedem Besuch bei einem der vielen Helfer fragte mich Giovanna: »Was meinst du, wie hat er dies oder jenes gemeint? Macht er sich über mich lustig? Meint er es ironisch? Denkt er oder sie, ich sei geisteskrank und ist deshalb so leise und rücksichtsvoll? Bin ich es am Ende tatsächlich? Oder ist es, weil ich eine Ausländerin bin? Aber ich habe doch längst die deutsche Staatsangehörigkeit.«

Was immer man zu Giovanna sagte, sie klopfte es mißtrauisch auf seine negativen Seiten hin ab. Überhaupt war das aufkommende Mißtrauen eine Eigenschaft, die den Umgang mit Giovanna erschwerte. Es paßte so wenig zu ihrem Wesen!

Was immer die Helfer ihr vorschlugen, zum Beispiel die Teilnahme an Geselligkeit oder sozialen Aktivitäten, Giovanna lehnte ab. Obwohl sie doch auf der Suche nach Kontakt war – oder? Nein. Sie war auf der Suche nach Geborgenheit, Zuverlässigkeit, Liebe. Ja, sie ertrug keine Ablenkung, sie brauchte Liebe, ohne die sie nicht leben konnte. Die bekam sie nicht, und so rannte sie weiter, immer schwächer und müder werdend. Sie hatte zu keinem Menschen mehr rechtes Vertrauen und wurde zunehmend verschlossener. Sie begegnete niemandem, dem es gelang, ihre psychische Talfahrt abzubremsen.

Giovanna war noch nicht krank. Sie war in eine gefährliche Lebenssituation geraten, aus der sie ohne Hilfe nicht mehr herauskam und der sie allein nicht gewachsen war. Instinktiv spürte sie die anwachsende innere Bedrohung und ging weiter auf Hilfesuche. Es genügte ihr dabei nicht, sich wieder und wieder aussprechen zu können. Sie suchte einen engen, zuverlässigen Kontakt, der über die übliche Bereitschaft und die Möglichkeiten der berufsmäßigen Helfer hinausging.

Es war kurz vor Weihnachten. Giovannas Mann war zu Hause. Ich begegnete ihm zum erstenmal. Er begrüßte mich mit den Sätzen: »Sie also sind die neue Freundin. Sie könnten ja die Tochter sein.« Dieser Mann verstand es, Hiebe elegant auszuteilen.

Auch die beiden jüngsten Kinder waren im Haus. Sie wollten beide bis zum zweiten Weihnachtsfeiertag bleiben. Die anderen »Kinder« waren zum Teil bereits in Urlaub gefahren oder hatten schon eine eigene Familie. Giovanna war glücklich. Das Haus lebte. Es atmete. Alles schien wie früher zu sein. Ich blieb nur kurz und versprach, in der »toten Zeit« zwischen Weihnachten und Neujahr wiederzukommen.

Es dauerte lange, bis mir Giovanna am 27. Dezember die Haustür öffnete. Sie war wieder allein. Das verletzte Bein zog sie stark nach. Offensichtlich hatte sie es überanstrengt. Die Jungen waren abgereist, auch der Mann. Er hatte versprochen, Silvester zurück zu sein. Giovanna wußte nicht, wo und bei wem er war. Sie befand sich in einem Vakuum. Die existentielle Not war nicht zu übersehen.

Es hatte Streit gegeben zwischen Giovanna und ihrem Mann. Ich konnte mir diese Frau nicht streitend vorstellen. Aber ich sah, wie sie jedes böse Wort getroffen und beinahe vernichtet hatte. Sie war völlig apathisch. »Mir ist«, sagte sie, »als ob eine Faust mein Herz umschlossen halte. Es tut nicht wirklich weh, aber man bekommt Angst.«

Das Sprechen fiel Giovanna schwer. Sie habe so ein unangenehmes Krampfen im Hals, entschuldigte sie sich. Ein Kloß stecke da fest, der sich einfach nicht hinunterschlucken lasse.

Wir saßen nebeneinander auf der Küchenbank. Giovanna weinte lange und tonlos. Am liebsten möchte sie nur noch im Bett liegen, sagte sie, sich nicht mehr rühren und nicht mehr sprechen und nur darauf warten, daß ein Wunder geschehe. Dieses Wunder stellte sich Giovanna so vor, daß ihr Mann zurückkommen und sie in die Arme nehmen werde wie früher, ihr mit seiner großen Hand durch das Haar streichen und ihr sagen werde, wie gut sie sei, wie warm: eine schöne, liebevolle Mama, seine Frau.

Giovannas Stimme, früher dunkel und klangvoll, war brüchig geworden, aber auch erstickt. Der festlich geschmückte Christbaum kam ihr wie Hohn vor in dem leeren einsamen Haus. Giovanna erzählte ein wenig von früher, als die Kinder noch klein waren und Weihnachten das schönste Fest im Jahr. Aber sie brach rasch wieder ab.

Ich blieb lange an diesem Tag. Als ich am späten Abend das Haus verließ, war mir elend zumute bei der Vorstellung, wie verzweifelt und abgrundtief traurig ich Giovanna zurückgelassen hatte. Ich stand noch eine Weile vor dem Haus mit der unsinnigen Hoffnung, der frisch fallende Schnee, der die grau-schwarze Winterwelt so klar und hell erscheinen ließ, könne auch Giovannas verdunkeltes Gemüt ein wenig aufhellen. Ich überlegte mir, wie ich sie dazu bringen könnte, endlich einen Arzt aufzusuchen.

Mitte Januar mußte Giovannas Mann geschäftlich nach Schweden. So war sie wieder allein. Ich besuchte sie, ohne mich vorher angemeldet zu haben. Giovanna sah schlimm aus. Das linke Auge war zugeschwollen und blau-violett verfärbt. Auf der Stirn klebte ein Pflaster.

Was war geschehen? Giovanna sagte, sie wisse es nicht mehr, wahrscheinlich sei sie die Kellertreppe hinabgestürzt.

Es bedurfte keiner Überredungskunst mehr, Giovanna zu einem Arzt zu bringen. Ich fragte sie nicht, worüber sie mit dem Arzt gesprochen hatte. Jedenfalls überwies er sie zu einem Psychotherapeuten. Giovanna machte den Eindruck, als freue sie sich darüber, als schöpfe sie aus der Aussicht auf eine Behandlung neue Hoffnung.

In den folgenden Wochen ging sie fünfmal zur Therapie. Der Therapeut hatte eine Analyse vorgeschlagen, und Giovanna hatte zugestimmt. Aber mit jeder Sitzung verschlechterte sich ihr Zustand. Sie aß kaum noch und magerte ab. Der Gewichtsverlust wurde mit Genugtuung registriert. Ich fragte sie nie, wie sie mit der Psychoanalyse zurechtkomme, und von sich aus sprach sie nicht darüber. Statt dessen klagte Giovanna über ein nicht enden wollendes Summen und Brummen im Kopf, über Schmerzen in den Kiefergelenken, über einen kaum zu ertragenden Druck in der Halswirbelsäule, über zunehmende Schlaflosigkeit und ein eigenartiges Gefühl im Magen, so, als ob sie stundenlang Achterbahn gefahren sei.

Giovannas Hände waren kalt und zittrig, ihr schönes seidiges Haar hatte seinen Glanz verloren und begann auszufallen.

Nach der sechsten Sitzung brach Giovanna die Analyse ab, und ich war erleichtert. Ich hatte das ungute Gefühl, sie sei an der falschen Adresse.

Giovanna suchte einen anderen Psychotherapeuten auf. Der Mann sei ihr so unsympathisch, sagte sie, daß sie ihn kein zweites Mal sehen könne. Sie ging noch einmal in die Sprechstunde des Allgemeinarztes, zu dem ich sie nach dem Sturz begleitet hatte. Er empfahl Giovanna einen Aufenthalt in einer Nervenklinik.

Weinend und empört kam sie aus seiner Sprechstunde heraus. Sie hatte ihn völlig mißverstanden, oder er hatte sich in der Eile mißverständlich ausgedrückt. Verrückt, sagte sie, sei sie jedenfalls nicht.

Wieder suchte Giovanna auf eigene Faust einen Arzt auf. Es war ein Psychiater, den ihr einer der Geistlichen empfohlen hatte. Er untersuchte Giovanna eingehend und verschrieb ihr eine Packung eines Beruhigungsmittels aus der Gruppe der Benzodiazepine. Gemeinsam lasen wir den Beipackzettel. Unter »Anwendungsgebiete« hieß es: »Psychovegetative Reiz-, Verstimmungs- und Erschöpfungszustände infolge nervöser Überreizung oder Überforderung mit ihren Auswirkungen im psychischen Bereich, wie zum Beispiel: Nervosität, Reizbarkeit, innere Unruhe, Gespanntheit, Angstgefühle, Unsicherheit, Konzentrationsstörungen, Grübelei,

Antriebsstörungen, Niedergeschlagenheit, Verstimmung, Beeinträchtigung der geistigen und körperlichen Leistungsfähigkeit, Störungen von Libido und Potenz, Appetitlosigkeit, Schwierigkeiten im Umgang mit der Umgebung, Einschlaf- und Durchschlafstörungen trotz Erschöpfung, oder auch im körperlichen Bereich: körperliche Mißempfindungen oder Schmerzen bei funktionellen Störungen des Herz-Kreislauf-Systems, der Verdauungsorgane, der Atemwege, der Harnwege und des Bewegungsapparates.«

Giovanna brach weinend zusammen.

»Das ist meine Rettung«, schluchzte sie immer wieder. »Das ist meine Rettung. Weshalb nur bin ich nicht früher zu diesem Arzt gegangen!«

Ende März kam Giovannas Mann zurück. Die vermeintliche Wunderdroge, auf die meine Freundin ihre große und letzte Hoffnung gesetzt hatte, hatte nicht geholfen.

Giovanna war unansprechbar geworden. Sie bot ein Bild des Jammers. Ihr Mann bestand auf einer gründlichen eingehenden Untersuchung bei einem Internisten, am besten stationär. Giovanna ließ es geschehen. Es wurde das Blut untersucht, ein EKG gemacht, die Galle geröntgt, Magen und Darm gespiegelt und der Bauchraum mit Ultraschall abgesucht. Man fand keine krankhaften Veränderungen. Der Arzt empfahl eine Luftveränderung, eine Kur.

Giovanna reagierte auf diesen Vorschlag mit Panik. Sie wollte auf keinen Fall irgendwo hingeschickt werden. So blieb alles beim alten. Giovannas Mann zuckte die Achseln.

Er habe nun alles getan, was in seiner Macht stehe, sagte er, und müsse sich keine Vorwürfe machen lassen.

Im Sommer kamen nacheinander die Kinder zu Besuch. Giovanna begrüßte sie nicht mit der gewohnten Freude. Sie konnte es selbst nicht fassen, aber alles, selbst die Kinder, waren ihr gleichgültig geworden. Sie fühlte sich schuldig, versuchte, sich zusammenzunehmen. Das verschlimmerte ihren Zustand noch mehr.

Anfang Oktober wurde das erste Enkelkind geboren.

Giovanna hatte immer von diesem Augenblick geträumt. Sie hatte davon geschwärmt, was für eine ausgezeichnete Großmutter sie sein werde. Und nun? Sie registrierte die Nachricht mit einer Wehmut, die allen ins Herz schnitt. Sie konnte sich nicht mehr freuen.

Im November erklärte ihr Mann, daß er die Scheidung einreichen werde. Er halte es nicht aus in der Nähe einer so unerfreulichen Frau. Er beabsichtige, seine langjährige Freundin zu heiraten. Sie bestehe darauf, sagte er, da sie den unwürdigen Zustand einer Zweitfrau leid sei. Außerdem erwarte sie ein Kind von ihm. Von Giovanna sei »gar nichts mehr zu erwarten«.

Giovanna rief mich an. Sie berichtete kurz, was vorgefallen war. Ihre Stimme war fast tonlos, ich konnte sie kaum verstehen. Meinen Besuch lehnte sie ab. Sie brauche mich nicht, werde schon allein mit allem fertig.

Ich war beunruhigt, wollte aber nicht aufdringlich sein. Als ich sie am nächsten Tag trotzdem besuchte, fand ich Giovanna sehr gefaßt und ruhig. Sie wirkte fast fröhlich und völlig verändert. Sie sei entschlossen, ein neues Leben ohne ihren Mann zu beginnen. Sie war ein richtiges Energiebündel, unheimlich. Auf meine Bitte, einen Arzt aufzusuchen, lachte sie nur. Wozu? Es gehe ihr gut, endlich, seit langem wieder richtig gut.

Ich bat Giovanna, mit ihrem Mann sprechen zu dürfen. Giovanna lehnte ab. Als ich ihn am Abend trotzdem anrief, sagte er mir, ich solle mich nicht in ihre Angelegenheiten mischen, das sei auch Giovannas ausdrücklicher Wunsch.

Ich ließ nicht locker und rief den Geistlichen an, den Giovanna zuerst aufgesucht hatte. Er versprach, am nächsten Tag die Familie aufzusuchen.

Er hielt sein Versprechen, aber er kam zu spät. Giovanna hatte sich in der Nacht mit einem Kinderhüpfseil im Keller ihres Hauses erhängt.

Auskünfte von Experten

Frage an Dr. Adalbert Orth, Allgemeinarzt

Giovanna B. macht schlechte Erfahrungen mit allen sogenannten berufsmäßigen Helfern. Sie geht fast krampfhaft auf die Suche nach einem Menschen, der ihre Situation durchschauen könnte. Was sie bekommt, sind Ratschläge, Überweisungen zum falschen Spezialisten und Medikamente, die vorübergehend beruhigen, aber nicht heilen können. – Ich gehe davon aus, daß bei all diesen Helfern gute Absicht vorhanden war. Sind es Routine, Zeitmangel oder Angst, fremdes Leid zu nahe an sich herankommen zu lassen, die zu dem folgenschweren Versagen führten?

Depression ist als ein »verzerrter Schrei nach Liebe« bezeichnet worden. Frau Giovanna B. war ganz darauf eingestellt, die für sie so notwendige Liebe von ihrer Familie zu erhalten. Als die Familie versagte, hatte niemand, auch kein berufsmäßiger Helfer, den Stellenwert, die entstandene Lücke an Zuwendung füllen zu können.

Zuwendung und Medikamente sind die Heilmittel für die Depression. Im nachhinein, ohne persönliche Kenntnis der Frau und aufgrund des schriftlichen Berichts »am grünen Tisch«, möchte ich eine endogene Depression für wahrscheinlich halten. Bei ihr konnte das Beruhigungsmittel nicht ursächlich, sondern höchstens als Überbrückung helfen. Leider scheint Frau Giovanna B. wegen der zwischenzeitlichen familiären Ereignisse kein zweites Mal zu ihrem Psychiater gegangen zu sein, weshalb die letztlich erfolgversprechende medikamentöse Hilfe unterblieb.

Noch sicherer hätte wohl die vom Allgemeinarzt vorgeschlagene Behandlung in einer Nervenklinik geholfen, wenn Frau Giovanna B. sich dazu hätte entschließen können.

Die Seelsorger hatten mit ihren Empfehlungen zur Kontaktsuche in religiösen Gemeinschaften und zu neuer Lebenserfüllung sicher schon vielen Menschen helfen können. Es wäre sicher zu viel von ihnen erwartet, wenn sie schon in wenigen Begegnungen mit der unglücklichen Frau die endogene Depression hätten bemerken sollen, noch dazu in einem Stadium, als die Krankheit noch nicht einmal dem Arzt (der die Frau ja offensichtlich kannte und deshalb später nervenklinische Behandlung empfahl) und dem Psychotherapeuten offenbar wurde.

Man wird hier nicht von Versagen, sondern von Tragik sprechen müssen.

Zu lernen ist aus diesem verhängnisvollen Ablauf für den Arzt, daß er immer an eine endogene Depression denken sollte, auch wenn die Gründe für eine reaktive Depression noch so deutlich auf der Hand zu liegen scheinen.

Für mutlos gewordene Menschen beweist sich die Erfahrung, daß man dem Arzt vertrauensvoll etwas Zeit zur Beobachtung des Krankheitsverlaufes und zur Anwendung der Stufenleiter der richtigen Heilmaßnahmen lassen sollte; das ist erfolgreicher als ungeduldiges Springen von einem Behandler zum anderen, weil dann jeder wieder am Anfang steht.

Fragen an Dr. Ulrich Pratje, Neurologe und Psychiater

Trauer beim Verlust eines Menschen, hier des Ehemannes, ist ja im Grunde keine Krankheit, sondern die emotionale Antwort auf ein psychisches Trauma. Durch welche Faktoren wurde die Belastbarkeit Giovanna B.s überschritten und führte in die persönliche Katastrophe?

Giovanna B. litt meines Erachtens an einer endogenen Depression, die nicht als solche erkannt und dementsprechend auch nicht behandelt wurde. In den unglücklichen äußeren

Umständen sah man die Ursache der Verstimmung und nicht in der Erkrankung. Giovanna ging oder wurde zu Psychotherapeuten geschickt, die keine medizinische Ausbildung hatten und die Krankheit Depression nicht erkannten.

Auch der Psychiater sah wohl die Ursache der Gesamtsituation mehr in den äußeren Umständen als in einer Erkrankung und behandelte mit dem bei Depressionen wirkungslosen Medikament aus der Gruppe der Benzodiazepine.

Kommt dem Klimakterium im Falle Giovanna B. tatsächlich die Bedeutung zu, die der Ehemann ihm zu geben versucht?

Depressionen brechen bevorzugt im Klimakterium aus und betreffen Frauen sehr viel häufiger als Männer. Insofern hängen Klimakterium, Depression und äußeres Erscheinungsbild zusammen.

Gibt es biochemische Vorgänge im Zentralnervensystem, die eine Depression bedingen oder auslösen?

Solche Vorgänge sind nicht bekannt, werden aber vermutet. Die Vermutung stützt sich auf die Tatsache, daß Depressionen mit physikalischen und chemischen Mitteln erfolgreich behandelt werden können, es also irgendeinen Angriffspunkt für diese Mittel geben muß.

Giovanna beginnt eine Psychoanalyse, die sie abbricht. Eine Analyse soll meines Wissens die krisenhafte aktuelle Situation durch die Erhellung von Vorgängen und Entwicklungen aus der Vergangenheit (insbesondere der Kindheit) bewältigen helfen. Sind Analysen bei depressiven Erkrankungen sinnvoll?

Die Psychoanalyse hat hier zweifellos zu einer Verschlechterung des Gesamtzustandes geführt, weil eben eine Depression vorlag. Auch die bei der Psychotherapie geführten Gespräche, das vertiefte Sich-Befassen mit den Symptomen der Depression, wie zum Beispiel Traurigkeit, Niedergeschlagenheit, Verlust jeden Selbstvertrauens, verstärken nur die depressive Verstimmung und verschlimmern somit das Erscheinungsbild.

Giovanna B. fragt ängstlich und mißtrauisch: »Bin ich geisteskrank?«

Den Begriff »geisteskrank« sollte man nicht gebrauchen, weil nicht der Geist krank ist, sondern die Seele. Man sollte von psychischen Krankheiten sprechen. Der Begriff der »Geisteskrankheit« ist aber heute noch sehr weit verbreitet und bezeichnet eben psychische Erkrankungen.

Der Geistliche ermuntert Giovanna B., sich sozial zu engagieren. Er glaubt vielleicht, sie dadurch aus der entstandenen Isolation befreien zu können und ihrem Leben einen neuen und sinnvollen Inhalt zu geben.

Kann man mit einer solchen Tätigkeit die affektive und motorische Passivität überwinden?

Durch soziales Engagement kann eine Depression natürlich nicht beeinflußt werden. Es ist sicher richtig, daß das Drängen zu solchen Tätigkeiten im Rahmen einer Depression nur zu einer erneuten Konfrontation mit der eigenen psychischen Leistungsunfähigkeit führt. Soziales Engagement kann aber bei reaktiven Depressionen durchaus nützlich sein. Man müßte dann von der Annahme ausgehen, daß die Depression von Giovanna B. alleinige Reaktion auf die Untreue des Ehemannes gewesen wäre. Das glaube ich nach der Erzählung nicht. Der Suizid gehört durchaus in den Rahmen einer endogenen Depression.

Fragen an Elisabeth Schad, Psychologin

Die Diagnose des Psychiaters lautete: endogene Depression. Weshalb war es für die Psychotherapeuten so schwierig, die Erkrankung zu erkennen? Verschlimmerten die psychothera-

peutischen Gespräche den Zustand, weil sie die Patientin noch tiefer in ihre Verstimmung hineinführten, indem sie sie ständig mit ihrer Insuffizienz konfrontierten?

Was sagen Sie zu dem Satz Walther Birkmeyers, einem Depressiven könne nichts Schlimmeres passieren, als einem Psychotherapeuten in die Hände zu fallen? Bedeutet das, daß die Psychotherapie ausschließlich für reaktive, neurotische Depressionen zuständig ist? Spielen Klimakterium und die Untreue des Mannes bei Giovanna eine entscheidende Rolle, oder »klinken« sie die endogene Depression nur aus?

Der erste Satz des Berichtes scheint charakteristisch zu sein für Giovanna: er spiegelt zum einen einen relativ hohen Anspruch an sich selbst wider, alle Dinge möglichst perfekt auszuführen, möglichst viele Lebensbereiche gut zu beherrschen und für andere eine gute Tochter, Partnerin, Mutter und Helferin zu sein. Zum anderen kann man das starke Bedürfnis nach einer geordneten und heilen Welt sehen, in der Konflikte, Versagen und Ängste vermieden werden sollen. Alles durchaus verständlich, bei Frau B. jedoch sehr stark ausgeprägt.

Diese Sehnsucht nach einer »heilen Welt« hat wohl schon eine sehr lange Vorgeschichte, die bis hinein in Giovannas Elternhaus reicht, wo sie sich um Mutter und Geschwister kümmerte. In ihrer eigenen Familie gelang es ihr dann anscheinend sehr gut, Harmonie und Zufriedenheit auszustrahlen und weiterzugeben, mit ihr als zentraler Figur. Zu welchem Preis und unter welchen Opfern, das steht für sie nicht zur Diskussion.

Möglicherweise hat Giovanna die feinen Risse in der Beziehung zu ihrem Mann, die im Laufe ihrer Ehe auftauchten, zunächst nicht bemerkt oder nicht sehen wollen. Um so vernichtender muß es für sie gewesen sein zu erfahren, daß ihr Mann seit Jahren eine Freundin hatte. Damit kam ihre ganze Existenz ins Wanken. Sie fühlte sich wahrscheinlich von allen verlassen – die Kinder außer Haus, der Mann meist abwesend – und stand nun vor der schwierigen Aufgabe, ihr Leben vollkommen neu zu orientieren.

Dem Bericht nach begann wohl zu dieser Zeit ihr Leiden: Sie war traurig, mutlos, ohne Energie, konnte das Alleinsein nicht ertragen, sah in gewohnten Tätigkeiten keinen Sinn mehr und begann diese zu vernachlässigen. Selbst an ihrem vorher starken Glauben begann sie zu zweifeln.

Giovanna geriet vermutlich durch das Geständnis ihres Mannes in eine für sie existentielle Krise. Das Gebäude, das sie sich liebe- und wahrscheinlich mühevoll aufgebaut hatte, brach in sich zusammen. Was vorher den Inhalt ihres Lebens ausgemacht hatte (für die Familie zu sorgen, Liebe zu geben und zu empfangen), war nun ohne Sinn für sie.

Da ihr Leben – soweit bekannt – wohl immer auf andere hin ausgerichtet war und sie vermutlich nie gelernt hatte, für sich allein zu leben und zu handeln, fiel ihr eine Umorientierung entsprechend schwer. Eine wirkliche Loslösung vom Elternhaus hatte sie vielleicht nie vollzogen; die Rolle, die sie in der elterlichen Familie innehatte, wurde in die eigene Familie übernommen. Schon damals mußte sie sich stärker geben, als sie es vermutlich tatsächlich war. Im Laufe ihres Lebens internalisierte sie diese Stärke derart, daß diese zum Quell ihrer psychischen Stabilität wurde. Doch in Wirklichkeit war dieses durch äußere Faktoren scheinbar stabil wirkende Gleichgewicht innerpsychisch sehr labil, was sich an der Dekompensation beim Konflikt mit ihrem Mann zeigte.

Eine zunächst durchaus verstehbare reaktiv-depressive Verstimmung schaukelte sich unaufhaltsam in einem immer bedrohlicher werdenden Ausmaß auf. Die Depression gewann zunehmend an Eigendynamik, die Giovanna alleine nicht aufhalten konnte.

Ich bin mir im klaren darüber, daß sich im nachhinein und aus der Gesamtschau heraus leichter erkennen läßt, wo und wie man bei Giovanna besser und gezielter hätte eingreifen können. Meinen Kommentar dazu möchte ich nicht im Sinne von überheblicher Kritik verstanden wissen, sondern als persönliche Meinung, die ich an die Leserinnen und Leser weitergeben möchte.

Für Giovannas zahlreiche nichtärztliche Helfer war ihre

beginnende Krankheit sicherlich nicht erkennbar. Wohlmeinende Gespräche konnten ihr ihre Niedergeschlagenheit nicht nehmen, und die guten Ratschläge überforderten sie.

Daß Giovanna im weiteren Verlauf ihrer Krankheit eine Psychoanalyse vorgeschlagen und über einige Sitzungen hinweg auch durchgeführt wurde, erscheint mir unverständlich. Vermutlich wurde ihr Zustand in seiner ganzen Tragweite nicht richtig erkannt, die Alarmzeichen (Abnahme, Schlaflosigkeit, körperliche Mißempfindungen) aus einem in dieser Situation falschen Blickwinkel gesehen.

Hat man Giovannas Leidensgeschichte vor Augen, so begegnet einem eine Frau, die sich immer wieder auf die Suche nach echter Hilfe machte, diese aber nirgendwo finden konnte. Möglicherweise hätte ihr eine gezielte psychiatrische Therapie – stimmungsaufhellende Medikamente, verbunden mit verständnisvollen und stützenden Gesprächen – geholfen, aus dem Zirkel von Niedergeschlagenheit herauszukommen. Nach Abklingen der Depression hätte sie mit Hilfe einer Psychotherapie vielleicht Möglichkeiten gefunden, sich über ihre Situation und Gefühle klarer zu werden, und hätte neue Perspektiven für ihr zukünftiges Leben gewinnen können. Allein mit Psychotherapie oder aber mit unzureichenden Medikamenten war das für sie nicht zu schaffen.

Fragen an Ernst Gutting, Weihbischof

Wie ist es möglich, daß eine Frau, die innerhalb einer Pfarrei lebt, jeden Sonntag zur Kirche geht, ihre fünf Kinder taufen, zur Erstkommunion gehen und firmen läßt, in eine solche Isolation geraten kann? Kümmern sich die Gemeindemitglieder so wenig umeinander?

Hier wird eine für die Kirche lebenswichtige Frage im Hinblick auf das Wesen und die Sendung der Kirche gestellt. Der jetzige Papst Johannes Paul II. hat immer wieder eine der entscheidenden Aussagen des letzten Konzils unterstrichen: »Die Kirche ist ihrem Wesen nach ein Geheimnis der Gemeinschaft«, zunächst mit Gott und dadurch auch untereinander. Die Gemeinschaft mit Gott allein genügt nicht, wie doch gerade das Schicksal von Giovanna B. so eindringlich und erschütternd beweist. Gegenüber der schlimmsten Krankheit der heutigen Welt – der Vereinsamung und Isolation des einzelnen – müßte gerade die Kirche das beste Heilmittel sein.

Jeder Mensch sucht doch zutiefst nach Angenommen- und Anerkanntsein, Geborgenheit, Heimat und Verstandenwerden: alles, was Giovanna verloren hatte. Wir betonen schon jahrelang, daß aus diesem Grunde unsere Pfarreien durch ein sogenanntes »Botennetz« (Kontaktpersonen zu allen Familien- und Einzelhaushalten) ein Heilmittel gegen die Isolation schaffen müßten.

Es würde leichter Vertrauen entstehen, wenn man sich schon längere Zeit hindurch mindestens einmal monatlich gesehen hätte. Es könnte Vertrauen entstehen, in dem man sich frühzeitig mit seiner Not öffnete und fachliche Hilfe vermittelt bekäme.

Weshalb kann Giovanna von dem Augenblick an nicht mehr beten, als sie mit dem Fahrrad schwer verunglückt ist? Hatte sie sich – unbewußt vielleicht – doch das Leben nehmen wollen und fühlte sich schuldig?

Pater Werenfried van Straten schrieb einmal einen sehr bedeutungsvollen Satz: »Wer dem lieben Gott einen Brief schreiben will, muß ihn an einen Menschen adressieren, in dem Gott wohnt.« Wir erleben es doch täglich, daß Gott noch niemals einem verhungernden Kind durch einen Engel Brot schickte (was für alle anderen Nöte ebenso gilt), wenn diese Rolle des rettenden »Engels« nicht Menschen übernehmen. Die Anwesenheit der Liebe Gottes muß konkret durch die Liebe von Mitmenschen erfahren werden. Verweigerte Liebe tötet, wofür der Ehepartner von Giovanna ein erschreckendes Beispiel ist. Deshalb ist auch unser Glaube und

Kontakt zu Gott von unseren Erfahrungen der Liebe Gottes durch unsere Mitmenschen abhängig. »Weh dem, der allein ist«, sagt die Bibel. Diese tödliche Wüste der Isolation ist nicht gemeint, wenn man von der »Wüste« im religiösen Leben spricht. Falls der »Unfall« mit dem Fahrrad ein – vielleicht unbewußter – Selbstmordversuch war, dann geschah er schon aus dem Erlebnis, »von Gott und der Welt verlassen« zu sein.

Sind heute Pfarrer nur noch zu bestimmten Zeiten, den sogenannten Sprechstunden, für Hilfesuchende erreichbar? An wen hätte sich Giovanna wenden können?

Leider müssen Pfarrer heute oft Sprechstunden zu bestimmten Zeiten einführen, weil fast ein Drittel aller Pfarrer eine zweite Pfarrei zu betreuen hat. In einer aktuellen Notsituation kann es schwierig werden, falls man von der Möglichkeit der Telefonseelsorge nichts weiß, wo man um Vermittlung sofortiger Hilfe bitten kann.

Giovanna hatte sechs Priester aufgesucht, bei der Telefonseelsorge angerufen und mit einer Priorin gesprochen. Sie betont, daß man sich überall hilfsbereit gezeigt habe. Weshalb hat niemand erkannt, daß Giovanna nicht mit Ratschlägen zu helfen war? Ist man an den genannten Stellen nicht fähig oder bereit, sich auf einen Menschen als Mensch einzulassen? Hat Giovanna ihre Helfer überfordert?

Ich finde es tragisch, daß Giovanna nirgends Verständnis oder Hilfe fand. Man hätte sie mindestens an andere Lebensberatungsstellen (vor allem an die Eheberatungsstelle) weitervermitteln sollen. Dort hätte man neben der fachlichen Beratung – zu der auch der Ehemann hinzugezogen wird, wenn er sich nicht grundsätzlich weigert – nach Lösungen gesucht, wie man Giovanna aus ihrer Isolation hätte befreien können. Diese Stellen sind nicht dazu eingerichtet, das Bedürfnis nach helfender Gemeinschaft zu befriedigen. Die Hilflosigkeit der aufgesuchten Gesprächspartner mußte, da man Giovanna nicht einmal weiterzuvermitteln versand, auf sie deprimierend gewirkt haben. Bloße Ratschläge ohne konkrete Schritte bringen nichts und sind meist eine Verlegenheitslösung.

Als ich den Pfarrer der Gemeinde am Abend vor Giovannas Tod anrief, wirkte er müde und erschöpft. Vielleicht bekommt er viele solcher Anrufe und nahm mich nicht ernst. An wen kann man sich in der Not auch noch am späten Abend oder in der Nacht wenden? Gibt es eine Art »seelsorgerischen Notfalldienst«?

Hier möchte ich noch einmal auf den Dienst der Telefonseelsorge hinweisen, die »rund um die Uhr«, also bei Tag und Nacht, besetzt ist, weil dieser Dienst als einziger immer sofort zur Verfügung steht. Dieser Kontakt konnte schon oft Kurzschlußhandlungen verhindern, bis weitere Hilfe organisiert war.

Als Priester freilich müßte man, wenn uns auch manche nicht dringenden Anrufe erreichen, auf jeden Fall jeden Anruf ernst nehmen, wenn man keine klaren Gegenbeweise hat.

2

Hanna P.
Das Licht am Ende des Tunnels
Ein Bericht

Ich kenne Hanna P. aus meiner Studienzeit. Sie war vier Semester über mir und die attraktivste Studentin der Hochschule.

Heute ist Hanna 46 Jahre alt. Sie ist geschieden und wieder verheiratet. Ihre erste Ehe blieb kinderlos, in der zweiten gebar sie mit 34 Jahren einen Sohn. Er ist im vergangenen Herbst bei einem Fahrradunfall auf dem Schulweg ums Leben gekommen.

Hanna wohnt in einer Kleinstadt. Als ich von dem tragischen Verlust hörte, brauchte ich Monate, bis ich den Mut fand, Hanna aufzusuchen. Wir pflegten keinen Kontakt, obwohl ich nur 25 Kilometer von ihr entfernt wohne. Unser jeweiliger Lebensstil unterscheidet sich zu sehr voneinander.

Hannas Mann ist Filialleiter einer großen Bank, und es geht ihnen finanziell gut. Hanna ist nicht berufstätig, war es nie gewesen. Bei einer Einladung vor Jahren fühlte ich mich in ihrem Hause und in ihrer Gesellschaft so deplaziert, daß ich noch heute ungern daran zurückdenke. Hanna sprach in jedem zweiten Satz von ihrem Mann, ihrem Sohn und den Freundinnen aus dem Bridge-Club, von denen zwei anwesend waren. Wir hatten uns nichts zu sagen, und ich verabschiedete mich an jenem Nachmittag bald.

Hanna hatte noch immer gut ausgesehen, gepflegt, attraktiv, mit der ihr eigenen erotischen Ausstrahlung. Aber in ihren Worten und Bewegungen lag eine Unsicherheit, eine Unechtheit, die mich irritierte. Ich wußte nichts damit anzufangen und machte mir auch wenig Gedanken darüber. Ich hatte andere Sorgen.

Als ich Hanna jetzt, Anfang April, aufsuchte, geschah es mit dem denkbar größten Unbehagen. Sie hatte damals, bei jenem mißglückten Versuch, den mehr als zwanzig Jahre zurückliegenden Kontakt wieder aufleben zu lassen, mich mehrmals mit »Sie« angesprochen. Ich wußte heute nicht recht, wie ich ihr gegenübertreten sollte. Ich beschloß, sie mit dem mir geläufigen »Hanna« anzusprechen, obwohl sie in der Zwischenzeit eine fremde Frau für mich geworden war. Ich hatte Angst vor der Begegnung. Was sagt man einem Menschen, der sein einziges, lange ersehntes Kind verloren hat? Ich war hilflos. Hanna würde es mir sicher nicht leichtmachen, die richtigen Worte und Gesten zu finden.

Trotzdem besuchte ich sie, ohne mich vorher anzumelden.

Hanna, im schwarzen kurzärmeligen Pullover, empfängt mich mit unbewegter Miene. Ich hatte eine wortkarge, im Schmerz versteinerte Frau erwartet, aber Hanna läßt mich nicht einmal zu Wort kommen. Die Sätze sprudeln aus ihrem Mund trotz ihres maskenhaften Ausdrucks.

Ich merke rasch, das Thema »Sohn« ist tabu.

Wir sitzen uns in einem großzügig und teuer ausgestatteten Wohnzimmer gegenüber. Hannas Redeschwall fällt über mich her.

»Alles ändert sich von Minute zu Minute«, sagt sie. »Man braucht keine Uhr, um es zu empfinden, ja, zu sehen.«

Sie spielt mit einer kleinen, kostbaren Sanduhr. »Aus der Provence«, sagt sie. »Ein Geschenk meines Mannes.«

Hanna stellt die Uhr zurück, nimmt einen leeren Aschenbecher auf und dreht ihn rastlos zwischen den Händen. Ihre Unruhe ist schwer zu ertragen.

»Die Luft, die ich ein- und wieder ausatme, ist verändert. Mein Puls schwankt. Meine eben noch trockene Haut ist feucht.« Sie fährt sich mit einem Taschentuch übers Gesicht. »Meine Haare, meine Nägel wachsen. Ich sehe es nicht, ich spüre es nicht, aber es *ist* so. Ich habe keinen Einfluß darauf. Auf nichts habe ich Einfluß. Auf nichts, auf nichts, auf nichts. Ich lebe nicht mehr, ich werde gelebt. Ich tue nichts, liege herum den ganzen Tag, und trotzdem geschieht unentwegt etwas mit mir, in mir, an mir, ich kann es nicht hindern, nichts kann ich hindern, außer mit Gewalt, mit einem plötzlichen, gewaltsamen Aus.«

Hanna schweigt lange und erschöpft.

»Meine Nerven sind überreizt, ich weiß schon«, sagt sie mit einem Anflug von Feindseligkeit, obwohl ich kein Wort gesagt habe.

»Aber mich packt Schwindel, wenn ich an all das denke. Ich habe einfach keinen Boden mehr unter den Füßen. – Keinen Halt für meine Hände. – Niemand reicht mir die Hand, niemand hält mich fest, immerzu falle ich, wie im Traum, es ist ein böser Traum, in dem man endlos und in panischem Entsetzen in die Tiefe fällt. Das hört nicht auf. – Für das Ende, den Aufschlag, für die Erlösung muß man selber sorgen.«

So schrecklich das, was Hanna da sagt, auch ist, es klingt wie auswendig gelernt. Ich komme mir vor wie im Theater. Hannas Augen sind leer. Ich denke, sie hat viel geweint in den letzten Monaten und kann nicht mehr.

»Es ist nicht nur so«, sagt sie dann, »daß man ohne Halt ist, daß man keinen Boden unter den Füßen findet, daß man die ständigen Veränderungen bemerkt und nicht aufhalten kann, es ist, es ist... Ich weiß es nicht. Alles scheint sich aufzulösen, verstehen Sie? Alles, was sicher war, was gut und schön war, löst sich in nichts auf, ist einfach fort, verschwunden, von einem Tag zum nächsten. Ich kann mich nicht daran gewöhnen, nie, nie.«

Und schließlich sagt sie, sehr leise, ich verstehe es kaum: »Alles verändert sich seit Alexanders Tod. Ich meine, was um mich herum ist. Die Freundschaften zum Beispiel. Ich kann mit niemandem mehr reden. Es ist heute das erste Mal. Wenn ich es versuchte, hatte ich diesen Kloß im Hals. Ich sehe die Teilnahme meiner Freunde, verstehst du, ich sehe zu, wie man mich trösten will, aber es kommt nicht bis zu mir. Ich bin tot. Ich sehe auch zu, wie sich die Freundschaften auflösen. Als hätte es sie nie gegeben. Nichts hat Bestand. Ich wußte das immer, aber jetzt erfahre ich es.«

»Erfahren?«

»Ja. Am eigenen Leib. Sehen Sie mich doch an. Du kennst mich doch von früher. War ich da nicht attraktiv? Nein, sag jetzt nicht: Du bist doch noch immer recht nett. Das kenne ich schon. Ich habe es oft gehört. Recht nett. Ein bißchen gealtert, ein bißchen faltig, ein bißchen grau unter den gefärbten Haaren, aber recht nett.«

Wieder folgt eine lange Schweigepause.

Sie verliert ihr Kind, denke ich, und beklagt sich wortreich darüber, daß sie nicht mehr attraktiv ist. Es ist nicht leicht zu verstehen.

Die ins Leere blickenden Augen füllen sich nach und nach mit Tränen. Es ist kein Weinen, kein Schluchzen. Es läuft einfach Wasser aus den Augen, ein physikalischer Vorgang, Hanna hat nichts damit zu tun. Mit dem bloßen Arm wischt sie sich über das Gesicht. Das ohne Sorgfalt aufgetragene Make-up verschmiert und entstellt das Gesicht. Aber irgendwie erscheint es mir so menschlicher, vertrauter, zugänglicher. Vielleicht löst sich mit dem Make-up die Maske, hinter der Hanna versteckt ist, denke ich, hoffe ich.

Plötzlich, fast wild, sagt Hanna: »Ich bringe mich um. Du wirst sehen, ich bringe mich um. Ich zeige es euch allen.«

»Man kann nur den Körper töten«, sage ich.

»Das genügt. Ihn hasse ich.«

»Aber es ist doch nicht dein Körper, der dich quält, Hanna – oder?«

Sie sieht mich mit einem langen Blick an. Es ist das erste Mal, seit wir uns in diesem Zimmer gegenübersitzen, daß sie mir offen ins Gesicht sieht.

»Nein. Oder doch. Es ist nur das, was man sieht. Ja. Der Ausdruck meiner Unfähigkeit. Meiner Schwäche. Ich bin wehrlos. Mein Körper ist wehrlos gegen mich. Irgend etwas ist in mir, das auf der Lauer hockt. Es ist dumpf und tückisch. Ich spüre das. Die Tücke lähmt mich. Es ist ein lähmendes Gift. Ich kann mich manchmal kaum noch bewegen, besonders wenn ich allein bin. Mein Leben lang war ich aktiv. Jetzt hänge ich tagelang in der Wohnung herum und tue nichts, überhaupt nichts.«

Ich habe das Gefühl, daß Hanna nicht sehr offen zu mir ist. Sie erzählt von ihrem Körper, denke ich, um nicht von dem Kind sprechen zu müssen. Aber vielleicht täusche ich mich. Ich kenne Hanna ja nicht mehr. Vielleicht weicht sie sich selbst aus, dem Schmerz, der unerträglich ist. Möglicherweise will sie etwas mitteilen, und ich verstehe es einfach nicht. Ich bin keine Psychologin. Ich will Freundin sein, eine Frau, die sich anhört, was gesagt werden muß, ausgesprochen werden muß, um nicht an der Wortlosigkeit zu ersticken. Ich bin da. Ich habe Geduld und nehme mir Zeit. Ich will nicht werten und schon gar nicht urteilen. Ich hämmere es mir ein.

»Es ist nicht mehr viel übrig von der Frau, die ich einmal war. Ach, weißt du – ich habe so schrecklich genug von mir. Ich habe von allem genug.«

»Aber, Hanna –«

»Sieh mich doch an!« – Hanna wird laut. – »Sieh doch, wie ich geworden bin: zäh wir Sirup, lahm, lustlos. Mein Leben hat überhaupt keinen Sinn mehr. Ich könnte –«

»Ja?«

»Ich könnte manchmal alles kurz und klein schlagen. Dabei kann ich keiner Fliege etwas zuleide tun. Ich habe das Kind nie geschlagen. Ich bekam einen Weinkrampf, als mir einmal ein Fasan ins Auto lief.«

Hannas Hände und Unterarme sind stark zerkratzt.

»Hast du Katzen?« frage ich.

»Nein.«

Hanna wird rot.

»Die Kratzer kommen von Brombeerranken.«

Sehr langes Schweigen. Ich denke, wer geht jetzt, im April, in die Brombeeren?

»Ich –«

»Ja?«

»Ich habe manchmal eine schreckliche Wut.«

Die Atmosphäre ist plötzlich sehr gespannt.

Hanna sieht mir ausgesprochen feindselig in die Augen. Soll ich sie in Ruhe lassen und gehen? Will sie aber in Ruhe gelassen sein? Oder will sie sprechen und kann nicht?

»Laß mich in Frieden!« sagt Hanna. »Verschwinde. Hau ab. Komm nicht mehr hierher. Ich will niemanden mehr sehen.«

Ich kenne Hanna als sanfte, sehr höfliche Frau.

»Die Kratzer«, sage ich, »tun sie noch weh?«

»Ja. Nein. Ein bißchen. Eine Brombeerranke hatte sich im Stoff meines Rockes verfangen. Ich war allein unterwegs, ziellos. Ich riß am Rock, drehte mich, geriet immer gründlicher ins Gestrüpp, die Dornen hielten mich fest, ich riß, riß, zerriß den Stoff, geriet in Zorn, maßlos, ich kannte mich so nicht, ich schlug mit bloßen Armen nach den Ranken, griff mit den Händen in die Dornen, schlug, riß, spürte keine Schmerzen, nur diese Wut, meine Ohnmacht, meine Unterlegenheit, ein paar läppische Dornen konnten mich festhalten, Dornen – ein sinnloser Kampf.«

Hanna sinkt nach diesem Ausbruch in sich zusammen. Erzählend erlebte sie noch einmal ihre verzweifelte Aggression, die doch nur sie selbst verletzt hatte. Hanna ist jetzt sehr ruhig. Aber es ist nicht die Ruhe der Erschöpften. Es ist Resignation.

»Ich bin nicht die Sanfte«, sagt Hanna müde, »die ich immer sein wollte. Sein mußte. – Ach, ich habe nie gelebt. – Übrigens …«

»Ja?«

»Vor etwa einem Jahr –«

»Was war da?«

»Ich mußte zum Arzt. Ich war mit der Hand in das Messer der Brotmaschine geraten.«

»Bist du ausgerutscht?«

Wieder errötet Hanna. Sie sieht mich nicht an. Ich bedaure, sie mit meiner überflüssigen Frage unterbrochen zu haben.

Der Vorfall muß vor dem Tod des Jungen passiert sein, denke ich.

»Nein«, sagt Hanna fast trotzig, »ich bin nicht ausgerutscht. Ich habe es absichtlich getan.«

»Sagtest du das dem Arzt?«

Ich merke, wie mein Magen zu rebellieren beginnt.

»Nein«, sagt Hanna. »Aber er stellte die gleiche Frage wie du.«

»Und? Was meinte er?«

»Er fragte, wofür ich mich bestrafe.«

»Du wolltest dich mit dem Schmerz bestrafen?«

»Es ist ein Sühneopfer, das ich bringe.«

»Sagte das der Arzt?«

»Ja. Das heißt, er sagte, daß ich meine, es sei ein Sühneopfer.«

»Ein blutiges Ritual. Glaubtest du dem Arzt?«

»Ja.«

»Was meinte er sonst noch?«

»Er sprach von Schuldentlastung durch Selbstbestrafung. – Er wollte mich zu einem Psychotherapeuten überweisen, aber ich weiß von keiner Schuld. – Magisch und primitiv nannte er meine Handlungsweise«, sagt Hanna heftig. Sie ist noch immer sehr verletzt und gekränkt. »Ich bin nicht mehr zu ihm hingegangen. – Weißt du, was er noch sagte?«

»Ja?«

»Er sagte: ›Hat nicht Christus am Kreuz Ihre Schuld mit *seinem* Blut, mit seinen Wunden auf sich genommen und gelöscht?‹ – Ich habe den Arzt gehaßt, als er das sagte.«

»Bist du Christin, Hanna?« frage ich.

»Ja. Aber ich weiß nichts von einer Schuld. Ich habe doch immer meine Pflicht getan.«

Hanna ist jetzt sehr verschlossen. Ich erzähle, daß ich auf der Fahrt zu ihr eine Anhalterin mitgenommen habe. Ein ganz junges Mädchen, das mich beschimpfte, als ich nur bis X. fuhr und nicht weiter bis F., wohin es wollte.

»Weißt du, was das Mädchen zu mir sagte?« frage ich. »Es sagte: Ich hätte mir denken können, daß Sie eine kleine Provinzstadtmaus sind.«

Ich lache. Es klingt gezwungen, und Hanna verzieht nicht einmal das Gesicht. Ich weiß nicht, ob sie mir überhaupt zugehört hat. Es fällt mir schwer, sie in dieser Verfassung zurückzulassen, mit diesem verkniffenen Mund und dem abweisenden Blick. Ich weiß, sie wird sich auf die Couch werfen und weinen vor Verzweiflung und Hilflosigkeit, sobald ich das Haus verlassen habe.

Ich möchte ihr gerne beistehen und weiß nicht, wie. Mein Versuch, sie mit der kleinen Geschichte aufzuheitern, beschämt mich. Er ist der Ausdruck meiner eigenen Hilflosigkeit. Man erträgt es so schlecht, jemanden traurig und verzweifelt zu sehen und unfähig daneben zu stehen.

»Soll ich in der nächsten Woche wiederkommen?« frage ich. Als mich Hanna mißtrauisch ansieht, füge ich rasch hinzu: »Ich habe hier in der Stadt zu tun.«

»Ja«, sagt sie. »Komm nur. Vielleicht bin ich noch da, vielleicht auch nicht.«

Höflich bringt sie mich zur Tür. Es tut mir weh zu sehen, wie sie sich zurückzieht hinter ihre Maske. Es tut ihr sichtlich leid, daß sie so viel gesprochen hat. Werden wir noch einmal so vertraut miteinander umgehen können? frage ich mich. Was kann in einer Woche alles geschehen! Ich habe Angst um Hanna, aber ich sage es nicht. »Auf Wiedersehen«, sage ich sehr betont.

Hanna antwortet nicht.

Acht Tage später:
Hanna empfängt mich wortkarg, ganz im Gegensatz zu dem Besuch vor einer Woche. Ihre Augenlider sind geschwollen. Mir fällt auf, daß sie abgenommen hat. Vielleicht aber ist es nur der schwarze enge Rock, der sie schlanker erscheinen läßt. Sie sieht übermüdet aus. Mit lahmen Bewegungen gießt sie uns Tee ein. Ihre Hände zittern. Es entsteht eine eigentümliche Spannung zwischen ihren gehemmten Bewegungen und der offensichtlichen Unruhe.

Hanna steht immer wieder auf, um etwas zurechtzurücken, Kleinigkeiten, eine Vase oder Figurine. Sie will etwas holen und vergißt dann, was es war. Ich habe den Eindruck, unwillkommen zu sein. Hanna will womöglich allein sein und fühlt sich von meinem Besuch gestört oder behelligt. Ich sage ihr, daß ich das denke, frage, ob es ihr lieber sei, wenn ich an einem anderen Tag wiederkomme. Sie sieht mich fassungslos an, ihre Lippen beginnen zu zittern, die Bewegungen werden unkontrolliert, die Finger suchen vergeblich Halt irgendwo am Körper, im Haar, am Stoff der Kleidung. Plötzlich schlägt Hanna die Hände vors Gesicht und schluchzt.

»Ich kann nicht mehr. – Ich bin schuld. – Ich bin an Alexanders Tod schuld, natürlich bin ich schuld. Ich habe nicht genügend aufgepaßt auf ihn. Ich hätte wissen müssen, daß er noch zu klein ist, um mit dem Fahrrad zur Schule fahren zu können.«

Hannas Ausbruch überrascht mich.

»Du fühlst dich schuldig am Tod des Jungen?«

Ich begreife es nicht. Es ist so absurd.

»Ja, ja!! Er war doch noch so klein. – So unschuldig.«

»Aber, Hanna! Alexander war ein großer Junge. Hanna«, sage ich, »der Tod eines Kindes ist unfaßbar, es übersteigt unsere Kräfte. Aber mach es dir nicht noch schwerer, als es ohnehin ist. Du bist nicht schuld.«

Ich weiß, wie schal und leer meine Worte klingen. Es gibt keinen Trost. Ich will Hanna beistehen, aber wie könnte ich es. Sie soll sich nicht allein fühlen in ihrem Schmerz, aber ich erreiche sie überhaupt nicht.

»Ich bin schuldig, ich bin schuldig...«

Hanna klammert sich an den Gedanken, steigert sich schluchzend in ihren Jammer hinein. Ich fürchte, daß sie zu schreien beginnt.

»Wie kommst du auf diesen Gedanken?« frage ich.

»Der Arzt damals«, flüstert Hanna, »hat er es nicht auch gesagt?«

»Aber, Hanna, das war doch *vor* Alexanders Tod.«

Ich erschrecke, indem ich es ausspreche. *Was* war vor dem Tod des Kindes? Hannas Verzweiflung, die Gründe dafür, liegen sie noch weiter zurück? Der Verlust des Jungen schiebt sich davor.

»Ich bin schuldig, ich bin schuldig...«

Hanna scheint sich in der Monotonie der Wiederholung dieses kleinen, aber schrecklichen Satzes zu beruhigen. Sie sagt es immer wieder. Dabei wiegt sie den Oberkörper hin und her, hin und her. Ihre rechte Hand liegt in ihrem Schoß. Sie wird mit der rhythmischen Bewegung des Oberkörpers auf und nieder gedrückt. Ich sehe es, werde verlegen und vermeide, auf die zwischen die Beine gerutschte Hand zu schauen.

Hanna sieht mich lange an. Ihre Augen sind nicht nur von Tränen trüb.

»Frag meinen Mann«, sagt sie. »Frag Oma und Opa.«

»Deine Schwiegereltern?«

»Ja. Sie wohnen bei uns im Haus. Alexander war ihr Liebling. Er war ihr Lebensinhalt. Seit der Beerdigung sprechen sie nicht mehr mit mir.«

Hanna überläuft ein Schauer, sie schüttelt sich und beginnt erneut zu weinen. Es ist ein trostloses, halblautes Schluchzen.

»Die Nachbarn kondolierten mir«, stößt sie hervor. »Aber jetzt sehen sie mich komisch an. – Ich bin nicht mehr Frau P. Ich bin die Frau, die ihr Kind verlor. – Weil ich nicht aufgepaßt habe. – Weil ich Alexander nicht behütet habe. – Ich bin die schlechte Mutter.«

»Mein Gott, Hanna«, sage ich und möchte am liebsten selbst weinen. »Man kann einen Zwölfjährigen doch nicht ständig im Auge behalten. Man darf es nicht einmal. Wie sollte er sonst selbständig und erwachsen werden?«

Ich denke, es wäre gut für Hanna, wenn sie sich in psychotherapeutische Behandlung begäbe. Als ich es sage, starrt sie mich an. Sie starrt durch mich hindurch in eine Ferne, in die ich ihr nicht folgen kann. Ich weiß nicht, was sie sieht, ob sie überhaupt etwas sieht. Ich weiß nur, daß es entsetzlich ist, ein Kind zu verlieren.

»Ich verstehe deinen Schmerz«, sage ich, obwohl ich sehr genau weiß, daß das nicht stimmt. Kein Schmerz läßt sich nachvollziehen. Selbst die eigenen Schmerzen sind im nachhinein oft nicht mehr vorstellbar, und es ist gut so.

»Du verstehst nichts«, sagt Hanna feindselig. »Nichts.«

Ich habe Angst, daß sie sich wieder verschließt wie beim letzten Besuch. Die Kratzwunden an den Armen sind verschmutzt und eitrig. Ich versuche, das Gespräch auf diese Wunden zu lenken.

»Ich habe mir Blumenerde in die Wunden gerieben«, sagt Hanna lakonisch. Und auf meinen fragenden Blick: »Ich dachte, es gibt eine Blutvergiftung. – Ich will sterben.«

Ich bin betroffen. Ich sehe diese verzweifelten, vergeblichen und hilflosen Versuche, etwas gegen das eigene Leben zu tun.

Aber ich sehe nicht die wirklichen Zusammenhänge. Ich verstehe auch nicht die Schuldgefühle. Wenn ich nur wüßte, wie Hanna dazu zu bewegen wäre, einen geeigneten Arzt aufzusuchen.

»Mein Mann ist völlig zusammengebrochen nach Alexanders Tod. Er ist jetzt in Kur.«

So sieht das also aus, denke ich wütend und erschrocken zugleich: Verlust des geliebten Kindes, der Mann flieht, die Großeltern trösten sich, indem sie einen Sündenbock schaffen.

»Du bist nicht schuld an Alexanders Tod, und du weißt es auch«, sage ich bestimmt. »Es ist ein *Gefühl* der Schuld, Hanna. Man suggeriert es dir. Du bist zu geschwächt, zu gebrochen, um dich zu wehren. Das ist doch nur zu verständlich. Die dich verurteilen, sind ebenso schwach und leidend wie du. Aber sie urteilen falsch, Hanna, ich bitte dich, glaube es mir.«

Hanna schweigt, und ich habe das Gefühl, zu viel geredet zu haben. Vielleicht braucht sie diese Empfindung des Schuldigseins, denke ich beklommen. Wer gibt mir das Recht, es ihr ausreden zu wollen? Vielleicht bedeutet es Rettung für sie, eine Flucht vor der entsetzlichen, vernichtenden Wahrheit, das Kind verloren zu haben. Vielleicht verhindert es den völligen Absturz ins Bodenlose.

Zugleich weiß ich aber, daß es so nicht stimmen kann.

»Ich habe nichts und niemanden mehr«, sagt Hanna in meine Überlegungen hinein. »Ich möchte mich hinlegen, das Gesicht zur Wand, und mich niemals mehr rühren müssen. Auf das Ende warten...«

»Leg dich ein wenig hin«, sage ich. »Ich bleibe bei dir und störe dich nicht. Ruh dich aus, vielleicht kannst du schlafen.«

Es überrascht mich, wie bereitwillig Hanna auf diesen Vorschlag eingeht. Sie legt sich auf die Couch, den Blick zur Decke. Sie schließt nicht die Augen. Ich setze mich auf einen Stuhl neben sie, lege meine Hand leicht auf den Arm. Die Kratzwunden sind heiß und klopfen.

»Weißt du«, sagt Hanna, »ich kann überhaupt nichts mehr. Ich kann nicht richtig essen, nicht richtig schlafen und nicht arbeiten. Ich bin wie gelähmt. Meine Glieder sind schwer wie Blei. Ich bin todmüde, aber ich kann einfach nicht schlafen. Manchmal wird mir schwarz vor Augen. Seit Alexander tot ist, ist die Welt vollkommen leer. Aber auch vorher... Wozu lebe ich noch? Ich bin nutzlos. Ich bin so überflüssig, daß ich es nicht beschreiben kann.«

Einen Augenblick lang bin ich wieder versucht, Hanna aufzumuntern. Aber ich weiß, daß dieser Wunsch *meinen* Bedürfnissen entspricht, meiner Hilflosigkeit angesichts des Elends, mit dem ich nicht umzugehen weiß. Ich möchte Hanna nicht weh tun.

»Die Nächte sind das Schlimmste«, sagt sie leise. »Sie sind so furchtbar lang. Schon gegen 20.00 Uhr, manchmal noch früher, nehme ich eine oder zwei Schlaftabletten. Draußen ist es noch lange hell. Ich verdunkle alle Räume, weil mir das Licht weh tut. – Früher, da schlief ich gerne in hellen Räumen ein. – Dann schlafe ich bis morgens um 1.00 oder 2.00 Uhr. Spätestens um 3.00 Uhr aber bin ich endgültig wach und kann nicht mehr einschlafen. – Dann sehe ich Alexander im Sarg liegen. – Sein weißes Gesichtchen. – Ein fremdes Kind. – Wenn es Tag wird, verschwinden allmählich die quälenden Bilder. – Aber dann kommen die Kopfschmerzen. Alles wird noch schrecklicher. Mir ist, als habe sich ein dicker rostiger Nagel in meinen Scheitel gebohrt. Und irgend jemand schlägt immerzu mit dem Hammer darauf. – Meine Kiefergelenke schmerzen vom Zusammenpressen der Zähne. – Die Zunge ist pelzig. – Die Kehle tut weh, ich habe das Gefühl, jemand würgt mich. Und dann dieser Brechreiz und das Bauchgrimmen, aber ich kann nicht erbrechen. – Ich weiß dann überhaupt nicht, wie ich den Tag überleben soll. Jedesmal nehme ich mir vor: Heute tue ich es. Heute bringe ich mich um. – Aber dann kann ich es nicht. – Ach, du verstehst nicht, wie qualvoll diese Leere und das Dunkel in mir sind. – Niemand kann das verstehen.«

»Vielleicht kann ich es mir wirklich nicht vorstellen, Hanna«, sage ich. »Aber ich fühle mit dir. Und es gibt sicher Menschen, die dir helfen können, weil sie es gelernt haben.«

Hanna ergreift spontan meine Hand, läßt sie aber bald wieder fallen: kraftlos, apathisch.

Ich weiß nichts von Alexander, denke ich. Sie hat mir nichts von ihm erzählt, mir kein Foto gezeigt. Vielleicht kann sie es nicht. Aber sie spricht weiter von ihrer Schuld.

Als sie endlich zu weinen beginnt, fast lautlos, ohne ein einziges Mal die Tränen fortzuwischen oder sich zu schneuzen, als ihr Gesicht naß und verklebt ist und sie sich nicht mehr rühren zu können scheint, nehme ich ein Taschentuch und fahre ihr damit über Augen und Wangen. Es ist eine mütterliche Geste, die sie sich gefallen läßt. Eine einfache Geste, die uns ein Stück näher bringt. Hanna rollt sich zur Seite und fährt sich mit dem Arm über Nase und Mund. Ihr Gesicht ist von Rotz verschmiert. Da liegt sie, hilflos und liebebedürftig wie ein Kind. Ich schneuze ihr die Nase und wundere mich, daß ich das kann.

Leise beginnt Hanna wieder mit ihren Schaukelbewegungen, die Hand zwischen den Schenkeln. Ich möchte mit ihr darüber sprechen, irgendwann, aber ich habe Angst, sie zu erschrecken. Sie tröstet sich so. Sie ist jetzt entspannt, aber es ist keine Erleichterung dabei.

Ich weiß, ich werde Hanna noch oft besuchen. Ich lege ihr eine Hand über die Augen und sage: »Ich gehe jetzt. Soll ich wiederkommen?«

»Laß mich nicht allein«, fleht Hanna. »Laß mich jetzt nicht allein. – Sonst bringe ich mich um.«

Ich muß gehen, aber wir verabreden uns für den nächsten Tag. Hanna verspricht, auf mich zu warten.

In den folgenden Tagen und Wochen besuchte ich Hanna, so oft ich nur konnte. Es entstand ein Vertrauensverhältnis, von dem ich glaubte, es könne Hanna über ihre abgrundtiefe Niedergeschlagenheit und die Hoffnungslosigkeit hinweghelfen. Einen Arzt aufzusuchen war sie nicht bereit.

Für mich selbst lernte ich, daß man zwischen Mit-leid und Mit-gefühl unterscheiden muß. Mitleidend war ich nahe dabei gewesen, mich von Hannas Traurigkeit anstecken und mich von ihrer Mutlosigkeit gefangennehmen zu lassen.

Hanna empfängt mich grußlos. Es dauert lange, bis sie sich zu den ersten Worten entschließen kann. Heute ist ihr Gesicht verquollen, die Haut um die Augen herum ist gespannt wie bei einem Ödem. Endlich sagt sie: »Ich habe eine Überdosis genommen.«

»Wovon?«

»Von dem Beruhigungsmittel, das mir der Arzt nach Alexanders Tod verschrieben hat.«

Und nach einer endlos scheinenden Pause: »Ich habe alles erbrochen.«

Ich bin in Alarmstimmung und hoffe, daß Hanna mir meine Erregung und Angst nicht ansieht.

»Du wolltest Schluß machen?«

Hanna nickt. Die Tränen laufen ihr über die Backen. »Ich fühle mich, als sei ich aus einer Narkose noch nicht ganz erwacht«, flüstert sie.

Ich schlage ihr wieder vor, zu einem Arzt zu gehen. Sie braucht Hilfe, die ich ihr nicht geben kann. Ich sehe, wie ihr Körper sich anspannt unter meinen Worten, wie die Hände sich für einen Augenblick zu Fäusten ballen.

»Du willst mich los sein«, sagt Hanna gepreßt. »Du bist mich leid.«

»Nein, Hanna«, versichere ich. »Wenn du es willst, begleite ich dich.«

»Nein. Danke«, sagt Hanna böse. »Du kannst jetzt gehen. Mir ist ohnehin alles egal. Ich brauche niemanden.«

Hanna ist sehr mager geworden in den letzten Wochen.

Das Sprechen fällt ihr schwer. Manchmal, denke ich, will sie etwas mitteilen und kann es einfach nicht. Wie ein Nußkern ist sie von einer harten, festen Schale umschlossen. Sie möchte vielleicht aus sich heraus und vermag es nicht.

»Ich bin ohne Gefühl« sagt Hanna. »Alles in mir ist tot. – Nur meine Schuld lebt. – Und die Angst.«

»Die Angst?«

Es ist das erste Mal, daß Hanna von Angst spricht.

»Es ist Nacht«, sagt sie. »Ich schwimme auf dunklem, eiskaltem Wasser umher. Das Schiff ist untergegangen mit allen Passagieren. Ich allein bin übrig. Auf einer Holzplanke schwimme ich auf den Wellen umher. – Ich möchte loslassen, aber ich habe Angst.«

Hanna hockt mit an die Brust gezogenen Knien auf ihrem Bett. Ich sitze ihr gegenüber. Sie legt ihren Kopf an meine Schulter, ihre Hände krallen sich schmerzhaft in meine Arme.

»Ich ersticke«, flüstert sie, »an meiner Schuld.«

Ich antworte nicht.

Hanna weint.

»Alexanders Tod ist meine Strafe«, schluchzt sie.

»Strafe wofür?«

Hanna richtet sich auf, schneuzt sich und sagt gedehnt: »Ich kann es dir nicht sagen. Niemandem. – Geh jetzt. Laß mich allein.«

»Bitte, Hanna«, sage ich. »Ich will wirklich nicht in dich dringen. Aber so kann man nicht leben. Laß uns zusammen zu einem ...«

»Ich will doch gar nicht leben, kapierst du denn nicht? Ich will nicht mehr. – Wozu? – Was soll ich denn noch? – Ich komme mir vor wie eine ausgeblasene Kerze. – Wozu sind ausgeblasene Kerzen gut?«

»Man kann sie wieder anzünden.«

»Der Teufel soll dich holen.«

Hanna läßt sich auf das Bett zurückfallen, dreht mir den Rücken zu. Sie weint. Ich fahre ihr mit der Hand über den Nacken, sie beruhigt sich, und ich gehe.

31. Mai

Hanna ist so sehr abgemagert, daß sie kaum noch gehen kann. Die im Hause lebende Schwiegermutter kocht für sie, aber Hanna ißt so gut wie nichts. Als ich komme, liegt sie im halb verdunkelten Zimmer. Draußen das strahlende Maiwetter, die Sonne scheint aus einem wunderschön blauen, klaren Himmel.

»Ich ertrage das Licht nicht«, sagt Hanna. »Es tut mir weh. Wahrscheinlich habe ich eine Augenerkrankung.« Sie wendet sich bald nach der Begrüßung wieder ab. »Die Vögel lärmen«, sagt sie, das Gesicht zur Wand, »dieses entsetzliche Durcheinander der Vogelstimmen – ich halte es nicht mehr aus, es macht mich verrückt.«

Hannas Schwiegereltern haben vor einigen Tagen einen Arzt gerufen. Er konnte nach eingehender Untersuchung keine Krankheit feststellen, ausgenommen die hochgradige Unterernährung.

»Siehst du«, höhnt Hanna, »ich bin völlig gesund. – Ich müsse mich nur zusammennehmen, sagte der Arzt. – Ich bin völlig gesund.« Hanna weint wieder.

Schade, denke ich, daß sie ausgerechnet an einen jener Ärzte geraten sein mußte, für die der Mensch nur eine Summe von Organen ist. Schade und tragisch.

Ich sage das Hanna, versichere, daß es gewiß auch klügere Ärzte gebe und wir zusammen einen suchen und finden sollten.

Sie sieht mich mißtrauisch an. Woher ich das wisse? Wir sprechen lange nichts mehr. Fast eine Stunde sitze ich stumm am Rande des Bettes und halte die leicht gewordene Hand zwischen meinen Händen.

»Es gibt keinen Ausweg«, sagt Hanna schließlich. »Ich bin verloren. Für Leute wie mich gibt es keine Hilfe.«

»Es gibt die Brücke zurück ins Leben«, behaupte ich und weiß doch, daß Hanna mir in ihrem Gefühl absoluter Hoffnungslosigkeit überhaupt nicht glauben *kann*. »Wir müssen diese Brücke einfach finden«, sage ich trotzdem. »Und da wir es nicht allein können, müssen wir eben nach Hilfe suchen.«

Hanna dreht sich zu mir um. Ihr Blick ist stumpf. Ich sehe im Halbdunkel des Zimmers Schweißperlen auf Stirn und Oberlippe glänzen. Hanna ist bis zum Hals zugedeckt.

»Ich friere«, sagt sie. »Dieses Frösteln hört überhaupt nicht mehr auf. Es rieselt den Rücken herunter wie eine kalte Dauerbrause.«

Ich möchte Hanna am liebsten mit hinausnehmen auf die sonnenwarme Terrasse, aber ich weiß, daß mein Vorschlag sie nur quälte.

Hannas linke Hand ist bandagiert. Ich nehme sie vorsichtig auf. Ich frage nicht, aber Hanna sagt: »Ich bin so ohne jedes Gefühl, daß mich manchmal ein schreckliches Bedürfnis überkommt, mich zu spüren. – Das an der Hand, das habe ich mit einer brennenden Zigarette gemacht.«

Für einen Augenblick wird mir schwach in dem düsteren, ungelüfteten Raum. Ich muß aufstehen und mich ein wenig bewegen.

»Geh nicht weg!« fleht Hanna. »Ich muß dir etwas sagen.«

Ich setze mich wieder. In dem folgenden, spannungsgeladenen Schweigen sehe ich in Hannas Gesicht sich den inneren Kampf widerspiegeln, den sie führt.

»Ich kann nicht«, sagt sie schließlich resignierend. »Ich kann nicht.«

Ich sehe, wie ihre mageren Schultern zu beben beginnen, sehe das Zittern der Lippen. Wieder beginnt dieses lautlose, erschöpfte und hoffnungslose Weinen, das keine Erleichterung bringt.

Es ist so schlimm, danebenzustehen und hilflos zu sein. Es ist schlimm, mit jemandem umzugehen, der Hilfe verweigert.

16. Juni

Hanna war zehn Tage im Krankenhaus. Man hat sie mit Infusionen wieder aufgepäppelt.

»Es geht mir gut«, sagt sie, als ich sie zu Hause besuche. »Ich fühle mich wirklich gut. Du brauchst jetzt nicht mehr so oft zu kommen. Ich danke dir.«

Die Art, wie Hanna das sagt, so sachlich und entschlossen,

macht mich hellhörig. Ich habe wieder jene Hanna vor mir, die mit unnatürlichen Gesten die zuvorkommende Gastgeberin spielt. Ich kann mich nicht an dieser Art von Genesung freuen. Es ist, als hätten wir nie miteinander gesprochen.

Hanna distanziert sich von mir. Es ist ihr gutes Recht, aber ich habe Angst um sie, mehr als in den schlimmen Wochen zuvor.

Dann sehe ich die vielen Gebetbücher auf dem Sideboard im Eßzimmer und denke, vielleicht hat Hanna auf diesem Wege Hilfe gefunden. Vielleicht hat sich der Krankenhausseelsorger ihrer angenommen und sie auf einen Weg gebracht, der hilfreich für sie ist.

Ich frage nicht und verabschiede mich, ohne daß wir einen einzigen sinnvollen Satz miteinander gesprochen hätten. Wir haben Tee getrunken, und Hanna hat erzählt, daß sie ab jetzt wieder zum Bridge-Spielen gehen werde. Ich merke, daß ich dieses plötzliche Nicht-mehr-gebraucht-Werden nicht gut verkrafte. Ich fühle mich schlecht behandelt und muß achtgeben, daß ich nicht gekränkt bin.

Aber es geht nicht um mich, sage ich mir und verlasse Hannas Haus mit einem furchtbaren, nicht zu begründenden Gefühl des Unbehagens.

Noch am selben Abend ruft mich Hannas Mann an. Sie liegt im Krankenhaus, hat sich die Pulsadern geöffnet. Der Blutverlust ist gering.

17. Juni

Ich besuche Hanna im Krankenhaus.

»Ich habe dir Theater vorgespielt«, sagt sie. »Verzeihst du mir? Ich wollte dich nicht mit hineinziehen in meinen Abgang. Aber siehst du, nicht einmal dazu bin ich fähig.«

Ich bin traurig, daß ich Hanna so wenig helfen kann.

»Man wird mich in die Psychiatrie verlegen«, sagt Hanna matt. »Hilf mir! Ich bin so verzweifelt. Hole mich aus dem Krankenhaus heraus, bitte!«

Ich kann Hanna nicht helfen, außerdem hoffe ich, daß sie nun endlich in die richtigen Hände kommt.

Als ihre kleinen Verletzungen am Handgelenk verheilt sind, wird sie vier Wochen lang in einem Psychiatrischen Krankenhaus behandelt. Ihr Mann besucht sie kein einziges Mal. Er schäme sich, sagt er zu mir, mit einer »Verrückten« verheiratet zu sein. Seine Eltern reagieren genauso. Es fällt das Wort Scheidung.

28. Juli
Hanna ist wieder zu Hause. Ihr Körper ist zwar noch immer mager, aber das Gesicht ist gedunsen. Die Haut ist fahl und grau.

»Man hat mir mit Tabletten und Gesprächen sehr geholfen«, sagt Hanna. – »Aber ich habe nichts gesagt.«

Wir sprechen lange und über alles mögliche. Über den Aufenthalt in der Klinik, über Hannas vor vielen Jahren verstorbenen Vater, über die in der Toskana wieder verheiratete Mutter. Plötzlich schlägt Hanna die Hände vors Gesicht und weint so schmerzlich und verzweifelt, wie ich selten einen Menschen weinen sah. Als sie sich beruhigt hat, beginnt sie, zuerst zögernd und stockend, dann sehr fließend und ausführlich zu sprechen:

»Als ich ein kleines Mädchen war«, sagt sie, »legte ich mich oft auf den Teppich im Wohnzimmer und rollte mich hin und her. – Es war ein schönes Gefühl. – Irgendwann, als Gäste da waren, muß jemand eine obszöne Bemerkung gemacht haben, denn plötzlich riß mich meine Mutter hoch, stellte mich mit einem heftigen Ruck auf die Beine, schimpfte fürchterlich und schickte mich aus dem Zimmer. – Ich schämte mich schrecklich. – Meine Mutter war sehr aufgeregt. – Ich hörte von draußen die Gäste lachen. Ich wußte, sie lachten über mich. – Oder über meine Mutter. Das war für mich kein Unterschied. – Später saß ich oft auf dem Schaukelpferd. Ich lehnte mich weit nach vorn, weil dabei wieder das angenehme Gefühl kam. Auch dies machte meine Mutter böse. Sie nahm mir das Schaukelpferd weg und stellte es auf den Dachboden. Ich wußte nicht, weshalb. – Ich weiß nicht mehr, wie alt ich war, aber ich war unglücklich, weil sich meine Mutter mir gegenüber sehr veränderte. – Ich erinnere mich an den Tag, als ich auf der Treppe vor unserem Haus saß. Ich hatte die Hände zwischen den Beinen und wiegte mich hin und her. Es war sehr schön, ich fühlte mich geborgen und wohl. – Meine Mutter schlich sich von hinten an mich heran und riß meine Arme so abrupt hoch, daß ich noch heute den Schmerz in den Schultergelenken zu spüren glaube. Ich war furchtbar erschrocken. Furchtbar. – Meine Mutter war wieder schrecklich aufgeregt, was sollten die Nachbarn denken, sagte sie, und wieder verstand ich nicht, was ich Böses getan hatte. – Aber soviel verstand ich: Es mußte etwas sehr Schlimmes sein, denn ich hatte die Liebe meiner Mutter verloren. – Ich wurde von ihr bewacht, geschlagen. Ich mußte mit zusammengebundenen Händen schlafen. Niemals sagte mir meine Mutter, weshalb das geschah. – Manchmal wußte ich nicht mehr, wie ich mich bewegen sollte. Immer gab es etwas daran auszusetzen. – Überhaupt war alles falsch, was ich sagte und tat. – Ich war so unglücklich, du stellst es dir nicht vor. – Als mein kleiner Bruder geboren wurde, geriet dies alles in Vergessenheit. – Es war, als gäbe es mich überhaupt nicht mehr. – Und es war mir auch recht so.«

Hanna sieht mich nicht an. Wir stehen uns gegenüber. Sie ist kleiner als ich und kann so seufzend ihre Stirn an meine Schulter lehnen. Nach einer Weile fährt sie fort:

»Als ich ungefähr elf Jahre alt war, schlief ich bei meiner Freundin. Wir lagen im gleichen Bett und strichen uns gegenseitig mit den Fingern über Rücken und Schenkel. ›Malen‹ nannten wir das. Es geschah in aller Unschuld und nicht zum erstenmal. Aber plötzlich war dieses vergessene schöne Gefühl wieder da. Mir wurde ganz warm im Bauch. Zugleich aber bekam ich schreckliche Angst und wußte nicht, wovor. Ich ging zurück in mein Bett und berührte mich dort unten. – Das tat ich von diesem Tag an einige Monate lang so. Irgendwann aber machte ich es so heftig, daß es weh tat. – Später sah ich, daß etwas helles Blut in meinem Höschen war. Ich hatte das Jungfernhäutchen zerrissen. – Von da an konnte ich während der Schule und auch beim Spielen an fast nichts anderes mehr denken. – Ich war sehr unglücklich und hatte große Angst, meine Mutter könne etwas davon erfahren. – Ich war so unglücklich. – Aber wenn ich irgendwo saß oder lag und mich da unten berührte, ging es mir für kurze Zeit besser. – Aber die Angst! Wenn meine Mutter mich ansah, glaubte ich, sie könne mir ansehen, was ich Schlimmes tat. – Aber heute denke ich, daß sie mich zu jenem Zeitpunkt schon lange nicht mehr wahrnahm. – Jemand wie ich war für sie erledigt.«

Hanna schweigt eine Weile. Dann sagt sie: »Kannst du dir vorstellen, daß ich als junges Mädchen überhaupt keinen Kontakt zu Jungen hatte? Sie interessierten mich einfach nicht. Ich war vollkommen mit mir beschäftigt. Das Masturbieren war mir sozusagen zum Lebensinhalt geworden. – Du weißt«, Hanna sieht mich flüchtig an, »daß ich katholisch erzogen bin und auch heute noch an Gott glaube. – Eines Tages, als junges Mädchen, dachte ich, was ist, wenn du daran stirbst, dann kommst du in die Hölle und bist für immer verdammt und verloren. – Ich hatte Angst und ging zur Beichte. – Ich weiß heute nicht mehr, was mir der Priester sagte. Jedenfalls war ich danach noch verzweifelter. – Ich begann, gegen mein Laster, das zum Zwang geworden war, anzukämpfen. Aber ich hatte keinen Erfolg, es gab in mir keine Kraft dagegen. – Je mehr ich mich bemühte, desto sicherer war meine Niederlage. – Es war ein Teufelskreis, o Gott! – Ich schäme mich so, aber ich kann nicht anders. Auch als ich verheiratet war, konnte ich nicht damit aufhören. Es ging mir mit meinem ersten Mann wie mit meiner Mutter: Ich dachte, er müsse es mir ansehen. – Ich dachte auch, daß mir Gott zur Strafe kein Kind schenkt. – Und dann kam in der zweiten Ehe Alexander. – Ich hatte ein Kind und konnte trotzdem nicht aufhören. – Zur Strafe wurde mir das Kind weggenommen.«

Hanna heult laut auf. Sie krallt ihre Nägel in meine Schultern, daß es weh tut. Dann geben ihre Beine nach, sie fällt, ich kann sie nicht festhalten. Ich hocke mich neben sie und habe das Gefühl, nun müsse alles gut werden.

Später, als wir wieder sprechen können, sage ich: »Du wirst ab heute so lange suchen, Hanna, bis du einen guten Arzt und

– da dir dein Glaube wichtig ist – einen guten Priester gefunden hast. Du brauchst beide, um gesund zu werden. Du wirst suchen, und wenn du bis an das Ende der Welt gehen mußt.«

Hanna nickt. Zum erstenmal seit so vielen qualvollen Monaten sehe ich sie lächeln. Es sieht aus, als tue ihr das Lächeln weh. Ihr Leidensweg ist keinesfalls zu Ende, das wissen wir beide. Aber das Licht am Ende des Tunnels ist zumindest zu erahnen. Hanna ist bereit, sich darauf zuzubewegen. Das ist vorerst das Wichtigste.

(Der Psychiater, den Hanna aufsuchte, stellte die Diagnose »neurotische Depression«. Hanna P. war entsetzt und wechselte den Arzt. Die »neue« Diagnose lautete »traumatische Neurose«.)

Auskünfte von Experten

Fragen an Dr. Ulrich Pratje, Neurologe und Psychiater

Ein zentrales Problem – das Gefühl der Schuld, des zwanghaften Handeln-Müssens – überschattet Hannas Leben. Ist die Depression nach dem Verlust des Kindes in Zusammenhang mit diesem zentralen Problem zu sehen?

Versucht man die Geschichte zu analysieren, so muß man feststellen, daß es sich um zwei verschiedene psychische Ausnahmezustände handelt. Der Tod ihres Sohnes löste bei Hanna P. zweifellos eine sogenannte abnorme Erlebnisreaktion aus. Möglicherweise hat diese, wie man es häufiger sieht, eine endogene Depression ausgeklinkt. Jedenfalls lassen die Klagen Hannas, acht Tage nach dem ersten Gespräch, dies vermuten. Im Rahmen einer Depression werden oft Schuldgefühle wach für Ereignisse, die Jahrzehnte zurückliegen. Auch dies ist charakteristisch für eine endogene Depression. Eine konsequente antidepressive Behandlung ist aber bei Hanna P. offenbar nicht durchgeführt worden. Deswegen erfolgte eine neurotische Verarbeitung des depressiven Erlebnisgeschehens auf der Suche nach der Ursache der »Schuld«. Dies kommt in dem letzten Gespräch zum Ausdruck.

Welcher Facharzt ist für Hannas Leiden zuständig? Die beiden Psychiater stellten die Diagnosen »neurotische Depression« und »traumatische Neurose« und überwiesen Hanna P. zum Psychotherapeuten, den sie nie aufsuchte (Hanna P. lebt nicht mehr).

Sicher ist der Psychiater zuständig. Wahrscheinlich wurden die beiden Psychiater erst zu dem Zeitpunkt aufgesucht, als eine neurotische Komponente bereits erkennbar war. Bei rechtzeitigem Aufsuchen wäre wahrscheinlich die Diagnose einer endogenen Depression gestellt und diese dann entsprechend und auch erfolgreich behandelt worden. Die Angst vor einem Psychiater ist eben noch tief in der Bevölkerung verwurzelt.

Was heißt nun »neurotische Depression«, was »traumatische Neurose«? Welche Faktoren begründen diese Diagnosen?

Beide Begriffe, auf die vorliegende Geschichte bezogen, meinen eigentlich dasselbe. Eine »neurotische Depression« ist eine Depression mit eindeutig neurotischen Zügen, die in der zuletzt dargestellten Verursachungssuche erkennbar wird. Eine »traumatische Neurose« bedeutet, daß diese neurotische Entwicklung auf das psychische Trauma des Todes des Kindes bezogen wird.

Gehört zur Neurose eine psychische Disposition, zum Beispiel Überempfindlichkeit, oder genügt eine Art traumatischer Verletzung, wie Hanna P. sie in der Kindheit erfuhr, um zu erkranken?

Der allgemeinen Auffassung folgend muß ein Mensch »neurosefähig« sein. Es gibt Persönlichkeitsstrukturen, die zu einer abnormen Erlebnisverarbeitung zumindest sehr ungeeignet sind.

Sicher ist Hanna »neurosefähig«, dies wird aus der gesamten Entwicklung ersichtlicht.

Hanna P. kann niemandem ein Leid antun. Sie richtet ihre heftigen Aggressionen gegen sich selbst. Ist dies typisch für Depressionen?

Nein, dies ist typisch für eine abnorme Erlebnisreaktion.

Wie so viele andere depressiv erkrankte Menschen hört Hanna P. die Aufforderung, sich zusammenzunehmen. Weshalb ist das nicht möglich?

Eine endogene Depression ist eine Erkrankung, der Mensch kann sich nicht »zusammennehmen«. Ich pflege immer den Vergleich zu ziehen, einen Menschen, der einen blühenden Schnupfen hat, aufzufordern, sich »zusammenzunehmen« und nicht zu niesen.

Nach dem Krankenhausaufenthalt wirkt Hanna »normal« und gesund. In Wirklichkeit ist sie zum Suizid entschlossen. Sind plötzlich zur Schau gestellte Fröhlichkeit und Aktivität immer Alarmzeichen?

Nicht unbedingt. Bei einer Depression können aber ständige Ermahnungen, sich zusammenzunehmen und »vernünftig« zu sein, zu einer Verheimlichung führen, die Gesundung vorspiegelt, um den Vorsatz des Suizids glaubwürdig zu tarnen.

Wird ein Mensch nach versuchter Selbsttötung automatisch in eine Psychiatrische Klinik verlegt, nachdem Erste Hilfe geleistet ist? Kann ein Patient gegen seinen Willen eingeliefert werden? Kann ein suizidgefährdeter Mensch zeitweise entmündigt werden? Wie sieht das juristisch aus?

Es ist eine Frage der gesetzlichen Regelung der einzelnen Bundesländer. In Nordrhein-Westfalen zum Beispiel muß jeder nach einem Suizidversuch in eine Klinik eingewiesen werden. In Rheinland-Pfalz muß der Psychiater entscheiden, ob eine Verlegung aus dem Akutkrankenhaus in eine Psychiatrische Klinik zum eigenen Schutz notwendig ist oder ob Verbleib beziehungsweise Entlassung vertreten werden kann. Dies ist oft eine außerordentlich schwierige und sehr verantwortungsvolle Fragestellung.

Bei Selbstgefährdung durch eine endogene Depression kann Zwangseinweisung erfolgen, da der Patient ja krank und nicht in der Lage ist, sein eigenes Tun kritisch zu durchdenken. Durch gezielte Behandlung gewinnt er seine kritische Übersicht wieder und sieht dann seine vermeintlich unlösbaren Probleme anders.

Eine Entmündigung ist bei einem suizidgefährdeten Depressiven nie notwendig.

Fragen an Ernst Gutting, Weihbischof

Im »Gebet- und Gesangbuch für das Bistum Speyer« von 1951 heißt es in der Gewissenserforschung zur Beichte der Erwachsenen: »Habe ich Unkeusches allein getan?« und in der überarbeiteten Neuauflage von 1975: »Habe ich die Selbstbefriedigung gesucht?« Das ist eindeutiger und doch zugleich undeutlicher. Hat das Kind Hanna die »Selbstbefriedigung« gesucht? Es hat die Lust entdeckt. Es waren die Erwachsenen, die das Kind darauf fixierten und durch Liebesentzug zeigten, wie schlimm das vermeintliche Vergehen und wie groß die Schuld war.

Weshalb reagierte Hannas katholische Mutter so entsetzt auf die Sexualität ihrer Tocher? Sie war eine streng religiös erzogene Frau. Ist ihre Angst ein Produkt leibfeindlicher katholischer Erziehung? In meinem eigenen Kommunionunterricht 1952 war das wichtigste Thema: Keuschheit – Unkeuschheit. Ohne so recht zu begreifen, worum es dabei ging, prägte sich dem Gewissen die Erkenntnis ein, daß es eine direkte Verbindungslinie geben muß: Körper – Lustempfinden – Schuld.

»Das war halt damals so«, hörte ich entschuldigend sagen. Wie ist es heute?

Ihr Bericht schließt mit der wichtigen Feststellung, daß in diesem Fall für eine endgültige Heilung ein guter Arzt und ein guter Priester gefunden werden müssen. Sehr richtig wird der Arzt hier an erster Stelle genannt. Ich möchte gleich betonen, daß dieser Arzt ein Tiefenpsychologe beziehungsweise ein Psychotherapeut sein muß. Erst nach einer Analyse der psychischen Situation kann auch die sittliche Bewertung eines solch konkreten Falles erfolgen. Dabei kann natürlich schon der Therapeut in der Analyse nicht die den Fall erschwerenden Ursachen übersehen, die durch die Vermittlung falscher moraltheologischer Normen in der Erziehung Hannas ihre Not in einem unerträglichen Schuldkomplex verfestigt haben.

Jeder Fachmann kann Hanna heute erklären, welche Verbindung zwischen ihrem Symptom »Selbstbefriedigung« und ihrer seelischen Entwicklung im Zusammenhang mit ihrem Lebensschicksal von Kindheit an bis in ihre Ehe hinein besteht. Das völlig auf einer falschen Sexualerziehung beruhende Verhalten der Mutter hat Hanna in einen furchtbaren Schuldkomplex gestürzt. Dazu kam auch ihre sicher religiös falsche Erziehung überhaupt.

Ein Arzt machte sie einmal auf ihr falsches Gottesbild aufmerksam. Selbst bei echter Schuld wäre ihr Gottesbild so verkehrt gewesen, daß sie diese auf keinen Fall bewältigen konnte. Ihr ganzes Leben und Schicksal empfand sie als Strafe, was mit dem biblischen Gottesbild des barmherzigen Vaters und des guten Hirten, der das verlorene Schaf sucht, völlig unvereinbar ist. Wie kann ein Christ mit richtigem Gottesbild, wenn doch Gottes Sohn kam, um »Sünder und nicht um Gerechte zu retten«, in solcher Furcht vor Gott und seiner Strafe leben? Die heilige Bernadette, der in Lourdes Maria erschien, sagte einmal: »Ein Sünder ist, der die Sünde liebt.« Hanna haßte ihre Schwäche, der sie aus psychischen Gründen verfallen war, so daß sie aus Selbsthaß sich das Leben nehmen wollte. Darin lag natürlich auch der Haß gegen alle, die an ihrer hoffnungslosen Situation – angefangen von der Mutter bis zu ihrem Ehepartner, der Familie, den Freunden, den Bekannten –, an ihrer Verzweiflung, mitschuldig geworden waren. Nicht umsonst wird bei einem Suizid immer die Frage gestellt: Wen wollte der Betreffende mit seinem Selbstmord bestrafen?

Hanna hatte, durch andere verursacht, große Schuldgefühle. Gleichzeitig fühlte sie im Unterbewußtsein, daß sie in diesem Fall nicht schuldig war. Da wir aber vor Gott sowieso alle schuldig sind, wie könnte man dann ohne Hilfe – in dieser Situation durch einen Arzt und einen Seelsorger – mit diesen vielschichtigen Schuldgefühlen fertig werden?

Noch ein Hinweis: Das Wort »Selbstbefriedigung« klingt ja verräterisch. Für den Frieden oder die Freude, die uns die Umwelt verweigert oder deren wir uns durch Egoismus berauben, suchen wir einen Ersatz. Ein amerikanischer Psychotherapeut nennt deshalb auch »die Habsucht eine erotische Ersatzbefriedigung«, was überhaupt von allen Süchten gilt.

Hanna weiß sogar, daß sie an einer Sucht leidet. Es gibt aber nur eine Heilung: Die Ursache der Ersatzbefriedigung muß erkannt und die richtige Lösung unseres Lebensproblems gesucht werden.

3

Viola J.
Mit Ihnen haben wir nicht mehr gerechnet

Ein Gespräch

Ich kenne Viola J. nur von einem Telefongespräch her, bei dem sie mir ihre Bereitschaft zu einem Tonbandprotokoll mitteilte. Ich weiß wenig über diese Frau und doch viel: Daß sie seit mehr als 30 Jahren an Depression leidet, 53 Jahre alt ist und als Lehrerin so gut wie nie im Unterricht gefehlt hat.

Es ist Sonntag nachmittag. Ich besuche Viola J. in ihrem gemütlichen kleinen Haus in der Nähe der Großstadt. Ich muß nicht klingeln, werde erwartet – der Empfang ist herzlich. Über die Terrasse betreten wir das Haus, wo ein Tisch liebevoll gedeckt ist. Ich baue mein Tonbandgerät auf, richte das Mikrofon: Es funktioniert nicht. So kommen wir ins Gespräch über das Thema Frau und Technik im allgemeinen und meine Ungeschicklichkeit im besonderen. Aber irgendwann funktioniert auch das widerspenstigste Gerät, und wir müssen zur Sache kommen.

Viola J. hat sich auf meinen Besuch vorbereitet. Sie hat sich notiert, was sie auf keinen Fall zu sagen vergessen möchte. Bevor wir also zu ihrer Lebens- und Leidensgeschichte kommen, sprechen wir von den vielen gutgemeinten Empfehlungen und Ratschlägen, die Frau J. von allen Seiten bekommt und die manchmal hilfreich, zumeist aber verletzend und in ihrer Auswirkung oft verheerend sind.

Frau J. liebt die Systematik, das gibt Halt, und so gebe ich ihre Notizen in der von ihr gewählten Reihenfolge wieder:

Empfehlungen

1. Von seiten der Kirche
   a) »Ginge man regelmäßig beichten, würde sich der Psychiater erübrigen.«

Bis zu meiner Erkrankung ging ich jeden Monat zur Beichte.

b) »Bei Depressionen muß etwas mit der Gottesbeziehung nicht in Ordnung sein; das erste ist die Folge vom anderen.«
In gesunden Zeiten hatte ich durchweg eine persönliche Du-Beziehung zu Gott.

c) »Mangelnde Sinnerfüllung im Leben ist schuld an der Depression.«
Nie empfand ich mein Leben ohne Sinn.

d) »Eine Lehrerin hat das Gelübde der Jungfräulichkeit abgelegt, sich verstärkt um Ausländer gekümmert und ist dadurch (!) vollkommen gesund geworden.«
Das war der Ratschlag einer Ordensfrau in einem Brief an mich. An meiner Schule sind 67 Ausländerkinder aus zehn Nationen, ich lerne Türkisch und bin die Kontaktperson der Schule für Ausländer. Können Gelübde psychische Krankheiten heilen? Warum wird bei einer solchen Erkrankung vom Eintritt ins Kloster abgeraten?

2. Laienratschläge

a) »Würden Sie weniger arbeiten, vernünftiger leben – ohne Zigaretten und Kaffee –, wären Sie gesund. Vor allem sollten Sie ausschlafen.«
Ausschlafen – wie denn? Die Schlaflosigkeit ist doch Teil der Krankheit. Und zu rauchen fing ich erst nach zehn Jahren Depression an, um mich zu trösten.

b) »Ja, wenn man halt nicht verheiratet ist und keine Kinder hat...«
Unter meiner Ehe- und Kinderlosigkeit habe ich noch nie gelitten. Ich war in gesunden Zeiten nie einsam, fühlte mich als freie Frau immer beneidenswert.

c) »Du solltest mehr spazierengehen, Sport treiben, dich vernünftiger ernähren – die Natur heilt alles!«
Aber das hatte ich doch von Kind auf getan!

d) »*Du* endest bestimmt auch mal in einer geschlossenen Anstalt. Schließlich war deine Mutter ja so lange in L.«
Mühsam habe ich mich mit Hilfe der Ärzte davon be-

freit, täglich in der panischen Angst zu leben, den gleichen Weg wie meine Mutter gehen zu müssen. Ob die Ärzte nur höflich waren? Ob ich doch noch...?
Dazu muß ich noch sagen, daß die Krankheit meiner Mutter während meiner Pubertät ausgebrochen ist. Die Mutter war das Vorbild für mich, eine Frau von Geist und Format. Ihr Zusammenbruch war auch für mich ein Zusammenbruch. Ihr Zustand ging bis zur geistigen Verwirrtheit.
(An dieser Stelle trennt sich Viola J. vorübergehend von ihrem Manuskript.)

Frage: Welche Krankheit hatte Ihre Mutter?

Viola J.: Die erste Diagnose war Schizophrenie, aber später hieß es: endogene Depression irgendeiner Art. Man hat mich, das Mädchen, dazugesperrt. Der Bruder war in der Schule, der Vater im Geschäft. Ich bin aus dem Internat herausgeholt worden, wochenlang mit der Mutter zusammengesperrt. Man hat Angst gehabt, sie nach L. in die Klinik zu geben. Der Ruf der Familie usw. Man hat es immer wieder herausgezögert. Ich habe unendliches Leid erlebt und habe angefangen, Tagebuch zu führen. Da kamen mir die ersten Suizidgedanken. Erst in F. ist es den Ärzten gelungen, mir Hoffnung zu geben, daß mein Weg nicht der gleiche sein muß wie der meiner Mutter. Zumal es bis jetzt bei mir ja ganz anders verlaufen ist.

e) »Daß du diese schwierige Tante noch besuchst, grenzt an Masochismus. Das ist nicht gut für dich...«
Das weiß ich. Aber gehe ich nicht, belastet es pausenlos mein Gewissen. Ob das besser wäre?

f) »Es ist einfach nicht zu begreifen: Die wirkt so sicher, so belastbar, die *kann* nicht psychisch krank sein...«
Ich denke: Gottlob, die merken nichts; aber wenn es noch schlimmer wird?

g) »Weshalb macht sie keinen Führerschein? Ihr Leben wäre um vieles leichter.«
Ich kann es nicht begründen, wenn sie es nicht verstehen.

Wissen Sie, Frau B., sagt Viola J., ich habe den Führerschein nicht gemacht, weil ich so viele Medikamente einnahm. Wenn man mir dann gesagt hat, laß doch das Auto stehen, wenn es dir schlechtgeht, habe ich gedacht: Das geht doch nicht. Dann wird ja das Auto zum Stimmungsbarometer für die ganze Nachbarschaft. Da heißt es dann: Heute steht das Auto da, heute geht es ihr schlecht.

h) »Warum kümmerst du dich so viel um andere Menschen? Würdest du mehr an dich denken, dann...«
Das konnte ich früher. Fremde Not berührte mich weniger, als ich noch gesund war.

i) »Du warst noch nie in Kur! In Ischia, Abano, Wörishofen. Dort könnte man helfen.«
Auch im traumhaftesten Urlaub wurde ich ganz plötzlich krank.

Was mir guttat im Umgang mit anderen Menschen

- Das Stammeln der Freundin, die meinte: »Es muß ja ganz schlimm sein... Wenn ich nur wüßte, wie ich helfen könnte.«
- Das Versprechen eines Bekannten: »Sollten Sie je meine Hilfe brauchen, ich bin immer für Sie da.«
- Das Verständnis der Freunde, als ich eine Einladung absagte: »Macht nichts, wir freuen uns aber immer, wenn du kommst.«
- Das Kompliment einer Mitarbeiterin, die vieles weiß: »Ich bewundere dich, wie du das schaffst.«
- Das Einfühlen eines Bischofs, als ich klage, daß ich nicht mehr beten kann: »Wenn Ihr Fühlen und Hoffen blockiert ist, können Sie schlecht eine Antenne zu Gott haben.«
  Zu meiner Mutter hatte dagegen damals der Krankenhausseelsorger gesagt: »Frau J., hier haben Sie viel Zeit zum Beten, vor allem den Rosenkranz.« Da hat meine Mutter geantwortet: »Herr Pfarrer, in L. hört man auf zu beten.«
- Die Zuversicht eines Chefarztes, der sagte: »Ich glaube es, daß Sie nicht mehr hoffen können; ich aber hoffe für Sie.«
- Die Bemerkung der befreundeten Kollegin: »Ich sehe, dir

geht es schlecht. Du mußt heute früher Unterrichtsschluß machen. *Ich* sage es dem Rektor…«

- Der Rektor: »Wenn Sie nicht zu Hause bleiben, sind Sie ungehorsam. Das ist ein dienstlicher Befehl…«
- Der Anruf einer Betroffenen: »Du hast mir so viel geholfen, wie kann ich dir nur helfen.«
- An der Tür klingelt ein lieber Freund: »Ich bin einfach gekommen, du kannst jetzt nicht widersprechen.«
  Er kam aus einer etwa 500 Kilometer entfernten Stadt zu mir, weil er gemerkt hatte, daß es mir schlechtging.
- Die Aussage eines Chefarztes: »Ich habe eine Patientin in verantwortlicher Position mit endogener Depression. Sie meistert das. Das geht…«

Viola J. legt ihr Manuskript zur Seite und erzählt:

Damals, als meine Mutter in L. war und Professor X. dort Chefarzt war, bin ich zu ihm hingegangen – es war während meines Studiums. Ich hatte eine Beziehung zu einem Studenten, und natürlich war ich in Sorge, ob die Krankheit meiner Mutter erblich sei. Man wußte ja nicht recht… Ich dachte, ich würde es nie verantworten können, die Krankheit an meine Kinder weiterzugeben. Mit dieser Sorge bin ich zu Professor X. gegangen und habe ihn gefragt. Er sagte, da brauchen Sie keine Angst zu haben. Sie können Ihr Leben so leben, wie Sie wollen. Zumal das bei Ihrer Mutter ja erst später aufgetreten ist. Ernsthafte Dinge treten so ungefähr zwischen dem 20. und 25. Lebensjahr auf.

Ich war dann 23, als ich krank wurde. – Meine Mutter hatte es später als ich bekommen. Dann sagte Professor X. noch: Und wenn Sie krank werden… Ich habe eine Frau in Behandlung, die ist in verantwortlicher Position im öffentlichen Dienst und hat eine endogene Depression, und sie lebt damit und schafft es. Das hat mir unheimlich Hilfe gegeben: Ich wußte immer: Eine wenigstens hat es geschafft. Ein Leben lang.

Was mir noch guttat:

- Das Angebot einer Bekannten und Vertrauten: »Du mußt zum Arzt? Ich fahre dich mit dem Auto. Ich muß ohnehin in F. etwas erledigen.«
- Ein Anruf: »Ich schicke dir das Mittagessen. Ich lege jetzt sofort auf, damit du nicht ablehnen kannst.«
- Die Aussage des behandelnden Therapeuten: »Ich habe immer Zeit für Sie.«

Nun lese ich Ihnen noch vor, sagt Viola J., was für mich besonders hart und schmerzhaft war im Umgang mit Menschen:

Es waren Dinge, die mich tief getroffen haben, ohne daß ich das je zeigen konnte.

- Die ehemalige Rektorin, die erste, seit ich im Dienst war: »Sie kommen wieder? Mit Ihnen haben wir nicht mehr gerechnet. Schließlich wiederholen sich solche Dinge ja.« Ich war drei Jahre im Dienst, als die Krankheit ausbrach, und ich mußte ein Vierteljahr lang fehlen. Ich bekam damals Elektroschocks in G. Das war die Therapie. Und ich habe trotzdem nicht schlafen können. Man hat mir damals gesagt, daß es dadurch auch Schädigungen im Gehirn geben kann. Aber zum Trost sagte ein Arzt: »Selbst wenn Sie ein bißchen Verstand verlieren, reicht es noch.« – (Viola J. lacht bitter.) Damals, bei der Rektorin, sagt sie, versprach ich, beim nächsten Fehlen in Pension zu gehen. Ich war 23 Jahre alt. Ich wollte meine Kollegen nicht belasten. 20 Jahre lang fehlte ich deshalb keinen einzigen Tag, kurierte jede Grippe und jede depressive Phase in der Schule aus.
- Der katholische Pfarrer, er sieht zum erstenmal, daß es mir nicht gutgeht: »Geht es Ihnen nicht gut?« – »Nein, es geht mir furchtbar schlecht.« – »Und was machen Sie nun, werden Sie sich umbringen?«
  Glauben Sie mir, Frau B., solche Dinge haben bei mir auch etwas Negatives bewirkt. Ich habe immer eine Rolle spielen müssen, auch hier. Der Pfarrer hat nie mehr etwas von mir erfahren, zum Beispiel, ob es mir gut oder schlecht

geht. Mir geht es immer gut. Und wenn er Halsweh hat: Ich höre mir das gerne an, aber von mir erfährt er nichts mehr.

- Der befreundete Kollege, jammernd wegen eines Bienenstichs: »Dir geht es ja immer gut, das sieht man...«
- Eine Mitarbeiterin: »Ich merke, dir geht es schlecht. Ich merke das immer gleich an deiner Stimme. – Aber zu unserem Termin morgen kommst du doch!«
  Viola J. lacht: So viel Egoismus, man faßt es nicht.
- Ein Arzt in der Klinik (nachdem ich acht Wochen totaler Schlaflosigkeit hinter mir hatte und mich im Zustand völliger Erschöpfung befand): »Was macht es, wenn Sie nicht schlafen? Morgen müssen Sie ja nicht in die Schule.«
  Frau J. lacht wieder: So viel Ironie und Unverständnis! Das verletzt.
- Eine Verwandte, ständig klagend über eine Stunde Schlaflosigkeit in der Nacht: »Wissenschaftler haben erforscht, daß der Mensch gar keinen Schlaf braucht. Na also, es passiert dir nichts, wenn du gar nicht mehr schlafen kannst.«

Frage: Meinen Sie nicht, daß sich hinter so dummen Sprüchen eine gewisse Hilflosigkeit versteckt?

Viola J.: Ich meine, nein. Diese Leute sind abgeschottet. Ich habe den Eindruck, solche Menschen werden auch nicht psychisch krank, weil sie überhaupt kein Leid an sich heranlassen. Sie haben sofort die Antwort bereit, daß es ja nicht so schlimm sein kann, dann muß es sie nicht beunruhigen. So hat es jedenfalls auf mich gewirkt.

- Die Aussage eines Nervenarztes: »Schlecht geht es Ihnen? Mit zehn Beruhigungstabletten wird es besser.«
- Eine Bekannte mit depressiver Verstimmung im Klimakterium: »Wenn Sie wüßten, was ich mitmache! Aber Sie haben ja keine Ahnung! Das muß man erst erlebt haben...«
  Viola J. lacht bitter, aber ohne Gehässigkeit.
- Die schwierige Tante: »Wenn du nicht lachen kannst und nicht ausgeruht bist, dann komm lieber nicht! Das bringt mir doch nichts...«

Frage: Wie reagieren Sie denn auf solche Aussprüche?

Viola J.: Zu wenig aggressiv. Immer. Die Aggression wendet sich nach innen. Das hat aber seinen Grund. Denn reagiere ich aggressiv, verkrafte ich die Gegenreaktion schlecht. Wer erträgt es schon, daß ich ihm widerspreche? Ich war immer sehr angepaßt, bin so erzogen und habe es auch selbst eingeübt.

– Die Mitverantwortliche einer Frauengruppe: »Du siehst aus wie nach dem Urlaub.« – Ich reagiere auf Anraten meines Arztes ehrlich und sage: »Ganz so gut geht es mir nicht.« Die Frau: »Du hast wohl Mitleid mit dir selbst? Meinst du, ich habe keine Sorgen?«
– Der Chefredakteur einer Kirchenzeitung: Viele Betroffene bitten mich, auf einen Artikel zum Thema »Depression« in seiner Zeitung zu reagieren. Er streicht in meinem Leserbrief von vier Sätzen den entscheidenden: »Für Betroffene war das mehr Belastung als Hilfe.« Ich reagiere verletzt. Seine Antwort darauf war so, daß ich sie nicht zitieren kann. Noch nie hat mich ein Brief so getroffen. Ich schreibe dorthin nie mehr...

Frage: Ob das nicht vielleicht die falsche Reaktion ist?

Viola J.: Ja! Ja! Es gäbe einen Kampf. Ich kann kämpfen, wenn es mir gutgeht! Da kann ich wirklich kämpfen. Aber wenn ich meine 32 Jahre Dienstzeit überblicke und Bilanz ziehe, dann muß ich sagen, mir ging es nur ein Fünftel der Zeit gut, und – ja – es ist natürlich sehr schwer zu kämpfen. – Es ist so schwer. – Aber meine Grundhaltung ist: Ich bin gesundheitlich nicht vollwertig, aber ich kann wenigstens gut sein. Und dann will ich anderen eine Freude machen. Wenn ich einem Schulkind ins Poesiealbum schreibe, schreibe ich oft den Satz der heiligen Elisabeth: »Der hat sein Leben am besten verbracht, der die meisten Menschen hat froh gemacht.« – Wie gesagt, in gesunden Zeiten würde ich schon gerne heilig werden (lacht lange und herzlich). – Aber in kranken Zeiten möchte ich lieber nicht heilig, sondern gesund sein.

Viola J. liest weiter aus ihren Notizen vor.

Meine Situation in einer tiefen Depression:

Ich kann mich an nichts mehr freuen. Ich will keine Nähe mehr. Telefonate, Besuche, Gespräche – sonst so geliebt – werden zum Alptraum.

Die Gedanken kreisen pausenlos um das gleiche. Ich weiß dann nicht mehr, daß sich jede Depression ihren »Inhalt« sucht.

Was vor mir liegt, sind Riesenberge, die ich nicht bewältige. Es geht nur noch abwärts und wird nie mehr besser, denke ich. Die innere Unruhe ist einfach nicht in den Griff zu bekommen. Ich kann mich nicht mehr im Spiegel betrachten (diese matten, geröteten Augen). So kann ich nicht mehr ja zu mir sagen.

Ich hasse mich.

Ich leide, wenn keiner merkt, wie beschissen es mir geht. Worte anderer schmerzen. Der Kopf ist wie umnebelt, wird immer dunkler, »umnachtet«.

Ich bin körperlich so schwach, und es fehlt mir doch organisch nichts.

Ich leide schließlich nicht mehr, ich vegetiere... Jede Bewegung ist lahm und strengt an. Das Denken wird ganz unmöglich.

Das Lesen einer Bildzeitungsschlagzeile ist schon Überforderung. Es dauert immer sehr lange, bis ich etwas verstehe. Mein Kopf wird immer »vernagelter«.

Alle Symptome werden stündlich, minütlich schlimmer. Wie soll ich nur die nächsten fünf Minuten überstehen?

Anderen kann ich oft helfen. Mir hilft keiner. Es kann keiner...

Krebs haben, sterben kann nicht so schlimm sein wie dieser Zustand. Wenn ich es nicht länger durchstehe, muß ich nach einer Lösung suchen...

Gott ist fern (oder gibt es ihn nicht?).

Ich kann ja nichts dazu, wenn ich jetzt einen »Unfug« machen muß...

Es gibt liebe Menschen, denen ich keinen Unfug zumuten

darf. Vor allem dem einen nicht, dem ich soviel verdanke. Aber wenn das so weitergeht, werde ich allen zur Last, vor allem denen, die mir nahestehen.

Ich müßte mich ablenken, aber wie? Lesen und handarbeiten kann ich nicht. Schlafen, ausruhen ist unmöglich. Dieses schreckliche Wachsein im Dämmerzustand! Musik ist Strapaze. Fernsehen ist Überforderung. Spazierengehen fällt zu schwer (und was ist, wenn mir jemand begegnet?).

Alles wird zum Martyrium. Sterben wäre Erlösung... Es gibt nur einen Ausweg: selbst Schluß machen. Aber wie? Was ist sicher genug? Ich spiele alle Methoden durch. Schlimmer kann es nicht mehr werden.

Es gibt gewiß keinen Menschen auf der Welt, dem es so erbärmlich geht wie mir. Könnte ich noch etwas fühlen, würde ich alle, die »gesellschaftsfähige« Krankheiten haben, darum beneiden. Ich wünsche, ich hätte wieder meinen Bandscheibenvorfall mit den maßlosen Schmerzen. Ich könnte mich dann erholen und hätte das Mitleid der ganzen Welt...

Es fällt uns nicht leicht, nach diesen Worten weiterzusprechen. Viola J. hat aber auch notiert, *womit sie sich selbst hilft beim Überleben.* Sie liest vor:

- Ich übe mich darin, kein Mitleid mit mir selbst zu haben.
- Ich praktiziere täglich ganz bewußt positives Denken. Zum Beispiel sage ich mir: Wie schön, daß heute wenigstens diese furchtbaren Kopfschmerzen ausbleiben.
- Nach dem Erwachen und Aufstehen um zwei oder drei Uhr morgens tröste ich mich: Mein Tag ist viel länger als der meiner Umgebung.
- Ich lebe sehr bewußt und dankbar: daß ich heute lachen, fühlen, blödeln kann. Denken, argumentieren, diskutieren können ist keine Selbstverständlichkeit.
- Ich hämmere mir ein: Auch wenn es mir schlecht geht, kann ich immer noch Menschen gernhaben. Auch wenn ich traurig bin: Ich kann noch helfen. Auch in der Klinik – sollte ich dort wieder hin müssen (unausdenkbar!) – könnte ich Gutes tun.

- Ich pflege in guten Zeiten meine Gottesbeziehung und hoffe, daß sie auch noch trägt, wenn ich nichts mehr fühle.
- Ich tröste mich mit der kleinen heiligen Theresia. Auch sie hat die »Nacht« durchlebt, Gott nicht mehr erfahren und ist die große Heilige geworden.
- Ich mache mir bewußt: Vielleicht ist leiden wichtiger, als tätig sein? Christus hat nicht durch seine Predigten erlöst.
- Ich versuche, mich als medizinischen Fall zu betrachten, bei dem ich ja die Symptome kenne. Ich versuche, mein eigener Therapeut zu sein.
- Ich pflege die Erinnerung: Keine Phase war endlos, also...
- Ich hüte mich vor Betäubung und vor Tablettenmißbrauch. Ich habe erfahren: Mehr ist nicht gleich besser.
- Ich hämmere mir ein: Das Leben geht weiter. Es ist nicht gewaltsam auszulöschen.
- Ich mache mir bewußt, daß viele Menschen (vor allem meine Schüler) mich brauchen.
- Ich versuche, in guten Phasen zu »tanken«: mir etwas zu gönnen, etwas zu genießen – ohne dabei das schlechte Gewissen von früher zu haben.
- Ich weiß, ich habe schon viel Schlimmes ausgehalten. Schlimmer kann es nicht werden.
- Ich versuche ab und zu (aber immer noch zu spät!), auf Anraten meines Arztes meiner Umgebung auch einmal zuzumuten, daß ich nicht happy bin. (Deren Reaktion allerdings sieht so aus: Hast du dich über mich geärgert? Oder: Warum bist du so still heute? Oder: Wo bleiben deine Witze? Und: Wir haben gedacht, wenn du kämest, wäre wieder etwas los.) Ich frage mich dann: Muß ich doch meine Rolle weiterspielen?

Es ist mir auch ein Anliegen, sagt Viola J., über die Situation der Krankenseelsorge in der Psychiatrie zu sprechen. Es war zum Verzweifeln für mich in F. Ich wurde in der Adventszeit eingeliefert. Ich ging zur Schwester und sagte: Ich bin katholisch, gibt es hier ein Angebot an Gottesdienst oder Andacht? Antwort: Nein. Die Schwester hatte noch nichts von dergleichen gehört. Aber sie schickte mich zur Pforte, der Pförtner wisse vielleicht Bescheid. Also gut. Ich ging zum Pförtner und bekam zur Antwort: Ja, da kommt manchmal eine Frau, die geht auf verschiedene Stationen. Hinterlassen Sie Ihren Namen, dann schicke ich sie zu Ihnen hinauf in die Psychiatrie.

Inzwischen traf ich morgens im Foyer einen Kaplan. Sind Sie der zuständige Krankenhausseelsorger hier, habe ich ihn gefragt. Wohin gehen Sie denn? – Auf die Chirurgie. Dort liegen die Patienten oft drei Wochen und länger. – Ich sagte, ich bin da oben im letzten Stock, Sie wissen schon. Kommt dorthin niemand? – Nein. –

Eines Tages besuchte mich dann die besagte Dame, von der der Pförtner gesprochen hatte. Sie war Gemeindereferentin in F. Sie war erstaunt, daß sich jemand »für solche Dinge« interessierte, und fand es zugleich wunderbar. – Aber, sagte sie, wir haben hier oben keine Räumlichkeiten für einen Gottesdienst. Es gibt zwar einen Mehrzweckraum, der muß allerdings eigens ausgeräumt werden, und er steht ziemlich voll. Aber ich kann Ihnen die Kommunion bringen, und wir können einen Wortgottesdienst feiern, wenn Sie auf der Station genügend Interessenten zusammenbringen.

Ich hatte mit allen Mitpatienten einen guten Kontakt. Selbst in meinen schlimmsten Zeiten war ich nicht völlig kontaktarm.

Ich schlug also vor: Wir nehmen mein Zimmer. Wir lagen zu zweit. Die andere Frau war auch katholisch. Sie war ein goldiges Mädchen, 27 Jahre alt. Sie war sofort damit einverstanden, daß der Wortgottesdienst in unserem Zimmer stattfand.

Acht bis zehn Menschen kamen zusammen. Sie waren zum Teil schon ein halbes oder ein dreiviertel Jahr da. Manche auch nur ein paar Wochen. Sie hatten noch nie erlebt, daß ein Gottesdienst angeboten wurde. Sie haben sich alle sehr gefreut.

Wir haben also das Zimmer hergerichtet. Die Gemeindereferentin kam zum vereinbarten Termin. – Guten Tag. –

Mehr sagte sie nicht. Noch nicht einmal: Wie geht es Ihnen, geht es gut oder schlecht? Nichts. – Statt dessen sagte sie: Zuerst muß ich etwas Wichtiges fragen: Waren Sie denn immer regelmäßig im Sonntagsgottesdienst?

Wir waren in jener Zeit natürlich nicht in der Verfassung, angemessen zu reagieren oder zu argumentieren. Ich hätte sagen müssen: Wo denn? Wann denn?

Meine Zimmernachbarin hatte Tränen in den Augen und sagte: Nicht immer. Es klang so hilflos.

Antwort der Referentin: Dann kann ich Ihnen die Kommunion nicht geben.

Dann sagte ein Mann, der jahrelang schon an einer psychischen Erkrankung litt und tief gläubig und fromm war: Ich glaube, ich war auch nicht jeden Sonntag im Gottesdienst.

Dann wollte ich etwas sagen, aber die Frau ergänzte sofort ihre Rede: Sie müssen wissen, der Heilige Vater legt seit neuestem sehr großen Wert auf die Sonntagsheiligung.

Da konnte ich mich nicht mehr zurückhalten. Ich sagte: Wissen Sie, wenn es um die Würdigkeit geht – ich war, wenn es mir möglich war, immer zur Kirche gegangen –, dann bin ich auch nicht würdig, dann möchte ich auch nicht die Kommunion. Ich dachte aber, wir seien alle *bedürftig*.

Frage: In welchem Jahr war das?

Viola J.: 1982. Aber warten Sie, Frau B., es geht noch weiter. Ich habe also protestiert. Die Referentin sagte, na ja, ich gebe Ihnen die Kommunion, wir beten mal. Wenn Sie jetzt in irgendeiner Kirche wären, würden Sie ja auch einfach zur Kommunion laufen.

Außer mir haben dann alle geheult, sind aus dem Zimmer gegangen.

Ich habe noch Kontakt mit meiner damaligen Zimmerkollegin. Sie geht heute noch nicht wieder zur Kirche. Nach diesem Erlebnis! Es war ein Schock für sie.

Körperlich sind Sie gesund?

Na ja, ich hatte einen Bandscheibenvorfall. Selten hatte ich mich so wohl gefühlt – psychisch – wie bei diesen wahnsinnigen Schmerzen. Ich konnte ein paar Wochen lang schlafen wie ein Murmeltier. Ich wünsche mir immer, wenn die Depression kommt, diesen Bandscheibenvorfall. Ich habe das dem Arzt gesagt. Da müssen doch Zusammenhänge bestehen. Natürlich, hat der Arzt gesagt. Das sei für ihn ein eindeutiger Beweis, daß meine Depression endogen ist; der Körper rebelliere, suche irgendeinen Ausweg. Auch die Orthopäden hätten jetzt festgestellt, daß jede Bandscheibenerkrankung psychische Ursachen habe.

Ist diese Hypothese nicht ein bißchen gewagt?

Ich weiß nur: In dem Moment, wo es mir psychisch besser geht, bekomme ich sofort Schmerzen. Dann habe ich, wenn ich kaum laufen kann, Zuwendung von allen Seiten.

Viola J. lacht über diesen bei sich festgestellten Mechanismus, aber auch über die Reaktion der Umwelt. Bei einer körperlichen Erkrankung heiße es sofort und teilnehmend: Geht es Ihnen nicht gut?

Ich kenne Menschen, die organische Leiden haben, zum Beispiel Darmbeschwerden oder Gallenblasenentzündung. Sie gehen zum Arzt und lassen sich behandeln. Wenn sie körperlich wieder gesund sind, geht es ihnen psychisch plötzlich ganz schlecht.

Die körperlichen Schmerzen sind ein starkes Ventil bei mir.

Wir sprechen noch eine ganze Weile über alle möglichen großen und kleinen Leiden. Wie leicht und zwanglos es sich über körperliche Erkrankungen spricht! Dann frage ich:

Können Sie sich noch erinnern, wie es mit Ihrer Erkrankung angefangen hat, mit der Depression? Können Sie darüber sprechen?

Ja, sicher. O ja, doch! Schon aus meinen Tagebüchern, in der Pubertät geschrieben, merkt man, daß ich damals schon depressive Phasen hatte.

Aber es war Ihnen doch als Mädchen nicht bewußt?

Nein, nein. Später: Schlaflosigkeit vor dem Abitur. Ich war damals, in der 13. Klasse, ein paar Wochen wegen angeblicher Gallenblasenentzündung im Krankenhaus. Ich hatte alles, was ich aß, erbrechen müssen. Man hat aber im Grunde organisch nichts feststellen können. In dieser Zeit können schon depressive Phasen liegen. Wahrscheinlich auch bedingt durch die Belastung mit der Mutter damals. Richtig zum Vorschein ist es gekommen – da war ich 23 Jahre alt – durch überstarken Streß. Ich wollte aus dem Schuldienst herausgehen und in den Karmel (das ist ein strenger Frauenorden) eintreten. Dazu brauchte man die Genehmigung des Bischofs. Ich hatte ein wunderbares zweistündiges Gespräch mit ihm. Der Bischof sagte: Sie Optimistin, Sie sind genau der richtige Typ für den Karmel. Optimistisch war ich damals noch. Stabil muß man sein, sagte der Bischof. Wenn ich Sie so höre, weiß ich, Sie sind geeignet. Aber wir nehmen Sie nicht auf, bevor Sie Ihr Staatsexamen gemacht haben. Da war ich sehr erstaunt und sagte: Ich brauche im Karmel den Beruf doch gar nicht. Ich hatte innerlich schon Abstand davon genommen. Ich hatte schon von allem Abschied genommen: Die letzten Dauerwellen waren schon gemacht und das letzte Kleid gekauft – wie das so ist.

Nein, sagte der Bischof.

Ich war ihm später dankbar.

Diese Doppelbelastung aber: Der Karmel hatte mir empfohlen, ich solle täglich auf dem Boden knien, mindestens eine halbe bis eine ganze Stunde, solle das Brevier – das große Brevier – beten. Außerdem hatte man mir im Kloster gesagt, man brauche eine Organistin, und ich hatte Violine, aber nie Klavier spielen gelernt. Sofort nahm ich Orgelunterricht. Ich habe gespielt, geübt – jede Woche und stand doch vor dem Examen. Ich hatte Lehrproben zu machen und zwei wissenschaftliche Jahresarbeiten zu schreiben. Ich wollte das alles noch ganz grandios über die Bühne bringen. Ich war für das Examen mit der Note 1,0 eingereicht.

Sie haben wahrscheinlich immer alles ganz perfekt gemacht?

Ja, nur. Ja, natürlich. Das hat auch seine Ursachen in der Kindheit. Vielleicht kann ich das nachher noch erzählen.

Ich habe also auf das Examen zugestrebt, damit ich endlich in den Karmel eintreten durfte. Und dann merkte ich plötzlich: Das Unterrichten fällt mir immer schwerer. Herbst war noch dazu, und dann kamen diese Kopfschmerzen und dann die Schlafbeschwerden und die üblichen Symptome. – Ich ging ambulant zu einem Arzt.

Zum Allgemeinarzt?

Nein, nein. Zum Nervenarzt. Der hat mich zunächst einmal mit Tabletten vollgepumpt, hat nie nach einer Ursache gefragt, woher das alles komme und so. Ich habe das erste richtige Gespräch mit einem Arzt geführt, da war ich 48 Jahre alt. Sonst – vorher – habe ich immer schnell ein Rezept bekommen.

Das muß ich noch verdeutlichen: Anfangs hatten die Ärzte immer so schnell die Diagnose »endogene Depression« zur Hand – nicht in erster Linie anhand der Symptome –, weil ich so rasch bekannte: Meine Mutter war soundsoviele Jahre in der Nervenklinik. Das machte die Sache so einfach, deshalb gab es kein Gespräch bis zu dem Tag, an dem ich zu meinem heutigen Therapeuten kam. Der machte sich endlich – unabhängig von allen Vorgängern – ein eigenes Bild.

Aber zurück zu damals: Weil die vielen Tabletten nicht geholfen haben, ging ich nach M. zu einem Arzt, der zugleich der Leiter der psychosomatischen Klinik in G. war. Er sagte, na gut, da helfen eigentlich nur Elektroschocks. Wir geben Ihnen mal ein paar, damit Sie wieder schlafen können. Das war für meine Mutter natürlich auch sehr belastend. Sie wußte schließlich damals schon, was das bedeutete. Sie war sogar dabei, als ich die Elektroschocks bekam.

Ist das schmerzhaft?

Es ist grausam. Ich kann es Ihnen überhaupt nicht schildern. Es ist nicht im eigentlichen Sinne schmerzhaft. Man bekommt eben Elektroden angelegt, und der Körper bäumt sich auf wie im Krampf, und ich muß sagen, die Nachschäden waren so entsetzlich, daß ich mir nie mehr Elektroschocks geben lassen würde.

Wie sahen diese Nachschäden aus?

Ganze Phasen des Gedächtnisses waren ausgelöscht. Ich mußte nach diesen neun Elektroschocks mein Examen machen.

Sie haben es aber natürlich doch geschafft?

Ja, aber wie! Damals war es so: Ich war die letzte, die nach der alten Prüfungsordnung geprüft wurde. Das besagte: Alle Arbeiten – wissenschaftliche Arbeiten, Lehrproben – gelten nur als Zulassung, sind aber nicht Teil der Prüfung. Prüfung ist nur am Prüfungstag selbst. Und alles, was ich studiert hatte, war weg. Ich wußte den Titel keines Buches mehr, das ich gelesen hatte. Es war entsetzlich. Die panische Angst, die dazu kam. Nachts konnte ich so gut wie überhaupt nicht schlafen.

Aber mein größeres Ziel war ja der Karmel, deshalb wollte ich das Examen hinter mich bringen. Ich ging also in die Prüfung. Mit Hilfe der Schulkinder, die ganz lieb und eifrig waren, die mitgearbeitet haben, ging der praktische Teil relativ gut.

Im theoretischen Teil habe ich mich schlimm angestellt. Aber ich hatte ja die Vorschußlorbeeren, so daß der Regierungsschulrat, als er fragte, welche Bücher ich in Deutsch-Methodik gelesen hatte, und nur ein Achselzucken als Antwort erhielt, sagte: Nicht wahr, Frau J., es waren so viele, daß Sie nicht wissen, wo Sie mit der Aufzählung beginnen sollen. So war das auch überstanden, und ich hatte die Note 2 bekommen.

Sie haben vorhin etwas zu meinem Hang zum Perfektsein gesagt. Ich *mußte* perfekt sein. Das ist mir jetzt in der Psychotherapie bewußt geworden. Lieber Gott, welchem Streß ich in der Kindheit ausgesetzt war!

Wollen Sie davon erzählen?

Ja. Die Geschichte fing schon mit der Partnerwahl meiner Mutter an. Sie hatte unter ihrem Niveau geheiratet. Sie war – und das war damals halt schon etwas – bei einem Rechtsanwalt tätig, und mein Vater war ein Handwerker ohne finanziellen Hintergrund. Er war als Junge schlecht dran gewesen, hat sogar hungern müssen. Er hat im Gesellenheim in L. gewohnt und ist dort meiner Mutter begegnet. Sie hatte kurz zuvor ein Verhältnis mit einem Ingenieur beendet. Für die Eltern meiner Mutter war das eine Katastrophe: Sie ließ einen Ingenieur laufen und nahm den August. (Viola J. lacht herzlich. Das kann sie überhaupt gut: lachen.)

Jetzt war meine Mutter durch die Reaktion ihrer Eltern verunsichert. Was das alles für mich bedeutete? Meine Mutter wollte immer ihren Eltern beweisen, daß aus ihren Kindern, obwohl sie einen Arbeiter zum Vater hatten, etwas Gescheites werde. Es ging so los: Mein Bruder war ein Sonnyboy, hat die Herzen der Umwelt im Flug erobert und ist immer geliebt worden. Ich mußte mir die Liebe immer durch Leistung erkämpfen.

Aber kann man sich Liebe denn »erkämpfen« oder »verdienen«?

Nein, das ist ja das Schlimme. Ich war kein hübsches Kind, ich war auch kein besonders liebes Kind, auf keinem Foto sieht man mich lachen. Ich habe das später alles nachholen müssen (lacht). – Aber früher: Ich habe nie gelacht.

So sah mein Leben aus, und ich war noch nicht in der Schule: Einen Nachmittag mußte ich in die Strickstube, einen Nachmittag in die Kindergruppe, dann in den Schwimmunterricht, in den Rollschuhkurs – obwohl ich ein Pummelchen war, unmöglich! – bei allen Aufführungen haben sie mich aussortiert, das hat natürlich meinem Selbstbewußtsein auch geschadet. Ich war im Schlittschuhkurs. Meine Eltern waren arm, aber es sollte den Kindern nichts abgehen, obwohl sie nur einen Arbeitervater hatten.

Wir wohnten im Stadtteil S., wo nur Akademiker wohnten. Wohnlage eins, und wir zwischen drin. Ich habe im Caritasbüro geholfen, und ich erinnere mich, daß ich schon im ersten Schuljahr keinen Tag Freizeit hatte. Dazu kam in der ersten Klasse: Ich konnte nicht singen. Ich bin in die »Brummerecke« gestellt worden (lacht, lacht). Meine Mutter, als sie davon erfuhr, verordnete mir Privatunterricht in Musik. – Privat! – Ich war im Privatkindergarten gewesen, nicht im Städtischen Kindergarten, weil die sogenannten besseren Kinder ja auch dort hingeschickt wurden. – Dann also Musikunterricht, auch Flöten, so lange, bis ich im vierten Schuljahr in Musik die Note 1 hatte.

Ich hatte also eine Mutter, die alles besonders gut machen wollte, damit aus ihren Kindern etwas wird. Wohlwollen war schon dahinter. Sie hat sich Zeit für uns genommen. Aber sie war unheimlich und grausam konsequent. So hart! Also, wenn ich mich zum Beispiel verletzt hatte – eine Situation, in der andere Mütter ihre Kinder in den Arm nehmen und trösten –, habe ich noch Schläge dazu bekommen, weil ich ja selbst schuld war und nicht achtgegeben hatte. Ein Beispiel, das zeigt, wie ich darauf reagiert habe: Ein Freund ist mir im Spiel nachgerannt, ich bin an einen Pfosten gestoßen, hatte eine Platzwunde. Ich wußte genau, der Bub war unschuldig. Aber zu meiner Mutter sagte ich: Der Bruno hat mich gestoßen. Ich dachte, endlich sagt sie jetzt: Du armes Kind. Was aber hat sie gemacht? Das Blut ist geflossen, sie hat mich an der Hand gepackt und ist zu Brunos Eltern gegangen, und ich mußte mit ansehen, wie er von seinen Eltern verprügelt wurde. Ich habe von dieser Schuld bei meiner ersten Beichte nichts gesagt und hatte doch gelernt: Wenn man etwas verschwiegen hat, ist die Beichte ungültig. Also... (lacht). Ich habe eine Kindheit lang allein schon unter dieser Begebenheit gelitten. Die Schuldgefühle...

Ein anderes Beispiel dafür, wie konsequent meine Mutter war: Ich habe im November Geburtstag, und weil es ihr schwerfiel, unmittelbar vor dem Fest Geld für Geschenke übrig zu haben, fing sie immer schon sehr früh an, Kleinigkeiten zu kaufen. Im Juni war schon mein Geburtstagsgeschenk für

November im Haus. Die Mutter sagte eines Tages zu mir: Viola, bleib in der Küche, ich will der Tante im Zimmer etwas zeigen. Das war für mich eine spannende Sache. Ich rannte um das Haus und sah durch das Fenster: eine Handtasche. Ich rief: Oh, was für eine schöne Tasche!

Die sofort folgende adäquate Strafe sah ich ein: Ich bekam Schläge. Aber dann: Du bekommst das Täschchen nicht zum Geburtstag, sagte meine Mutter. – Das verstand ich auch noch. – Dann jammerte ich aber fast jeden Abend von Juni bis November und schränkte meine Mutter immer mehr ein: Mama, bekomme ich auch kein anderes Geschenk? – Nein. – Bäckst du mir auch keinen Kuchen? – Nein. – Bekomme ich auch keine Blumen? – Nein. – Auch kein Bonbon? – Nein. – Der November kam – es war mein sechster Geburtstag – die Mutter konnte immer so schön feiern mit uns – es war nichts da. An dem Tag ist nichts passiert, gar nichts. – Wie grausam!

Oder ein anderes Beispiel: Ich war mit einem weißen Kleid bei der Fronleichnamsprozession gewesen und nachmittags bei einer Andacht. Ich war elf Jahre alt. Meine Mutter schickte mich nach Hause, sie war noch eingeladen. Sie ermahnte mich, mein Kleid vor dem Schlafengehen unbedingt auf einen Bügel zu hängen. Ich habe es nicht getan. Ich habe es über den Stuhl gehängt – in der Küche. Ich schlief. Mitten in der Nacht wurde ich geschlagen, ich wußte nicht, weshalb. Ich schrie: Weshalb schlägst du mich? – Du weißt, weshalb. – Was war passiert? Unser schwarzer Kater hatte das Kleid vom Stuhl gezerrt, es in den Kohlenkasten geschleppt und zerfetzt. – (Viola J. lacht schmerzlich in der Erinnerung an diese Szene.) Von der Kindheit spreche ich, weil mein Doktor X. sagt, ich habe beides: endogene und exogene Depression. Und glauben Sie mir, Frau B., ich merke, wenn es kommt, ob es exogen oder endogen ist. Es sind verschiedene Beschwerden.

Können Sie sie beschreiben?

Wenn es exogen ist, zum Beispiel durch eine Überbelastung, dann ist es auch schneller wieder weg. Wenn die Depression endogen begründet ist, dann kommt es außerdem aus heiterem Himmel, im schönsten Urlaub, im Sommer oder wann auch immer. Also unabhängig von äußeren Ereignissen. –

Aber zurück zu meiner Kindheit. Mein Bruder ging auf das Gymnasium. Aber *ich* sollte nicht auf das Gymnasium gehen. *Er* brauchte einen guten Beruf, nicht ich. Als ich gefragt habe: Und was soll ich werden? – Schneiderin. – Die Schneidermeisterin, zu der ich in die Lehre sollte, das war meine schwierige Tante. – Ich habe Abende hindurch geheult. Ich wollte auch aufs Gymnasium. – Ja, aber dafür war kein Geld da.

Mußte man damals noch Schulgeld bezahlen?

Ja. Und die Bücher und das alles – das kostete Geld. Mein Vater war ein einfacher Schlosser. Es war nicht viel Geld da. Und es war ja noch dazu die Notzeit, die 30er Jahre. – Dann las ich, daß es in S. so etwas wie ein Pädagogium gab. Man konnte sich bewerben. Es war aber nur für Leute, die Lehrer werden wollten. Da haben sich etwa 800 Schüler gemeldet, und 120 wurden genommen. Man mußte eine Aufnahmeprüfung machen. Ich hatte noch nicht das vorgeschriebene Alter, war erst 13 Jahre alt. Ich wollte eigentlich nicht Lehrerin werden, aber ich hatte schon immer von einem Leben im Internat geträumt. Ich ging zur Prüfung und bestand sie. Es gelang, weil ich es wollte. Aber es mußte dort auch Schulgeld bezahlt werden, und nur ganz wenige bekamen ein Stipendium. Ausschlaggebend dafür waren nicht nur die sozialen Verhältnisse, sondern auch die Leistung. Ich erinnere mich noch, wie ich die erste Drei geschrieben habe. Die Direktorin bestellte mich auf das Direktorat und sagte: Noch eine Drei, und deine Eltern bezahlen das Schulgeld: 25 Mark. – Ich schrieb heim und sagte es. – Meine Mutter antwortete: Bezahlen können wir nicht; dann wirst du eben Schneiderin. – Unter diesem Druck stand ich bis zum Abitur.

Da haben Sie also während Ihrer gesamten Kindheit und Jugend immer unter irgendeiner Art von Leistungsdruck gelebt?

Es muß, es muß, es muß. Das war das Motto. Ich spüre es

immer noch im Nacken. Aber ich bewerte es heute positiv und habe ein viel dankbareres Verhältnis zu meiner Mutter bekommen, weil ich mir sage, ich wäre vielleicht schon seit Jahren pensioniert, wenn sie mich nicht gelehrt hätte, daß ich mich selbst unter Druck setzen muß, um durchzuhalten.

Aber es hat mir auch ein Arzt gesagt: Übernehmen Sie nicht mehr Pflichten und Verantwortung, als Sie auch in schlechten Zeiten tragen können. Ich habe schon als junge Lehrerin einen Rektorenposten angeboten bekommen, und bei dem Ehrgeiz, den ich hatte, war das eine große Versuchung. Aber ich habe immer abgelehnt, weil ich mir gesagt habe, ich will nicht Karriere machen bis zur Stufe meines Versagens.

An schlechten Tagen könnte ich ja noch schlechter eine Schule leiten, als eine Klasse führen. Aber für mich war es – aus heutiger Sicht – ein Gewinn zu verzichten. Für mich sind Geist, Verstand und Wille – obwohl ich in Wertphilosophie meine Arbeit geschrieben habe – die höchsten Werte gewesen.

Aber jetzt mußte ich bei meiner Mutter erleben, wie eine solche Einstellung kaputtmachen kann, und hatte panische Angst, daß es mir auch so ergehen werde. Ich erinnere mich: Während der Zeit meiner Studentenliebe war das erste Geschenk, das mir mein Partner machte, ein Buch von der Dämonie des Willens... (lacht herzlich: Das ist längst ausgestanden). Und genau da, wo ich geglaubt hatte, daß meine Stärke liege, meine Chance, überall da mußte ich versagen. Ich hatte gerne gelesen und konnte bei Ausbruch der Krankheit nicht mehr lesen. Ich hatte alles mit dem Willen bewältigt, ich konnte manches nicht mehr mit dem Willen bewältigen. Es war so grausam für mich, daß ich sozusagen eine Umwertung der Werte vornehmen mußte. Denn gut sein kann man auch noch, wenn man manches andere nicht mehr kann. Ich bin dabei auch sehr viel sensibler geworden für die Not anderer – und viel bescheidener. Also – wenn mir jemand ein Kompliment macht – ich habe doch gar nichts aus mir selbst, aus meinem Willen. Ich habe durch die Krankheit gelernt, wie viel Geschenk ist, und ich habe gelernt – ich suche das Kranksein nicht! –, einen Sinn darin zu sehen. Damals, als es mit dem Eintritt in das Kloster nichts wurde, damals habe ich Gott versprochen: Ich will eben in der Welt leiden und sühnen. Aber da habe ich noch nicht gewußt, was das bedeutet.

Wie ging es dann weiter, als Sie Ihr Staatsexamen bestanden hatten?

Ich habe dann selbst eingesehen, daß man mit dieser Krankheit nicht ins Kloster gehen kann.

Hätte der Orden Sie denn aufgenommen?

Ich glaube nicht. Ich habe von mir aus abgeschrieben. Die Schwestern haben mir mit dem Zitat geantwortet: Gesundheit ist wichtiger als Frömmigkeit. Ja, das war die Antwort. – Und ich muß ganz ehrlich sagen, für mich war das Alleinstehend-Leben in der Welt – also nicht hinter den schützenden Mauern eines Klosters – der letzte aller Stände, die es gibt. – Ich habe mich zuerst nicht so leicht damit aussöhnen können, habe aber gelernt, auch darin eine Chance und einen Gewinn zu sehen. Es ist ja in der Kirche so, daß alles eine Berufung ist: Die Ehe ist eine Berufung, das Ordensleben ist eine Berufung, das Priestertum ist eine Berufung, aber das Leben einer alleinstehenden Frau gilt immer noch nicht als echte Berufung. – Dann habe ich eben versucht, so zu leben, wie ich es mir nicht vorgestellt hatte. Dabei half mir natürlich mein Naturell … (lacht, aber es klingt keineswegs fröhlich). Alles hat ja so sein Gutes. Ich mache heute auf meine Umwelt den Eindruck, glücklich zu sein.

Ich stelle mir vor, wenn man auf ein Ziel zugelebt hat – den Eintritt in ein Kloster –, ein Ziel, das man sich zum Lebensinhalt gemacht hat, dann muß doch die Verhinderung ein vernichtender Schlag gewesen sein?

Nein, nein! – Nicht so sehr. – Ich habe damals so sehr aus dem Glauben gelebt, daß ich das nicht als Vernichtung betrachtet habe, sondern als Wille Gottes. Ich glaube, da habe ich ausnahmsweise keine Schäden erlitten. (Lacht lange und herzlich. Ich sage: Es ist ja ganz schön lustig bei Ihnen. Viola J. antwortet: Ja, ja, bei einer Depressiven.)

Sie haben gesagt, daß Sie vor fünf Jahren zum erstenmal seit Ausbruch der Krankheit wieder in stationärer Behandlung waren. Vorher haben Sie es immer so geschafft? Ambulant, mit Hilfe von Medikamenten?

Ja, ja. Es gab Jahre, ein oder zwei Jahre, da bin ich, bevor ich zum Unterricht ging, zum Arzt. Nur so konnte ich den Tag überstehen. Der Arzt gab mir Tabletten und eine Spritze. Ich wußte oft nicht mehr, was Nebenwirkungen waren und was Krankheitssymptome.

Wie sahen diese Nebenwirkungen aus?

Wie bei anderen Medikamenten dieser Art auch. Das kann körperliche Schwäche sein oder Mundtrockenheit, so schlimm, daß man kaum noch sprechen kann, und das in meinem Beruf.

Ich habe ständig das Wasserglas neben mir. Ich muß immer trinken, Schläfrigkeit kommt dazu, Müdigkeit, manchmal auch Erbrechen.

Ich erzähle Ihnen zu dem Wasserglas mal eine Geschichte: Ich mußte vor einem großen Auditorium eine Rede halten. Sie war in einer guten Phase ausgearbeitet worden. Jetzt aber ging es mir schlecht. Es war in A. Es saßen Hunderte von Menschen in der Universitätsaula, und mir war so elend wie kaum je zuvor. Aber: Ich wußte, es gab kein Zurück mehr, ich mußte sprechen. Ich ging zum Arzt und sagte ihm: Ich muß, ich muß, ich muß. Helfen Sie mir, spritzen Sie mir eine doppelte Dosis. Das bedeutete: unheimliches Zittern. Ich konnte nichts ruhig halten.

Kam das Zittern nicht auch durch die Aufregung?

Es kam durch die Spritze. Dieses Tremolo der Hände kann grausam sein. Als ich beim Empfang stand, habe ich mich geschämt, ein Glas in die Hand zu nehmen. Ich mußte mich an eine Wand lehnen, um nicht umzufallen. Meine große Sorge aber war: Wie überstehe ich eine Dreiviertelstunde – so lange dauerte mein Referat –, ohne etwas zu trinken? Na gut. Auf der Bühne saß ein Orchester, in der ersten Reihe unten saß die Prominenz. Ich bat um ein Glas Wasser, es wurde auf das Rednerpult gestellt. Das Pult aber war nicht richtig festgeschraubt. Ich wankte mit zitternden Knien zum Pult, hielt mich kräftig daran fest, stützte mich auf – und das Pult krachte herunter. Das Glas zersprang in tausend Scherben. Ein Schrei. Über mich, über mein schwarzes Kostüm spritzte Wasser, die Glassplitter flogen in das Orchester und in die erste Reihe. – Und wie hieß mein Thema? Über die Einfachheit. Alle lachten, und ich hatte Zeit, mich wieder zu fangen. Die quälende Spannung war gelöst. Aber das Wasser war weg!

Sprechen wir über die Einschränkungen, die die Krankheit mit sich bringt?

Ja. Ich habe zum Beispiel keinen Führerschein. Wenn eine Frau nicht Auto fahren kann, verzeiht ihr das die Gesellschaft gerade noch. Aber wenn sie keinen Führerschein *und* keinen Mann hat, dann ist sie nicht mehr tragbar.

Man muß sich da oft rechtfertigen. Ich saß einmal in einem Lokal allein am Tisch, etwa eine Stunde lang. Da kam ein älterer Herr zu mir und fragte: Auf was warten denn Sie? – Auf die Straßenbahn. – Sie? Auf die Straßenbahn? Ja, haben Sie denn kein Auto? – Nein. – Und Ihr Mann, kann der Sie nicht abholen? – Ich antwortete: Heute abend kann er leider nicht, er ist verhindert (lacht). – Beides kann man den Leuten wirklich nicht zumuten.

Und sich selbst auch nicht?

Ja. Das hängt natürlich alles mit meiner depressiven Situation zusammen. Das geht bis ins Detail.

Heißt das, daß man immer wieder in eine Lage kommt, in der man glaubt, sein Handeln oder Nicht-Handeln rechtfertigen zu müssen?

Ja. Aber – warum tue ich das eigentlich? Ich kann halt schlecht sagen: Entschuldigen Sie, bitte, ich habe eine Depression, ich kann nicht Auto fahren (lacht). – Ja, das wäre eine Alternative (lacht).

Warum soll man es nicht sagen? Man spricht ja auch von seiner Migräne, seinen Kreuzschmerzen oder von einem gebrochenen Bein, um das viel bemühte Bild zu gebrauchen. Sind solche Beschwerden »feiner«?

Ach ja, das ist ja das Elend. – Ich hoffe, daß sich das irgendwann ändert. – Ich hoffe, daß man sich dann nicht mehr schämen muß als Depressive. Lassen Sie mich noch etwas zum Beginn meines Schuldienstes sagen. Ich wäre ja nicht verbeamtet worden mit dieser Diagnose »endogene Depression«. Der Arzt, bei dem ich damals in Behandlung war, hatte gesagt, er hätte noch nie eine so schwere Depression in seiner Praxis gehabt. Die Symptome waren schlimm und eindeutig, besonders die Schlaflosigkeit.

Also: Bevor man beamtet wird, muß man zum Amtsarzt. Jetzt können Sie sich meine Angst vorstellen, Frau B. Die holen ja, wenn man in ärztlicher Behandlung ist, alle Unterlagen ein, die es gibt. Ich kam also zum Amtsarzt. Gott sei Dank ging es mir gerade sehr gut – anders als heute (lacht) –, und da sagt er: Kommen Sie, wir wollen uns ein wenig unterhalten. Er sprach eine halbe Stunde mit mir, holte das Attest vom Nervenarzt hervor und sagte: Sie wollen (!) eine Depression haben? Unmöglich! Wenn ich dieses Attest weitergäbe, würden Sie weder verbeamtet, noch könnten Sie weiter im Schuldienst sein, und außerdem geht so etwas ein Leben lang in den Papieren mit. – Er zerriß das Attest vor meinen Augen.

Heute aber bemühe ich mich schon lange vergebens um einen Behindertenausweis. Damit bekäme ich zwei Unterrichtsstunden Ermäßigung und könnte zwei Jahre früher in Pension gehen, wenn ich 50 % Behinderung hätte. Nach dem

Klinikaufenthalt stellte ich den Antrag, aber mir wurden nur 40 % bescheinigt mit dem Vermerk, ich sei voll einsatzfähig. Ich kenne so viele Kollegen, die wegen körperlicher Gebrechen, mit denen sie besser unterrichten können als ich, wenn es mir schlechtgeht, ihre 50 % haben, daß ich mir gesagt habe: Mit meinem Bandscheibenschaden – der ja auf dem Röntgenbild sichtbar ist im Gegensatz zur Depression! – kann ich einen neuen Antrag stellen. Dann kam aber wieder der Bescheid über 40 %. Es hieß, wenn ich Einspruch erheben wolle, müsse ich prozessieren. Also verzichtete ich darauf.

Körperliche Gebrechen werden also besser »honoriert«?

(lacht) Seit 32 Jahren mache ich das jetzt mit. Ich hätte schon viel früher den Antrag stellen können. Ach ja. Psychisch Kranke werden eben nicht so ernst genommen. Unser Leiden gilt nicht als wirkliche Krankheit.

Können wir noch über Medikamente sprechen?

Es ist eine üble Sache mit den Medikamenten und ihren Nebenwirkungen. Jetzt gibt es ja Lithium. Das ist ein Mittel, das in den Hirnstoffwechsel eingreift. Es hilft aber nur bei endogener Depression. Das nehme ich seit fünf Jahren. Wir – mein Arzt und ich – haben den Eindruck gehabt, bis vor einem Vierteljahr wenigstens, daß die schlechten Phasen dadurch kürzer geworden sind. Ich hatte sogar gehofft, ich sei völlig gesund. Eine so lange Zeit, zum Beispiel drei Monate ohne Beschwerden, das war für mich ein Novum.

Ja, aber... Ich habe inzwischen gehört, daß die Ärzte es kaum verantworten können, Lithium zu verordnen, weil auch da schon festgestellt worden ist, daß sämtliche Organe geschädigt werden. Eine Ärztin hat es deshalb ihrer Patientin nicht mehr verschrieben. 14 Tage später hat die Frau einen Suizidversuch gemacht. Ich habe mit ihrem Mann gesprochen und dann meinen Arzt gefragt, ob das so stimme mit den schädigenden Nebenwirkungen. Antwort: Ja. Einschließlich Gehirn, alles wird in Mitleidenschaft gezogen. Meine Frage an meinen Arzt: Was soll ich machen? Antwort: Absetzen auf gar keinen Fall! – Bei mir fängt das Vertrauen in den Arzt an dieser Stelle an. – Wenn ich durch einen Unfall ums Leben…

Was meinen Sie mit einem Unfall?

Ja, eben »Unfall« – absichtlich. Wenn ich durch einen Unfall ums Leben komme, sind meine Sorgen, was die Medikamente mit mir machen, ohnehin überflüssig. Es gibt Menschen, die haben schreckliche Angst davor, etwas einzunehmen. Ja, du liebe Zeit, ich verstehe das! Es gab ein Medikament, das jetzt verboten ist, bei dem bekamen die Patienten Fieber, ohne daß man die Ursache dafür feststellen konnte. Und zwar immer dann, wenn sie das Mittel abgesetzt hatten und es dann wieder einnahmen. Solches Fieber habe ich auch gehabt. Ich mußte in die Klinik. Beim erstenmal hieß es, Ursache seien wahrscheinlich Bakterien. Beim zweitenmal, vor zwei Jahren, kam ich von Spezialist zu Spezialist (Urologe, Internist), aber alle Organbefunde waren gut, sogar die Leber, trotz meines Medikamentenmißbrauchs seit Jahren. Es wurde keine Ursache für das Fieber gefunden.

Und jetzt? Nehmen Sie Lithium?

Ich nehme es weiter. Ich habe es früher einmal abgesetzt, weil es mir so lästig war, alle paar Monate zur Blutuntersuchung zu gehen. Daraufhin bekam ich einen verheerenden Rückfall. Mein Arzt hat mir ein Buch gegeben, darin steht, daß die Rückfallquote beim Absetzen von Lithium 80 % sei. Das kann ich mir nicht leisten.

Wie sehen denn die genannten Nebenwirkungen aus?

Anfangs konnte ich überhaupt nicht mehr schreiben, weil die Hände so stark zitterten. Für mich als Lehrerin war das besonders schlimm. Aber das hat sich im Laufe eines Jahres gemildert.

Haben Sie bestimmte Tages- und Jahreszeiten beobachten können, an denen es Ihnen besser oder schlechter ging?

Natürlich. Im Herbst ist es am schlimmsten. Frühjahr ist gefährlich, aber Herbst ist grausam.

Meinen Sie, daß es im Herbst mit den langsam sinkenden Temperaturen zusammenhängt, oder ist es die Traurigkeit beim Anblick der absterbenden Natur, des nahenden Winters?

Das kann ich nicht behaupten. Es gibt Tage, da fühle ich mich wohl, auch wenn es draußen ganz düster ist. Aber dann kann es wieder passieren, daß es mir bei herrlich blauem Himmel schlechtgeht.

Zu den Medikamenten möchte ich noch sagen: Jeder Patient muß an sich ausprobieren, was für ihn gut ist. Ich habe zahllose Medikamente ausprobiert. In der Klinik haben zum Beispiel 40 Infusionen mit einem bestimmten Medikament überhaupt nicht geholfen, auch die anderen Medikamente haben nicht gegriffen. Dann bin ich auf eigene Verantwortung nach Hause gegangen und war nicht gesund. Dann gab mir mein Arzt ein Medikament, das er in alle Himmel lobte. Es sei in Schweden erforscht, sagte er. Es sei so aufhellend, daß man es probieren müsse. Ich hatte große Hoffnung und habe es genommen. Ich mußte es nach zehn Tagen absetzen. Mir war zum Sterben elend. Der Arzt war natürlich nicht einverstanden gewesen, daß ich es abgesetzt hatte. Er sagte: Wissen Sie, ob ein Medikament wirkt, weiß man frühestens nach 14 Tagen. Ein halbes Jahr später wurde das Mittel in der Bundesrepublik Deutschland absolut verboten. Es hatte Lähmungserscheinungen verursacht usw. Ich hatte richtig gehandelt.

Welche Medikamente nehmen Sie neben Lithium noch ein?

Schlaftabletten. – Richtige, starke Schlaftabletten. Ich nehme also Lithium, Schlaftabletten und ein Neuroleptikum. Es senkt den Blutdruck, aber ich vertrage es.

Wie vertragen sich denn die verschiedenen Medikamente miteinander? Es ist doch gewagt, auf eigene Faust zu handeln.

Ja. Es hat auch schon mal ein Chaos gegeben. Wegen des Zitterns bekam ich Beta-Blocker verordnet. Die Folge war ein schrecklicher Schüttelfrost, ich habe mich furchtbar krank gefühlt. Ich habe gemeint, ich müßte sterben. Da habe ich das Medikament schnell wieder – ohne lange zu fragen – abgesetzt. In solchen Fällen bin ich eben mein eigener Therapeut.

Haben Sie Vertrauen zu Ihrem behandelnden Arzt?

Ja. Er gibt mir Sicherheit. Er behält mich zum Beispiel nur deshalb nicht stationär, weil er mir vertraut, weil ich versprochen habe, daß ich ihn anrufe, wenn ich in großer Not bin. Ich kann immer zu ihm kommen. Er gibt mir bei jedem Besuch das Gefühl: Ich habe Zeit für Sie. Das ist so wichtig für mich und gibt mir Halt.

Wenn man ganz tief in einer Depression drinsteckt, hilft es dann noch, zu einem Arzt oder einem Freund oder einer Freundin eine sichere und gute Beziehung zu haben, oder hilft da nichts mehr außer Medikamenten?

Eine gute Beziehung trägt schon ganz stark. Aber nur bis zu dem Punkt, wo man denkt, genau diesem lieben Menschen wird man mit seiner Krankheit zur Last. Dann besteht Suizidgefahr. Sonst aber hilft eine gute Beziehung ungemein. Aber man wird trotzdem immer erleben, daß es Grenzen und Mauern gibt und daß der andere mich einfach nicht verstehen kann. Also es ist ja auch so: In der schlimmen Depression ist schon die Nähe viel wert, selbst wenn jemand mich nur stammelnd versteht und sich nicht bis ins letzte in mich hineindenken kann. Und wenn man jemanden so schätzt und liebt, daß man sagt: Um seinetwillen lohnt es sich zu leben, dann...

Ja, selbst wenn man sich nicht mehr freuen kann, hat man vielleicht doch noch im Hinterkopf das Wissen: Da ist ein ganz wertvoller Mensch, der dich liebt und braucht. Das macht viel aus.

Und dessen Leben ruiniert oder zumindest ganz fürchterlich gestört ist, wenn man sich etwas antut?

Wenn man sich etwas antut, ja. Schön ist, wenn derjenige sagt: Selbst wenn du krank bist, bist du mir keine Last. Das ist das Entscheidende. Es gibt ja eine Zeit in der Depression, wo man sich bei niemandem zu äußern wagt, weniger noch als sonst. Wenn der Freund es aber schon an der Stimme merkt oder es an den Augen sieht oder an der Frisur, dann tut das gut. Bei anderen, wenn sie es bemerken und einen darauf ansprechen, kann es verletzen, aber bei einem geliebten Menschen tut es gut.

Ich meine eigentlich, wir müßten Gemeinschaften bilden, in denen *jeder* einen Menschen hätte, dem er weh täte, wenn ihm etwas zustöße.

Sie meinen, wenn er aus dem Leben ginge und sein Fortgehen eine Lücke risse?

Ja. Aber das gibt es halt noch nicht. Es ist furchtbar.

In dieser Woche hat ein mir lieber Mensch mich angerufen, ich habe geweint und dann einfach den Hörer aufgelegt. – Schon die Tatsache, daß dieser Mensch am nächsten Tag anrief und sagte: Ja, weißt du denn, was du mir da angetan hast? Ich wußte doch nicht, wie du die Nacht überstehst! – Solche Dinge sind wunderbar, daß sich jemand um einen sorgt.

Hat Sie das jetzt sehr angestrengt – über Ihr Leben und Ihr Kranksein zu sprechen?

Ja. So in eigener Sache zu sprechen, wo es um die Existenz geht, zu schildern, wie man manchmal von der Substanz leben muß – das strengt schon an.

Sie haben sich bereit erklärt, über sich zu sprechen, mit der Begründung: Vielleicht kann ich damit anderen Betroffenen helfen…

Ich sehe bei dieser Hilfe auch einen Sinn darin, daß ich all das Leid erleben muß. Mir ist so viel geholfen worden, von Ärzten und anderen Menschen. Diese Hilfe habe ich mir ja nicht verdient.

Sie empfinden sie als ein Geschenk?

Ja. Gerade weil ich mir als Kind immer alles verdienen mußte und weil ich um die Not weiß und wie schrecklich eine Depression ist, wie unvergleichbar, deshalb habe ich eigentlich das Bedürfnis zu helfen.

Es war mir eine echte Freude, als Sie mit der Frage auf mich zukamen, ob ich über meine Depression sprechen möchte. Deshalb war ich heute auch so offen in allem.

Auskünfte eines Experten

Fragen an Dr. Ulrich Pratje, Neurologe und Psychiater

Dr. Pratje schreibt zu Viola J.:
Ich glaube nicht, daß Viola J. überhaupt eine Depression gehabt hat. Es handelt sich bei ihr um eine sogenannte depressive Neurose. Das geht aus zahlreichen Äußerungen des Interviews hervor. Zwar werden immer wieder typische Symptome einer Depression geschildert, der ganze Verlauf spricht aber eigentlich dagegen.

Abnorme psychische Entwicklungen seit der Kindheit gehören in das Gebiet der Neurosen.

Ist die Krankheit »endogene Depression« erblich?
Nein, eine Depression ist nicht erblich.

Beeinträchtigen Antidepressiva die Fahrtüchtigkeit?
Antidepressiva beeinträchtigen die Fahrtüchtigkeit, weil sie sedierend, das heißt beruhigend, wirken.

Weshalb ist es falsch, einen depressiven Menschen in Urlaub, Kur usw. schicken zu wollen, wie es so oft geschieht?
Eine endogene Depression ist nur medikamentösen Maßnahmen zugänglich. Sie kann also nicht im Rahmen einer Kur, eines Urlaubs oder ähnlicher Maßnahmen behandelt werden.

Stimmt es, daß die Krankheit in der Regel zwischen dem 20. und 25. Lebensjahr auftritt?
Nein. Depressionen treten bevorzugt im fünften und sechsten Lebensjahrzehnt auf. Frauen sind häufiger betroffen als Männer. Es gibt natürlich auch endogene Depressionen, die früher auftreten, aber sehr selten.

Behandelt man heute Schlaflosigkeit bei endogener Depression noch immer mit Elektroschocks?

Nein. Heute werden Depressionen nicht mehr mit Elektroschocks behandelt. Diese Maßnahme, die im übrigen in der Geschichte völlig falsch dargestellt wird, bleibt lebensbedrohlichen Formen einer anderen psychischen Erkrankung – der Schizophrenie – vorbehalten.

Was heißt das: »Jede Depression sucht sich ihren Inhalt«?

Das weiß ich auch nicht. Es gibt viele depressive Patienten, die ihre niedergeschlagene Stimmung auf irgendwelche Ereignisse beziehen. Man erlebt auch immer wieder, daß echte endogene Depressionen durch ein trauriges Ereignis »ausgeklinkt« werden.

Worin soll der Zusammenhang zwischen Bandscheibenschaden und psychischer Erkrankung bestehen? Im reduzierten Muskeltonus?

Ein Zusammenhang besteht mit Sicherheit nicht.

Psychotherapie bei endogener Depression: Ist das die richtige Behandlungsmethode?

Psychotherapie ist ganz zweifellos bei einer endogenen Depression nicht die geeignete Behandlungsmethode. Es gibt aber zahlreiche Psychologen, auch wissenschaftliche Psychologen, die auch heute noch entgegen weltweiter wissenschaftlicher Meinung Psychosen – und dazu gehört eine Depression – für psychotherapierbar halten. Hierbei muß man wissen, daß *jede* Depression spontan und ohne jegliche Behandlung abklingt, allerdings unter Umständen erst nach sehr langer Zeit. Man nennt sie ja auch eine »phasisch verlaufende Erkrankung«. Dieses spontane Abklingen wird in Fällen, in denen eine Depression psychotherapiert wurde, dann als Erfolg der Psychotherapie herausgestellt.

Viola J. sagt: »Ich habe beides: endogene und exogene Depression.«

Werden diese Begriffe heute noch in strenger Abgrenzung voneinander benutzt?

Ja. Eine Depression kann jeder Mensch zum Beispiel dann bekommen, wenn er einen Geldbeutel mit großen Beträgen verliert. Das wäre dann eine »reaktive« Depression. Eine »endogene« Depression kommt, wie das Wort sagt, von innen heraus ohne erkennbaren Anlaß.

Ist es möglich, daß die bevorstehende Aufnahme in den Karmel der Auslösemechanismus für Violas Depression war?

Nein, nicht denkbar. Hier gründet sich sehr präzise mein Verdacht, daß es sich um eine depressive Neurose handelte. Die Einstellung zur Aufnahme in den Karmel war sicher bei Viola außerordentlich zwiespältig. Der Wunsch zur Aufnahme wurde meines Erachtens aus ihrer ganzen Lebenssituation heraus geboren. Innerlich war sie aber keineswegs dazu bereit. Der Bischof hat dies wohl sehr präzise erkannt.

Können Sie etwas zu dem Medikament Lithium und seinen Nebenwirkungen sagen?

Lithium ist das einzig bekannte, prophylaktisch gegen Depressionen wirksame Medikament. Der Mechanismus ist völlig unbekannt! Der Erfolg aber durch signifikante Statistiken belegt. Lithium muß sehr genau dosiert und die Blutkonzentration sehr genau überwacht werden, da Überdosierungen schwere Nebenwirkungen verursachen und sehr hohe Überdosierungen bleibende Schäden anrichten können.

Schädlich ist Lithium in vernünftiger und exakter Dosierung in keinem Fall, dagegen unendlich nützlich für Menschen, die ständig unter sich wiederholenden Depressionen leiden.

Nebenwirkungen sind in der Reihenfolge des Auftretens bei zu hoher Dosierung: Zittern, Übelkeit, Erbrechen, Durchfälle.

Was sind Neuroleptika?

Neuroleptika sind Medikamente, die Einflüsse auf psychische Krankheiten ausüben.

Neurotransmitter sind Substanzen, die in kleinster Konzentration Informationen zwischen einzelnen Nervenzellen vermitteln. Zu Neurotransmittern gehören Noradrenalin, Serotonin, Dopamin.

Bei den Antidepressiva unterscheidet man zwischen Thymoleptika und Thymeretika. Gibt es auch angstdämpfend wirksame Antidepressiva?

Thymoleptika sind stimmungsaufhellende Antidepressiva. Thymeretika sind zum Beispiel Drogen. Letztere haben somit mit Medikamenten nichts mehr zu tun. Verschiedene Antidepressiva wirken verschieden stark thymoleptisch.

Angstdämpfende Pharmaka gibt es überhaupt nicht. Da Angst ein typisches Symptom der endogenen Depression ist, verschwindet sie auch bei erfolgreicher Behandlung der Depression. Angst als solche kann aber gezielt nicht behandelt werden.

4
Elisabeth L.
Nur Engel sind geschlechtslos
Ein Tonbandprotokoll

Als ich Elisabeth L. kennenlernte, hatte sie einen langen und unsagbar demütigenden Weg hinter sich. Sie war eine verzweifelte und gebrochene Frau, die sich aufgegeben hatte. Eine Frau, die neben der Praxis ihres Hausarztes das Sprechzimmer eines Psychiaters ebenso kannte wie die Dunkelheit des Beichtstuhles. Sie kämpfte nicht mehr und hatte nur noch den einen Wunsch: tot zu sein.

»Die Toten sind der Erde besser angepaßt als die Lebenden«, sagt Simone de Beauvoir mit schrecklicher Bitterkeit. Elisabeths Leben war von dieser grausamen Angepaßtheit: Sie floh in das Abgestorbensein der Resignation, war mutlos und ohne Hoffnung.

Elisabeth L. ist verheiratet und hat sieben Kinder. Sie ist 48 Jahre alt, zwei Jahre jünger als ihr Mann Georg. Sie leben in einem kleinen Dorf, dort, wo sich die sprichwörtlichen Hasen und Füchse gute Nacht sagen. Elisabeth L. ist gelernte Schneiderin, und es ist erstaunlich, wie sie es fertigbrachte, trotz ihrer sieben Kinder und der enormen psychischen Belastungen sich eine kleine Bibliothek zusammenzutragen. Sie hat sich, autodidaktisch, zu einer gebildeten und belesenen Frau entwickelt.

Ihr Mann Georg ist Lehrer und Ortsbürgermeister. Sie führen, so hat man den Eindruck, eine geradezu vorbildliche christliche Ehe. Die Kinder sind intelligent und wohlgeraten. Georg ist beliebt als Lehrer und Politiker. Er ist unersetzlich an der Orgel, die er jeden Sonntag in zwei Gottesdiensten spielt. Elisabeth näht die Kleider für die ganze Familie, gelegentlich auch für Nachbarinnen, wenn man sie darum bittet.

Sie bestellt neben dem Haus einen riesengroßen Gemüsegarten und zwei Felder am Rande des Dorfes, auf denen sie Kartoffeln und Rhabarber für den Eigenbedarf anbaut.

Elisabeth L. ist eine weiche, sehr weibliche und mütterliche Frau. Sie hatte immer und für jedermann ein freundliches Wort, sagt man im Dorf. Erst als sie krank wurde...

Elisabeth wurde nicht von einem Tag zum nächsten krank. Es war ein langsamer Prozeß, auch wenn es im nachhinein anders aussehen mag. Es war ein Kampf vorausgegangen, ein Anrennen gegen Mauern und verschlossene Tore. Der Zusammenbruch kam zwar plötzlich, aber es ist falsch, ihn als Naturereignis, das über Frau L. ohne Vorwarnung hereinbrach, anzusehen.

Heute ist Elisabeth gesund und stabil genug, um über ihr Schicksal sprechen zu können. Sie ist auch stark genug, um ohne Haß und Groll von ihrem Mann zu erzählen, der sie mit seiner eigenen Deformierung verformte. Sie weiß jetzt, er war hilfebedürftig wie sie. Elisabeth L. wird im folgenden selbst erzählen, wie sich ihr Leben bis zum Ausbruch der Krankheit gestaltete. Sie kann es, auch wenn ihr beim Sprechen noch immer die Tränen kommen:

Mein Gott, was soll ich sagen? Sie und ich, wir kennen uns jetzt seit drei Jahren. Der Zeitraum, von dem ich berichten soll, umfaßt dreißig Jahre und mehr. Ich war ja so jung damals. Ein junges, verliebtes Mädchen. Mit vierzehn kam ich aus der Schule. Ich machte eine Lehre als Schneiderin. Es machte mir Spaß, in der Nähstube zu sitzen.

Georg war neunzehn, als wir uns kennenlernten. Er sah gut aus. Er war der einzige Junge im Dorf, der aufs Gymnasium ging. Der Pfarrer hatte das vermittelt. Alle dachten, Georg werde auch Pfarrer werden. Aber Georg wollte nicht. Er wurde Lehrer. Er hat es nie ausgesprochen, aber ich war schuld. Seine Mutter hat es oft genug gesagt.

Als wir heirateten, war ich zweiundzwanzig. Ich war noch immer eine keusche und überaus verliebte Jungfrau. Wir waren seit einem Jahr verlobt. Auf unseren langen Spaziergängen an den Wochenenden war Georg sehr lieb, aber auch sehr zurückhaltend. Ich hatte immer Angst, er könne es sich noch anders überlegen und doch Pfarrer werden. Es war egoistisch, aber ich wollte ihn nicht verlieren.

Es dauerte lange Zeit, bis wir das erste Mal Hand in Hand spazierten wie andere Liebespaare. Es war, als ich über eine Felsspalte springen sollte und es nicht wagte. Er reichte mir die Hand zum Sprung. Ich ließ sie nicht mehr los. Mein Herz klopfte. Georg hatte eine weiche und fleischige Hand. Sie wurde ganz feucht. Unsere Hände klebten aneinander. Es war mir unangenehm, und ich ließ los.

Wir gingen gerne spazieren. Immer sprachen wir von der Zukunft und daß wir eine schöne Familie werden wollten. Wir sagten, wir wollten viele Kinder zusammen haben, eine ganze Fußballmannschaft. Erst später fiel mir auf, daß eigentlich nie von *uns* die Rede war. Daß nie von unserer Liebe gesprochen wurde. Ich liebte Georg mehr als mein Leben. Er liebte mich sicher auch. Aber er sagte und zeigte es nicht. Er konnte es nicht. Aber ich tröstete mich: Wenn er viele Kinder will, dann liebt er mich auch. Kinder sind ein Liebespfand. Ich war ja so naiv, das kann man sich heute überhaupt nicht mehr vorstellen, daß es so etwas gibt.

Lachen Sie bitte nicht, wenn ich noch einmal sage, daß ich keusch war. Keusch und rein. Es klingt komisch, aber es war so. Es sind die richtigen Worte.

Einmal saßen wir im Gras. Georg fuhr mit einem Grashalm über meinen bloßen Arm. Es kitzelte. Aber da war auch noch ein anderes Gefühl. Es durchrieselte den ganzen Körper. Ich weiß noch wie heute, daß ich erschrak und abends im Bett immer wieder diesem Gefühl nachhing. In unserer ganzen Verlobungszeit berührte mich Georg nur am Haar und an den Händen. Ich fand es richtig, weil er es richtig fand. Obwohl ich mich oft danach sehnte, von ihm in die Arme genommen zu werden. Er gab mir keinen einzigen Kuß. Er wollte mich »aufsparen« für die Ehe, wie er sagte. Ich wollte eigentlich nicht aufgespart werden, aber ich wagte nicht, etwas zu sagen.

Verstehen Sie mich nicht falsch, Frau B. Ich wollte nur, daß er mir auch körperlich zeigte, daß er mich liebte. Ich dachte an nichts Sexuelles, nur an ein bißchen Zärtlichkeit. Ich war so ahnungslos und völlig unerfahren! Und Georg war so gescheit, ein Studierter, wer war das schon im Dorf. Nur noch der Pfarrer und der alte Lehrer. Aber bei dem merkte man es nicht. Er war ganz vertrottelt. Eines Tages sprachen wir wie so oft über die Kinder, die wir haben würden. Georg sagte: Kinder sind ein Geschenk Gottes. Ich nickte fleißig und naiv. Georg hatte natürlich recht. Ich hätte nie an seinen Worten zu zweifeln gewagt. Damals hatte ich außer meinen Schulbüchern noch nie ein Buch gelesen. Hatte ich gelegentlich wirklich einmal Zweifel an dem, was Georg sagte, wischte ich sie energisch beiseite.

Ich fühlte mich so klein und dumm neben Georg!

Dann sagte Georg: Kinder sind der Zweck der Ehe. Der Zweck heiligt die Zeugung.

Ich verstand kein Wort.

Der Zweck heiligt die Zeugung.

Ich habe diesen Satz nie vergessen können. Er ist sozusagen der Leitsatz meines Lebens geworden. Irgendwie fühlte ich mich alarmiert und gewarnt, aber ich reagierte nicht auf meine innere Stimme.

Damals ging ich noch alle vier Wochen zur Beichte. Im Beichtstuhl nahm ich mir ein Herz und fragte den Pfarrer, was Georg mit dem Satz gemeint haben könnte. Er sagte, er wisse es nicht. Aber er sei dagegen, daß Georg heirate. Weshalb? Er sagte es nicht. Ich wurde trotzig. Ich wollte mir meinen zukünftigen Mann nicht vom Pfarrer ausspannen lassen. Ich dachte, das sagt er nur, weil er will, daß Georg doch noch Pfarrer wird.

Ich war so dumm! Ich begriff nichts. Und ich machte mir auch, ehrlich gesagt, wenig Gedanken. Das hatte ich damals noch nicht gelernt: selbständig nachdenken. Wenn Georg bei mir war, war alles gut. Er verbrachte seine freie Zeit nur mit mir. Ich wußte, fühlte, daß er mich liebte. Was wollte ich mehr? Ich dachte: Er will sicher nur das Beste für uns.

Eines Tages, es war kurz vor der Hochzeit, brachte Georg ein Buch mit. Er war sehr ernst und feierlich. Das Buch war von einem Arzt mit Namen van de Velde geschrieben. Es hieß »Die Fruchtbarkeit in der Ehe«. Ich las es unter der Bettdecke, damit meine Mutter es nicht sah. Es war das erste Mal, daß ich von solchen Dingen las: »Die konzeptionsfördernde Technik der Vergattung.« Ich verstand nichts. »Die Unfruchtbarkeit der Frau.« Ich bekam schreckliche Angst. Ach Gott, was wird aus mir, wenn ich keine Kinder bekommen kann? Wird die Ehe dann ungültig sein? Als ich mit Georg über diese Dinge sprach, merkte ich, daß er sich gut auskannte mit allem und in sexuellen Dingen sehr belesen war.

Er war so gebildet! Aber ich merkte auch, daß es ihn genierte, mit mir über »so etwas« zu sprechen. Ich sollte es eigentlich so machen: Lesen, verstehen und den Mund halten...

Ich stellte mir oft vor, wie es sein werde mit den Kindern. Und was sein werde mit Georgs Liebe, wenn wir keine Kinder bekämen. Georg sagte, dann sei die Ehe zwar vor dem Staat gültig, aber nicht vor Gott. Eine Ehe ohne Kinder sei praktisch legalisierte Unzucht. Ich wußte nicht, was legalisiert heißt. Ich war sehr verwirrt durch das Wort Unzucht.

Ich ging wieder zur Beichte und fragte den Pfarrer. Er war der einzige Mensch, dem ich vertraute. Noch mehr vertraute ich dem Beichtgeheimnis. Der Pfarrer sagte, Georg habe da seine eigenen Vorstellungen. Aber er, als Pfarrer, könne mir auch nicht helfen. Wieder sagte er, ich solle Georg nicht heiraten. Er sei päpstlicher als der Papst, sagte der Pfarrer, und ich war sehr erstaunt, daß er so etwas sagte.

Ich war ratlos und blind, weil ich noch immer unlautere Absichten dem gut gemeinten Ratschlag unterstellte.

Kurz vor der Hochzeit gab mir Georg einen Kuß. Ich hielt die Lippen geschlossen. Georg auch. Es war ein Kinderkuß. Ich wartete, was weiter kommen werde. Mein ganzer Körper wartete. Es kam nichts. Georgs Arme waren steif und verkrampft. Seine kurze Umarmung war ohne Zärtlichkeit. Es war, als sei er aus Holz. Es war nicht schön. Mir kamen wieder Zweifel, und ich hatte plötzlich wahnsinnige Angst vor der Hochzeit. Aber ich dachte: Die Liebe wird schon alles richtig machen.

Mein Vertrauen in Georg war größer als mein Verstand. Das kann ich heute sagen, Frau B. Aber damals hatte ich einfach noch nicht gelernt, selber zu denken, das gibt es doch! Ich glaube, ich wollte es nicht einmal. Es war bequemer, den Mann für zwei denken und handeln zu lassen. So war es ja überall. Bei meinen Eltern, bei Nachbarn. Es war einfach so üblich dort, wo ich herkomme. – Nein, Sie haben recht, das gibt es nicht nur auf dem Dorf. Aber dort kann es besonders schlimm sein, weil man so isoliert ist. – Also: Dann kam der Tag der Eheschließung. Ich hatte darauf hingefiebert und verstand nicht, weshalb ich plötzlich so abgrundtief traurig war. Mein Hochzeitsgeschenk von Georg – Sie werden es nicht glauben! – war ein Babypflege-Set. Ich wußte nicht, ob ich lachen oder weinen sollte.

Man schaute natürlich auf meinen Bauch. Alle dachten, ich sei schwanger. Ausgerechnet ich. Georgs Freunde rissen Witze: »Stille Wasser gründen tief« und »Wenn das der Pfarrer erfährt« waren die harmloseren Bemerkungen. Es fiel der Vorwurf der Scheinheiligkeit und Heuchelei. Ich nahm Georg in Schutz. Er ist doch nur ungeschickt gewesen, sagte ich. Er hat es doch nur gut gemeint. Er wollte mir doch nur eine Freude bereiten, weil ich so verrückt nach Kindern bin. Ich glaubte selbst, was ich sagte. Ich liebte ihn doch so sehr. Ich hätte alles für ihn getan.

Dann die Hochzeitsnacht! Ach Gott, Frau B., es fällt mir noch heute schwer, daran zu denken und darüber zu sprechen.

Wir wohnten im Haus meiner Mutter. Es war ja groß genug, aber ich wäre trotzdem lieber ausgezogen. So konnte und mußte ich bleiben, wo ich schon immer war. Wir sagten gegen Mitternacht gute Nacht, und ich spüre noch heute die Blicke meiner Mutter im Rücken, als ich das Schlafzimmer mit Georg betrat. Ich zog mich aus, und Georg verschwand im Bad. Ich legte mich mit meinem neuen Nachthemd zu Bett und zog die Bettdecke bis zum Kinn herauf. Ich war schrecklich aufgeregt. Ich hatte auch Angst.

Georg kam nicht. Ich wagte nicht, zu ihm ins Bad zu gehen. Nach einer Dreiviertelstunde blies ich die Kerze aus, die ich eigens für diese Nacht gekauft hatte. Ich war ja so romantisch damals!

Georg kam dann irgendwann und legte sich im Dunkeln neben mich. Ich zitterte am ganzen Leib. Was jetzt?

Gute Nacht, sagte Georg.

Er gab mir nicht einmal die Hand, keinen Kuß, nichts. Ich lauschte in der Dunkelheit auf seinen Atem. Ein Fremder lag im Zimmer. Ich war enttäuscht, verzweifelt. Am liebsten hätte ich alles ungeschehen gemacht. Aber es war zu spät.

So ging es dann Abend für Abend. Es dauerte vier Monate, bis Georg das erste Mal mit mir schlief. Es war furchtbar. Nicht nur die Schmerzen waren schlimm – ich war ja noch Jungfrau –, sondern die Art, wie Georg mit mir verfuhr. Er brachte es hinter sich. Es war eine Sache von wenigen Minuten, kurz und hart. Er erfüllte seine Ehepflicht, weil er wußte, daß ich darauf wartete. Sah so die Erfüllung eines lange gehegten und schön ausgeschmückten Traumes aus? Ich fiel aus den schon nicht mehr rosaroten Wolken.

Meine nächste Monatsblutung blieb aus. Ich war schwanger. So also ist das mit dem Kinderkriegen, dachte ich. Ich hatte es mir anders vorgestellt.

Etwa im vierten oder fünften Monat der Schwangerschaft entwickelte ich eine Begierde und sexuelle Lust, die ich vorher nicht gekannt hatte. Ich ließ es Georg spüren. Aber er ging nicht darauf ein. Für ihn bestand der Sexualakt einzig und allein zum Zwecke der Fortpflanzung. Hatte er es mir nicht rechtzeitig gesagt? Ich hatte nicht begreifen wollen, und jetzt war es zu spät.

Nur so sei es von Gott gewollt, sagte Georg. Die Natur habe es so eingerichtet. Man könne es ja auch bei den Tieren sehen. Ich zweifelte, war empört. Aber im Grunde meines Herzens glaubte ich noch immer, daß alles gut und richtig sei, weil Georg es sagte.

Über zwei Dinge kam ich nicht hinweg. Da war einmal sein Verhalten nach jener ersten Vereinigung. Er stand sofort auf und stürzte ins Bad. Ich dachte, er wolle sich von mir reinwaschen. Ich war blutig und schleimig. Aber es war etwas anderes. Georg erbrach sich. Noch mehrmals mußte er in der Nacht hinaus.

Ich war furchtbar gekränkt, glauben Sie mir!

Zugleich schämte ich mich. War ich nicht tatsächlich ekelerregend?

Und die andere Kränkung, die regelmäßig neue Nahrung bekam: Ich lag viele Nächte wach und erlebte Georgs häufige nächtliche Pollutionen. Ich war dabei voller Haß. Während ich mich mit allen meinen Sinnen nach meinem Mann sehnte, verschmähte er mich und lag neben mir und hatte seine Lust.

Ach, es war so schwer zu ertragen! Ich hätte Georg mit einem Beil erschlagen können. Nein, das stimmt natürlich nicht. Die Freude auf das Kind, das ich erwartete, trug die Liebe.

Schließlich wurde das Kind geboren. Ich war überglücklich. Aber nicht mit Georg. In unserer Beziehung wiederholte sich alles über Jahre weg im gleichen Stil. Mein Leben wurde eine Folge von Schwangerschaften. Ich wollte längst kein Kind mehr. Ich wollte meinen Mann, können Sie das verstehen? Aber ich bekam ihn nur auf dem Weg über die Schwangerschaft...

Meine Ehe wurde für mich zur Hölle.

Eines Tages, ich glaube, es war nach dem vierten Kind, Johannes, forderte mich Georg auf, regelmäßig die Morgentemperatur zu messen. Ich strahlte. Ich dachte, jetzt wird alles doch noch gut. Er will kein Kind mehr, er will mich. Aber ich hatte mich getäuscht. Es war im Gegenteil so, daß Georg die Tage erfahren wollte, an denen eine Empfängnis so ziemlich ausgeschlossen war, damit er nicht die Sünde begehe, an einem konzeptionsfeindlichen Tag mit mir geschlafen zu haben.

Ich war wie vor den Kopf geschlagen und reagierte zum erstenmal auch richtig kopflos. Aber das kann ich Ihnen nicht erzählen. Nun, Georg beging keine Sünde. Ich war schrecklich fruchtbar. Unsere sexuelle Beziehung bestand einzig und allein in den sieben Kontakten zur Zeugung der Kinder. Das kann man eigentlich niemandem erzählen. Das gibt es doch gar nicht, denken Sie jetzt. Doch, das gibt es.

Und Sie werden es nicht glauben: Ich blieb Georg trotz allem treu. Allerdings nicht so sehr aus Liebe, sondern aus Angst. Ich war ja sehr fromm. Ich wollte keine Ehebrecherin sein.

Ein einziges Mal wagte ich es, mit meinem Mann über Empfängnisverhütung zu sprechen. Aber er lehnte sie aus religiösen Gründen ab. Für ihn war nicht nur die Verhütung sündhaft, sondern die Lust ohne Zweck. – Das Wort Zweck geht mir schwer über die Lippen, ich hasse es. – Ich fand das so ungeheuerlich, diese Ansicht. Aber Georg hielt mir den Beichtspiegel aus dem Glaubensbuch entgegen. Dort hieß es klipp und klar: »Habe ich gegen den Zweck der Ehe gesündigt (Verhütung des Kindersegens)?« Ich gab mich geschlagen. Ich lebte in großer innerer Not, das dürfen Sie mir glauben.

Aber ich hielt alles aus…

Oft stellten sich Träume ein, über die ich entsetzt war. Ich kann sie hier nicht erzählen, sonst wird Ihr Buch zensiert. Ich kam mir furchtbar schlecht vor und fühlte mich schuldig. Aber ich konnte nichts dagegen machen. Sie kamen immer wieder. In späteren Jahren kamen mir manchmal am hellichten Tage die ungeheuerlichsten Phantasien, die mich sehr erregten. Da war ich aber schon so weit, daß ich mich nicht mehr dagegen wehrte. Ich kann auch davon nichts erzählen, weil ich mich schäme. Es war wirklich schlimm, und ich habe mich gefragt, wie solche Bilder und Gedanken in mich hineingekommen sind. Irgendwo müssen die doch herkommen – oder? Ja, ja: Ich weiß schon, mein Therapeut hat das auch gesagt. – Ich dachte, geh nicht mehr unter die Leute, am Ende sieht man es dir an. Aber niemand merkte etwas, glaube ich. Was ich von allem am meisten vermißte und entbehrte, waren die Zärtlichkeiten. Es gab ja zwischen Georg und mir nichts als den förmlichen Kuß auf die Wange am Morgen und am Mittag, wenn Georg von der Schule zurückkam. Es gab niemals eine Liebkosung meines Körpers. Ich sehnte mich so sehr danach, glauben Sie mir, Frau B. Man kann sich das gar nicht vorstellen. Wenn ich mit bloßen Beinen durch hohes Gras spazierte, oder wenn ich mich mit dem Rücken gegen die warmen Steine einer Mauer lehnte, wenn ich eine Erdbeere aß – immer dachte ich an Georg und wie schön es sein könnte, wenn er nur anders wäre.

Ich verstand ihn nicht.

Es gab auch eine Zeit, in der ich nicht an Georg, sondern einfach nur an Männer dachte. Das war die schlimmste Zeit. Ich dachte – verzeihen Sie –, vielleicht werde ich mal vergewaltigt. Aber wenn mir wirklich jemand irgendwie zu nahe kam, ergriff ich die Flucht. Ich ging dann zu Georg und beklagte mich über die Schlechtigkeit der unmoralischen Männer.

Ach, ich mag nicht mehr daran denken.

Ich glaube, Georg haßte meinen Körper, obwohl er mich liebte. Jedenfalls hatte er einen ungeheuren Ekel vor mir. Vielleicht auch Furcht. Vielleicht galt es auch gar nicht mir, sondern »den Weibern« allgemein. Ich weiß es nicht. Einmal erzählte Georg von einem Studienfreund. Er habe mit seiner Frau geschlafen, und sie habe dabei einen Scheidenkrampf bekommen. Der Freund sei in ihr gefangen gewesen. Ich weiß nicht, ob die Geschichte erfunden war. Aber daß Georg Angst hatte, stand fest. Vielleicht nahm er die Religion und den lieben Gott nur als Vorwand, sich nicht mit mir abgeben zu müssen. Georg sprach sehr viel von Gott und Maria und den Engeln und vor allem von seiner unsterblichen Seele. Den Körper betrachtete er als Feind der Seele. Er wollte sie auf keinen Fall gefährden.

Die Frau, sagte Georg oft, sei die Quelle der Sünde. Nein, falsch. Er sagte, der Körper der Frau ist die Sünde schlechthin. Das böse Fleisch. Eva habe Adam zur Sünde verführt, sagte er. Ich bekam sofort ein schlechtes Gewissen und fühlte mich irgendwie schuldig. Christus, ein Mann, mußte für die

Sünden der Frau sterben. Ich bekam große Angst, wenn Georg so sprach. Zumindest zu Anfang. Ich betrachtete mich im Spiegel. Früher hatte ich mich als rein bezeichnet und daran geglaubt. Jetzt erfuhr ich, daß ich schmutzig und verdorben war. Ekelhaft. Ich konnte mich selbst nicht mehr leiden...

Eigentlich war Georg auch jede Geburt widerwärtig. Er brachte mich immer viel zu früh ins Kreiskrankenhaus und verschwand sehr schnell wieder. Oft besuchte er mich erst, wenn ein paar Tage seit der Geburt vergangen waren. Einmal ging er zum Säuglingszimmer und ließ sich sein Kind zeigen. Zu mir auf die Station kam er nicht. Die Schwester berichtete es mir. Ich weinte den ganzen Tag und überlegte, was an mir so widerwärtig war.

Georg betete viel zu Maria. Sie habe jungfräulich geboren, sagte er. Es klang wie ein Vorwurf, daß ich dazu nicht fähig sei. Ich betete auch. Aber zu Josef. Ich dachte, der wurde auch betrogen wie ich. Aber ich wußte, daß es Unsinn war.

Eines Tages sprach ich mit dem Krankenhauspfarrer über meine Probleme. Ich sprach von Georg und Maria wie von einem Paar. Ich war eifersüchtig, Sie müssen darüber nicht lachen. Machen Sie sich doch nicht lächerlich, sagte der Seelsorger. Marias Jungfräulichkeit bedeutet: Sie ist niemals berührt worden von der Sünde, und das heißt: von der Lust.

Da hatte ich wieder mein Fett weg. Ich fragte noch: Aber wo bleibt denn die Liebe, davon spricht niemand? Aber der Priester ging nicht weiter auf meine Fragen ein. Ich glaube, er war sehr ärgerlich.

Ich war unsagbar traurig.

Es kam mir nie in den Sinn, mich zu wehren. Heute frage ich mich auch: Warum habe ich Georg nicht fortgeschickt aus meinem Haus? Oder weshalb habe ich nicht meine Kinder genommen und bin weggegangen, als es noch möglich war? Sie haben recht, wenn Sie an so etwas denken. Aber die Antwort ist denkbar einfach: Ich liebte Georg zu sehr, trotz allem. Und ich gab lange Zeit die Hoffnung nicht auf, daß sich noch alles zum Guten wenden werde.

Ich war geduldig. Ja, ich war die Geduld in Person. Ich wartete auf Georg. Ich umschmeichelte ihn. Ich war ihm ergeben bis zur Selbstverleugnung. Ich hegte und pflegte ihn wie meine Kinder. Jeden Wunsch las ich ihm von den Augen ab. Ich wollte ihn von meiner Liebe überzeugen.

Aber Georg mied mich weiter. Ich kam mir vor wie eine fleischfressende Blume, die ihn aussaugen will. So etwas hatte ich irgendwo gelesen, diesen Vergleich. Ich war für meinen Mann ein unersättliches Weib, wie er sagte – wie ungerecht das war! – Ich war ein Faß ohne Boden, eine Höhle ohne Ausgang, ein Schacht ohne Licht und was weiß ich noch alles. Es stimmte einfach nicht. Georg mußte das doch selbst wissen. Aber er merkte es nicht.

Ich änderte mein Verhalten. Ich verhielt mich, als sei ich Luft, als gebe es mich nicht. Ich hatte Georg nie wirklich bedrängt. Ich tat es auch jetzt nicht. Ich weinte manchmal nachts, mehr nicht. Ich machte keine Vorwürfe, keine Szenen. Ich versuchte, mich mit meinem Schicksal abzufinden.

Einmal sagte Georg zu mir – es war bei der Tauffeier seines ersten Sohnes –: Du bist mein Engel. Das hätte er gerne gehabt, daß ich ein Engel gewesen wäre. Denn Engel sind geschlechtslos. Oder sie werden als Mann dargestellt oder als Kind. Haben Sie schon mal ein Engelsbild gesehen, das als Frau zu erkennen war? Ich nicht. Jetzt fällt mir übrigens noch ein Satz ein, den der Krankenhausseelsorger gesagt hat: Alle christlichen Frauen, die heiliggesprochen wurden, waren Jungfrauen. Ich weiß nicht, ob das stimmt. Ist ja auch egal. Aber diese Einstellung machte mich damals noch unsicherer.

Georg wollte keine Frau. Er wollte eine Mutter seiner Kinder. Ich hätte es in unserer Verlobungszeit merken müssen. Vielleicht habe ich es auch bemerkt, aber ich konnte es mir nicht eingestehen. Wie hätte ich das aushalten sollen?

Georg sprach so viel von Reinheit. – Heute kann ich das Wort kaum noch ertragen. – Er sprach immer wieder von der »Magd des Herrn«. Ich wurde völlig verunsichert, was meine eigene Rolle betraf. Ich war fromm. Ich fürchtete

Gott. Ich diente ihm, wie ich es gelernt hatte und Georg es erwartete. Ich diente auch Georg. Ich war die Magd.

Damals hatte ich noch einen schönen und gesunden Körper. Ich begriff nicht, was an ihm böse sein sollte. Nach und nach aber glaubte ich, was mir Georg weismachte: Mein Geschlecht sei ein Sündenpfuhl, darauf aus, ihn zu verführen, zu verderben, zu verschlingen. Ich war diejenige, die Georg der Hölle des Fleisches ausliefern wollte. Anheimgeben, sagte er. Der Hölle anheimgeben. Wenn er nicht achtgab, geriet er durch mich in die ewige Verdammnis.

Eines Tages zeigte er mir in einem Buch ein Bild von Hieronymus Bosch. Hier konnte ich sehen, welche Qualen Wesen wie mich erwarteten. Es waren die Qualen der gierigen, fratzenhaften Lust. Die Bilder faszinierten mich, und noch heute mag ich Hieronymus Bosch sehr gerne. Damals wie heute hütete ich mich, das zu sagen.

Zu jenem Zeitpunkt kam mir das erstemal der Gedanke, Georg könne vielleicht krank sein, seelisch, so etwas gab es ja, man hörte genug davon im Dorf. Aber solche Kranke kannte jeder, und sie benahmen sich auffällig. Georg aber war Lehrer und Bürgermeister und für alle sichtbar gesund und normal. Bei einem Arztbesuch sprach ich einmal mit unserem Doktor, der die ganze Familie kennt, auch Georgs Familie und meine, über meine Bedenken. Er glaubte mir nicht. Ich merkte an seinen Bemerkungen, daß er mich für ein mannstolles Frauenzimmer hielt. Hatte ich nicht ein Haus voller Kinder? Was sollten meine Klagen und Bedenken?

Seither schwieg ich.

Auch zu unserem Pfarrer, der mein Beichtvater war, sagte ich schon längst nichts mehr. Ich wollte mich nicht in ein ungutes Licht setzen. Georg war sehr beliebt im Dorf. Ich hatte nur zu verlieren.

Mein Mann wünschte nicht, daß ich Hosen trug. Es war die Zeit der Mini-Röcke. Da ich ja selbst nähen konnte, mußte ich meine Kleider und Röcke alle auf Wadenlänge schneidern. Zu Hause, im Dorf, kam ich mir schon komisch vor. Aber wenn ich in die Stadt fuhr, fühlte ich mich lächerlich. Blusen und Pullover mußten immer hochgeschlossen sein. Georg sagte, er finde es wichtig, daß eine Frau das Geheimnis ihres Körpers bewahren könne. Er wünschte sich eine »züchtige« Frau. Ich fühlte mich gezüchtigt.

1958 hatte ich geheiratet. 1975 wurde mein siebtes und letztes Kind geboren. Ich war damals 39 Jahre alt. Ich hatte in meinem ganzen Leben noch keinen Mann nackt gesehen.

Ich liebte Georg noch immer, und ich lebte noch immer in der Hoffnung, es werde ein Wunder geschehen. Aber ich wollte kein Kind mehr.

Ich war von morgens bis abends eingespannt. Meine Mutter half mir, so gut sie konnte. Aber es blieb immer noch viel zu tun. Als ich Georg sagte, daß es genug sei mit dem Kindersegen, antwortete er nicht.

Er machte einen langen Spaziergang und kam erst sehr spät in der Nacht zurück. Ich sorgte und ängstigte mich um ihn.

Seit jenem Tag gab er mir keinen Kuß mehr auf die Wange. Er mied mich wie die Pest. Für ihn hatte ich sie. Er wollte sich nicht anstecken lassen.

Ich litt über Jahre hin an diesem grausamen Mangel. Ich war doch noch nicht alt! Da hatte ich sieben Kinder und war nie in Liebe begehrt und genommen worden. Ich hatte mich benutzen lassen zur Fortpflanzung und Aufzucht.

Das Gefühl des Mangels grub sich immer tiefer in mein Bewußtsein. Ich bekam eine Art Torschlußpanik. Ich glaubte, nun sei mein Leben vorbei, verloren. Die unterdrückte Sinnlichkeit schlug für kurze Zeit um in Gier und Wollust. Jetzt war ich wirklich ekelerregend. Und ich war schrecklich gereizt und ungerecht.

Georg wehrte sich. Er zog um ins Kinderzimmer zu seinen Söhnen. Ich begann, mich an ihm zu rächen. Ich machte ihn in Gesellschaft lächerlich. Ich war ja inzwischen auch »gebildet«. Oder ich stellte ihn vor den Kindern bloß. Ich war gemein. Jetzt erst war ich eigentlich wirklich unglücklich geworden. Ich fühlte mich schuldig und kroch reumütig zu Kreuze. Aber Georg nahm meine Entschuldigung nicht an. Er, der Belesene, zitierte als Antwort Paul Claudel. Ich glaube, es hieß so: »Die Ehe ist kein Vergnügen, sondern der Verzicht auf das Vergnügen...« Ich wollte gewiß nicht um jeden Preis mein Vergnügen, das können Sie mir glauben. Ich wollte lieben und geliebt werden. Das wollte ich sehr. Das wollen wir doch alle, oder nicht? Was ist daran falsch? Das ist doch kein Verbrechen, keine Sünde!

Jetzt begann ich, Georg zu verachten. Es war ein starkes Gefühl, das ich aber bekämpfte. Doch die Demütigungen, das Wissen, verschmäht zu sein, waren intensiv und schürten meine Verachtung. Ich spürte einen Sog in mir, eine glühende Sehnsucht, eine Kraft wie Magnetismus, aber sie galt nicht mehr Georg. Ich fühlte mich als verdorbene, schlechte Frau, weil sich ein so großer Teil meiner Energie auf das Geschlechtliche konzentrierte. Ich sah mich nach Männern um.

Aber das hörte mit einem Schlag auf. Fast über Nacht fiel ich in einen tiefen dunklen Brunnen, in ein Loch, aus dem ich nicht mehr herausfand. Ich war erschöpft. Ich fühlte mich völlig unfähig, irgendeine Arbeit zu tun. Ich mußte mich zwingen, am Morgen überhaupt noch aufzustehen. Ich kannte mich so nicht. Es war etwas anderes als die übliche Müdigkeit.

Ich fühlte mich so krank, daß ich zu unserem Hausarzt ging. Er riet mir, mehr zu schlafen. Aber gerade das war es ja, was ich nicht konnte trotz der übergroßen Müdigkeit. Georg lag in den langen Nächten neben mir und schnarchte. Er war in das gemeinsame Schlafzimmer zurückgekehrt, nachdem ich versprochen hatte, ihn niemals mehr zu stören.

Eigentlich war ich froh und erleichtert, daß ich sexuell lustlos und völlig empfindungslos geworden war. Aber das Schreckliche war dabei, daß ich in *allem* unansprechbar wurde. Nichts berührte mich mehr. Ich hatte kein schlechtes Gewissen, wenn ich frühmorgens ungewaschen und ungekämmt den Kindern ein liebloses Frühstück bereitete. Ich vergaß manchmal tagelang, die Kleinen zu waschen oder zu baden. Bald gab es im Haus nur noch Strümpfe mit Löchern und dünnen Stellen, Hosen mit durchgerutschten Knien und schadhafte Pullis. Das Gemüse im Garten wurde von Unkraut überwuchert. Wenn sich eines der Kinder beim Spielen verletzt hatte und weinte oder schrie, ließ mich das völlig kalt. Ich klebte Pflaster über Wunden, ohne sie vorher zu desinfizieren. Wenn ich um Mithilfe bei den Hausaufgaben gebeten wurde, schickte ich die Kinder zu Georg. Nicht aus Protest, nein, ich hatte einfach keine Energie, etwas zu tun. Das dumpfe Brummen im Kopf hinderte mich am Denken. Ich hätte den ganzen Tag irgendwo sitzen und weinen mögen. Aber selbst meine Weinerlichkeit hörte auf. Ich war leer. Ich saß nur herum, unfähig, mich zu rühren. Das können Sie nicht verstehen, nicht wahr? Man muß es selbst erlebt haben. Es ist viel schlimmer als Schmerzen.

Meine Mutter machte mir Vorhaltungen. Sie übernahm ein Großteil meiner Arbeit und überforderte sich. Auch das berührte mich kaum. Ich schloß mich oft im Badezimmer ein, legte mich in die leere Badewanne und wartete, bis meine Mutter wieder in ihrer Wohnung war.

Ich hatte häufig Kopfschmerzen, nahm Tabletten. Aber sie halfen nicht. Meine Augen vertrugen plötzlich kein helles Licht mehr. Ich verdunkelte die Zimmer. Manchmal ließ ich die Rolläden den ganzen Tag unten. Georg sagte: Vielleicht hast du einen Grund, lichtscheu zu sein. Ich wußte, worauf er anspielte. Aber ich wehrte mich nicht. Seine Beschuldigungen, Vorwürfe und Demütigungen nahmen täglich zu. Eigentlich nahmen sie überhand. Ich ertrug es kaum. Alles kränkte mich furchtbar. Ich dachte daran, mich umzubringen. Meine Mutter sagte mindestens einmal pro Tag: Reiß dich doch zusammen! Man muß sich ja schämen vor den Nachbarn. Aber ich konnte es nicht. Ich merkte, wie mir die Kinder aus dem Weg gingen. Es war mir recht. Ich hatte ohnehin nur den einen Wunsch: in Ruhe gelassen zu werden. Ich wäre gerne gestorben. Aber wie? Meine Mutter kochte jeden Tag das Mittagessen. Ich hatte keinen Appetit. Doch gelegentlich aß ich zwischen den Mahlzeiten eine Kleinigkeit. Das war etwas, das Georg auf den Tod nicht ausstehen konnte: zwischen den Mahlzeiten essen. Er fand es disziplinlos. So ließ ich es bleiben und aß bald so gut wie gar nichts mehr.

Eines Tages klappte ich zusammen. Der Hausarzt kam. Er riet dringend zu einer Kur. – Wie denn, bei sieben Kindern? – Für die tust du doch sowieso nichts mehr, sagte Georg. – Ihr wollt mich also los sein. – So ging es eine Weile hin und her, bis der Arzt einlenkte. Er versuchte mir zu erklären, wie wichtig es sei, daß ich wieder gesund werde. Ich hatte dabei das Gefühl, er spreche mit jemandem, der nicht im Zimmer war.

Alles ging mich längst nichts mehr an.

Welche Krankheit habe ich denn? wollte ich wissen. Erschöpfung, sagte er. Wenn Sie wollen, können wir es auch neurovegetative Dystonie nennen. – Ich konnte mir nichts darunter vorstellen. Es war mir auch egal, wie er meinen Zustand nannte. Ich war ja gar nicht krank. Ich hatte nur keine Lust mehr. Zu nichts. Der Arzt war ärgerlich, daß ich seine gutgemeinten Vorschläge nicht akzeptierte.

Schließlich ging ich doch zur Kur. Meine Verfassung änderte sich auch in der anderen Umgebung nicht. Die Jugoslawin, die mein Zimmer sauberzuhalten hatte, beschwerte sich eines Tages über mich bei der Verwaltung. Sie weigerte sich, weiterhin bei mir zu putzen. Meine Kleider lagen auf Tisch, Bett und Stuhl verstreut. Im Duschbecken sammelte sich die Schmutzwäsche. Das Waschbecken war von Haaren, das Klo von Monatsbinden verstopft. Auf der Fensterbank standen Dosen, aufgerissene Gebäckpackungen, Joghurtbecher und dergleichen herum. Ich hatte zu rauchen begonnen. Die Kippen lagen überall. Der Verwalter nannte mein Zimmer einen Saustall. Ich weinte. Es war ein eigenartiges Weinen und hatte irgendwie ganz innen in mir dringesessen. Es war ganz ruhig und fast gleichgültig. Es war so, als habe ich eben im Augenblick nichts Besseres zu tun.

Aber ich konnte nicht mehr damit aufhören. Ich bemühte mich. Frauen standen um mich herum, sprachen lieb auf mich ein. Man versuchte mich zu trösten. Man räumte meinen »Saustall« auf. Es half nicht. Ich konnte nicht aufhören. Alles tat mir weh. Der Kopf, die Kehle, die Brust. Schließlich rief man den Arzt, und ich bekam eine Spritze.

Ich schlief ein.

Am nächsten Tag wurde ich zum Psychotherapeuten in die Sprechstunde bestellt. Es war ein ganz junger Mann. Aber er war trotzdem irgendwie väterlich. Jedenfalls wirkte er so auf mich. Nie zuvor hatte ich mit jemandem über Georg und mich gesprochen, außer mit dem Pfarrer im Beichtstuhl. Ich hatte mir nicht vorstellen können, daß ich über meine persönlichen Dinge mit jemandem sprechen könnte. Durch das Weinen am Vortag und die Spritze fühlte ich mich jetzt gelöst und fast ohne Hemmungen. Der Psychotherapeut machte es mir leicht zu sprechen. Er war so natürlich. Er ergriff auch nicht, wie unser Hausarzt, sofort für Georg Partei. Er urteilte überhaupt nicht. Ich erzählte ihm die ganze lange Geschichte, wie ich sie Ihnen jetzt erzählt habe. Ich ging täglich zu ihm für den Rest meiner Kur. Ich bekam auch Tabletten, die mir sehr halfen. Ich begriff nicht mehr, wieso ich so schlampig hatte sein können. Es wurde wieder hell in meinem dunklen Kopf. Irgendwie wurde ich wieder lebendig. Allerdings nicht sofort.

Am Anfang war mir schrecklich übel. Ich schlief viel und hatte beim Erwachen immer das Gefühl, als sei ich eben aus der Narkose erwacht. Ich mußte erbrechen. Aber nach einiger Zeit hörte das auf, und es ging mir gut.

Als ich aus der Kur zurückkam, hatte ich einen Brief des Arztes an Georg bei mir. Der Brief war verschlossen, und ich wußte nicht, was darin stand. Ich hatte große Angst, ihn Georg zu übergeben. Ich weiß bis heute nicht, was der Arzt geschrieben hatte. Ich bin auch nicht neugierig. Jedenfalls jetzt nicht mehr.

Seither fährt Georg einmal in der Woche in die mehr als 60 Kilometer entfernt gelegene Uniklinik. Er macht eine Psychoanalyse. Er ist jetzt im zweiten Jahr und sagt, es werde noch mindestens ein Jahr so weitergehen.

Georg hat sich in dieser Zeit sehr verändert. Wir fangen unser Leben noch einmal mit unserer Verlobungszeit an. Ja, Sie lächeln. Das klingt auch komisch. Und natürlich sind wir keine jungen Leute mehr. Aber wir lernen, wie Frau und Mann miteinander umzugehen.

Es ist nicht leicht. Aber es ist auch nicht zu spät, und das ist die Hauptsache. Ich liebe Georg noch immer und trotz allem.

Die Depression, an der ich erkrankt war, ohne es zu wissen, hätte uns beinahe alle ruiniert, besonders die Kinder. Das hat auch der Psychotherapeut in der Kur gesagt und die anderen Ärzte. Ich solle der Jugoslawin dankbar sein, hatte er gesagt. Ohne sie wäre niemand auf mein Leiden aufmerksam geworden. Ich kann jetzt wieder ganz normal meinen Haushalt versorgen und mit den Kindern umgehen.

Aber manchmal, wenn ich allein bin oder wenn es mit Georg besonders schwierig ist, überfällt mich eine panische Angst vor einem Rückfall in diese entsetzliche Zeit der völligen Unfähigkeit und Gleichgültigkeit.

Das wird mir wohl bleiben.

Auskünfte von Experten

Fragen an Dr. Ulrich Pratje, Neurologe und Psychiater

Elisabeths Ehemann Georg hat nie eine Beziehung zu seiner Frau gelebt. Sie reagiert nach vielen Jahren der Demütigung, Überforderung und Mißachtung mit dem Rückzug aus den engsten sozialen Bindungen. Der Hausarzt schickt sie zur Kur, wo sich das innere und äußere Chaos und die Verzweiflung verschlimmern.

War es richtig, die unerträglich gewordene Lebenssituation mit Medikamenten und Psychotherapie »zuzudecken«? Bedeutet die Therapie ihres kranken und krankmachenden Mannes wirklich eine Befreiung für Elisabeth L.?

Die Depression sehe ich unabhängig von Elisabeths Lebensentwicklung.

Der Vorschlag einer Kur seitens des Hausarztes war für ihn der Ausweg aus einer von ihm selbst nicht zu lösenden Situation. Elisabeth L. erkrankte während der Kur unabhängig von anderen Ereignissen an einer Depression. Sie wurde zu einem Psychotherapeuten geschickt, der keine andere Möglichkeit als die der Psychotherapie sah. Insofern hat er dann mit psychotherapeutischen Mitteln der Patientin allein dadurch offensichtlich eine ganz erhebliche Erleichterung verschafft, daß er sie ihre Geschichte erzählen ließ, sie anhörte, ohne irgendwelche Vorwürfe daraus abzuleiten. Die verordneten Medikamente haben nur das Erzählen erleichtert.

Es ist erstaunlich, daß der Ehemann die offenbar schriftlich vorgetragene Empfehlung zu einer eigenen psychotherapeutischen Behandlung befolgt hat. Der »Kränkere« von beiden war ganz zweifellos der Ehemann. Durch eine erfolgreiche Behandlung des Ehemannes konnte natürlich die Gesamtsituation wesentlich verbessert werden. Elisabeth L. sagt ja auch, daß sie nach langer und offensichtlich erfolgreicher Psychotherapie des Ehemannes ihr »Leben noch einmal mit unserer Verlobungszeit« angefangen hätten.

Es ist schwierig und belastend für den Patienten, wenn er von seinem Arzt mit diagnostischen Begriffen konfrontiert wird, die er nicht versteht. Elisabeths Arzt spricht von »neurovegetativer Dystonie«. Was ist das?

Eine »neurovegetative Dystonie« sollte man lieber als »psychovegetatives Syndrom« bezeichnen. Damit will man sagen, daß psychische Spannungszustände zu einer Unruhe und Fehlfunktion im vegetativen Nervensystem führen können, wobei der Patient diese Funktionsstörungen des vegetativen Nervensystems als nicht normal registriert. Dem liegt aber keine Organerkrankung zugrunde, sondern lediglich eine Dysfunktion des vegetativen Nervensystems durch psychische Spannungszustände (zum Beispiel Herzklopfen bei Angst, Weinen bei Traurigkeit). Oft ist dem Patienten aber nicht bewußt, daß die vegetativen Funktionsstörungen, die er registriert, auf psychische Spannungen zurückzuführen sind.

Welche Symptome im Krankheitsbild Elisabeth L.s veranlassen den Kurarzt, die Diagnose »Depression« zu stellen? Um welche Form der Depression handelt es sich?

Das Gesamtbild veranlaßt zur Annahme der Diagnose »Depression«: die große Traurigkeit, das völlig fehlende Selbstvertrauen, das Fehlen jeden Antriebs, das Fehlen von Arbeitslust und Lebensfreude, der Ausdruck großer Hoffnungslosigkeit und Mutlosigkeit.

Man sieht häufiger auslösende Ereignisse für eine Depression, die aber dann immer unmittelbar auslösend wirken. Im vorliegenden Fall kann man nicht annehmen, daß die gesamte, über Jahrzehnte gehende Entwicklung dann endlich zur Depression geführt hat.

Diese Depression ist eine endogene Depression und eine von der ganzen Entwicklung unabhängig zu sehende Erkrankung.

Fragen an Elisabeth Schad, Psychologin

Die Diagnose des Psychiaters lautet: Endogene Depression, unabhängig von der Lebensentwicklung. Stimmen Sie dieser Diagnose zu? Welche Aufgabe, welchen Sinn hat dann aber eine Psychotherapie? Genügt es, daß Elisabeth von ihrem Leiden berichten kann, um wieder gesund zu werden? Ist es nicht so, daß man in einer tiefen Depression gerade nicht *sprechen kann? Oder lösen die stimmungsaufhellenden Medikamente die Zunge?*

In dem Bericht schildert Elisabeth ihren Weg unsäglich langen Leidens, völliger Abhängigkeit und einer beinahe unerschöpflichen Hoffnung. Die Tatsache, daß sie eine solche Form der Ehe derart lange durchhalten und ertragen konnte, zeigt, daß sie über viel Kraft und Stärke verfügt. Kraft, die sich eines Tages erschöpfen mußte und so zum massiven Ausbruch ihrer Depression führte. Zu Beginn der erzählten Lebensgeschichte steht vor uns ein junges Mädchen, fest eingebunden in seine ländliche Umwelt, abhängig von Familie, Kirche und dörflicher Norm. Ein Mädchen, das nie gelernt hatte, eigenständig zu denken, handeln und entscheiden, bereit dazu, sein Leben in der ihm vertrauten Tradition fortzusetzen.

In der Zeit, in der junge Menschen ihre eigene Persönlichkeit entwickeln, lernt sie ihren zukünftigen Mann Georg kennen. Sie ist verliebt, voller Illusionen und eingedenk der Tatsache, daß er studiert, ihm ganz hörig. Neben diesem in ihren Augen so intelligenten Mann kommt sie sich klein und dumm vor. Auftauchende Zweifel schiebt sie beiseite, Fragen wagt sie kaum zu stellen, sie gibt sich ganz ihrem Gefühl der Verliebtheit hin und überläßt das Denken ihrem Freund. Elisabeth stellt diesen Mann auf ein derart hohes Podest, daß sie daneben zwangsläufig klein erscheinen muß und für die Entwicklung ihrer eigenen Persönlichkeit kein Raum mehr bleibt.

Georgs körperliche Nähe, die ohne Zärtlichkeit bleibt, erweckt Zweifel und Angst in ihr. Doch in dem Glauben einer falsch verstandenen Liebe schiebt sie diese Gefühle beiseite.

Mit der Heirat beginnt dann für sie die große Enttäuschung, gefolgt von Verzweiflung. Allmählich beginnt sie zu erkennen, was ihr Mann unter christlicher Ehe versteht. Doch sie setzt sich dagegen nicht zur Wehr, zieht das Verhalten ihres Mannes nicht in Zweifel, sondern sucht vielmehr die Schuld bei sich und ihrem Körper.

Im Laufe der Jahre versucht sie, mit verschiedenen Verhaltensweisen ihren Mann für sich zu gewinnen: mit Begehren, Ergebenheit, Verzicht – ohne Erfolg.

Ihre Gefühle dem Mann gegenüber reichen von Liebe bis hin zu Haß. Damit verbunden gleitet ihr Selbstbild zusehends ins Negative ab: Sie kann sich selbst nicht mehr leiden und empfindet sich als ekelerregend.

Elisabeths Gefühlsleben gerät völlig durcheinander: hier ihre Liebe zum Mann, getragen von Hoffnung und Illusionen, dort die große Angst, die Vorschriften der Kirche zu verletzen, und schließlich ihr Bedürfnis nach Nähe und Zärtlichkeit, das sich in Phantasien Raum suchen muß. Elisabeth ist unfähig, aus dieser Verwirrung ihrer Gefühle alleine einen Weg herauszufinden. Für sie endet der Weg in Resignation und Traurigkeit.

Irgendwann kommt ihr der Gedanke, daß ihr Mann seelisch krank sein könnte, und sie äußert diese Bedenken ihrem Arzt gegenüber. Doch damit stößt sie auf völliges Unverständnis.

Mit der Geburt des letzten Kindes und ihrer Weigerung, weitere Kinder zu gebären, steigern sich Elisabeths Eheprobleme: Ihr Mann meidet sie total, sie fühlt sich nun wirklich unglücklich und hat das Gefühl, ihr Leben sei nun vorbei und verloren.

Einige Zeit danach überfällt sie plötzlich eine schwere Depression. Sie ist völlig erschöpft, allem gegenüber unansprechbar, ohne Energie, leidet an Schlaf- und Appetitlosigkeit, denkt daran, ihrem Leben ein Ende zu setzen. Einem glücklichen Umstand verdankt Elisabeth es, daß sie während ihrer Kur auf einen verständnisvollen Psychotherapeuten trifft. Mit Hilfe von Medikamenten und der Möglichkeit, sich ihr Leiden »von der Seele zu reden«, gelingt es Elisabeth, einen Weg aus der Sackgasse, in der sie sich befand, zu finden.

Wie ein roter Faden zieht sich durch Elisabeths Leben ihre Abhängigkeit und Unfähigkeit, Forderungen zu stellen und Änderungen selbständig herbeizuführen. Die Ursache dafür ist am ehesten in ihrer frühkindlichen Entwicklung zu suchen. Möglicherweise gelang es ihr nie, sich aus der engen Zweierbeziehung zur Mutter (wohnen im gleichen Haus, Mithilfe der Mutter im Haushalt) zu lösen.

Erschwerend für ihre Persönlichkeitsentwicklung kam der starke Einfluß dörflicher Traditionen und derjenige der Kirche hinzu. Dieser Rahmen, in dem Elisabeth aufwuchs, gab ihr Stabilität, Sicherheit und Geborgenheit. Sie stellte sich vor, dies in ihrer Ehe mit Georg fortzusetzen.

Elisabeth liierte sich mit einem »Ideal«, das ihre Normen bei weitem übertraf. Hinter diesem Ideal verbarg sich jedoch ein Mensch, der sein Leben streng nach kirchlichen Vorschriften ausrichtete, diese extrem überinterpretierte, »päpstlicher als der Papst« war. Statt mit einem verständnisvollen und Geborgenheit vermittelnden Partner war Elisabeth verheiratet mit einem Mann, dessen Gefühlswelt wohl als kalt bezeichnet werden muß. Hinter der von ihr idealisierten Maske des Ehemannes steckte massive Angst, deren Ursache für den Leser im dunkeln bleibt. Im Grunde war dieser junge Mann bereits zu Beginn seiner Beziehung zu Elisabeth therapiebedürftig, was von dem jungen und unerfahrenen Mädchen nicht erkannt werden konnte.

Elisabeth hielt in den Jahren ihrer Ehe die Fassade einer guten christlichen Ehe aufrecht, in der Hoffnung, dadurch ihrem Mann näherzukommen. Einerseits haßte sie ihn, hatte aber andererseits Angst, ihn zu verlieren. In dem Maße, in dem sie erkannte, daß sämtliche Bemühungen vergeblich waren, verschlechterte sich ihr psychischer Zustand. Dabei konnte sie mit niemandem über ihre Probleme sprechen, fand keine Möglichkeit, sich Entlastung zu verschaffen. Sie hatte sich in einem Labyrinth aus äußerem Schein, Zwängen und gleichzeitiger innerer Zerrissenheit verlaufen, aus dem ein Entrinnen ohne äußere Hilfe nicht mehr möglich war. Nach dem massiven Ausbruch ihrer Depression hatte Elisabeth das Glück, gezielte therapeutische Hilfe zu finden. Ganz entscheidend für eine Veränderung der Gesamtsituation ist, daß auch ihr Mann sich einer Therapie unterzog.

Beide Partner müssen lernen, sich ihrer Verhaltensweisen, Wünsche, Bedürfnisse und Ängste bewußt zu werden und den Partner in seiner Eigenart und Entwicklung zu akzeptieren. Erst dann wird eine angstfreie und positive Kommunikation möglich sein. Um das zu erreichen, werden Elisabeth und ihr Mann noch viele Schwierigkeiten überwinden müssen. Doch im Gegensatz zu vorausgegangenen Zeiten stehen ihnen nun Möglichkeiten zur Verfügung, die ihnen sicherlich helfen werden, ehemals als vernichtend empfundene Probleme positiv zu bewältigen.

Frage an Dr. Adalbert Orth, Allgemeinarzt

Elisabeth L. spricht mit ihrem Hausarzt, der die Familie kennt, über ihre Probleme. Er kann ihr nicht helfen. Als sie an einer Depression erkrankt, schickt er sie in Kur. – Sind Allgemeinärzte nicht mit den Symptomen endogener Depressionen vertraut?

Im ersten Gespräch mit Elisabeth L. und dem Hausarzt wurde wohl nicht ihre ganze Lebensgeschichte offenbar. Bei seinem Hausbesuch tat dann der Arzt das einzig Richtige: Er veranlaßte eine Kur, um die Frau aus der häuslichen Belastungssituation herauszuholen. Er hatte also möglicherweise die Depression erkannt, die Patientin einer Heilung in einem geeigneten Haus zugeführt und mit dem Begriff »Kur« weder die Frau noch die im Dorf bekannte Familie so bloßgestellt, daß die erforderliche Behandlung verweigert worden wäre.

Die Einleitung der geeigneten antidepressiven Behandlung stellt für den Arzt oft einen diplomatischen Drahtseilakt dar, den er bestehen muß, um Patient(in) und Angehörige zu motivieren.

Jeder Arzt hört, lernt und sieht in seinem Studium mehrere Semester hindurch Psychiatrie und wird im Staatsexamen darüber geprüft. Er weiß deshalb über die endogene Depression Bescheid. Ihre heute übliche medikamentöse Behandlung wurde allerdings erst innerhalb der letzten 35 Jahre entwickelt; aber ein großes Fortbildungsangebot vermittelt dem Allgemeinarzt auch darin ständig den neuesten Stand. Dennoch wird er, wenn es notwendig ist, die Zusammenarbeit mit dem Arzt für Psychiatrie oder dem Psychologen suchen.

Fragen an Ernst Gutting, Weihbischof

Wie ist es möglich, daß sich ein intelligenter junger Mann so leibfeindlich erziehen lassen konnte, daß er Keuschheit zu krankhafter Prüderie machte?

Wenn wir bedenken, daß uns heute oft eine völlige Liberalisierung und teilweise eine reine Konsumhaltung im Bereich des Sexualverhaltens begegnen, dann erinnert uns diese Tatsache an einen Pendelschlag, der sich gegenüber einer hinter uns liegenden Zeit der Prüderie vollzogen hat. Der junge Mann in dieser Geschichte muß als Extremfall gesehen werden.

Im Bereich der Geschlechtlichkeit, wo ein in sich selbst sittlich neutraler, aber starker Trieb den Menschen bedroht, lauert eine permanente Gefahr. Um sich selbst reinzuwaschen, wird vom Geist der Leib, die Sinnlichkeit und Sexualität, damit besonders die Frau, zur Ursache der Sünde erklärt und wie in dieser Ehe geradezu verteufelt. Im Falle des Ehepartners von Elisabeth L. müssen außer einer leibfeindlichen Erziehung noch besondere, ihn früh neurotisierende Faktoren im Elternhaus und in seiner gesamten Erziehung und religiösen Unterweisung dazugekommen sein.

Hat sich die katholische Kirche in ihrer Sexualerziehung in den letzten 50 Jahren geändert?

Wenn wir von der katholischen Kirche sprechen, müssen wir trotz aller zu bestimmten Zeiten vorherrschenden Tendenzen – zum Beispiel bei moraltheologischen Vorstellungen und Aussagen – daran denken, daß es immer extreme Korrekturen setzende Einstellungen gab, genau wie auch heute noch. Insgesamt hat sich in den letzten 50 Jahren eine positive Änderungen in der Bejahung aller von Gott geschaffenen Schöpfungswirklichkeiten vollzogen.

Die positiven Änderungen können wir auch in den wichtigsten Dokumenten der Weltkirche und der deutschen Kirche feststellen. Im Jahre 1979 kam die Erklärung der Deutschen Bischofskonferenz »Zur Sexualerziehung in Elternhaus und Schule«, aus der ich nur den einen Satz zitieren möchte: »Entscheidend ist ein positives Grundverständnis menschlicher Sexualität, das von Leibfeindlichkeit wie von Triebvergötzung gleich weit entfernt ist.«

»Kinder sind der Zweck der Ehe. Der Zweck heiligt die Zeugung.« Das sind Georgs Worte. Bringt die Kirche auch heute noch junge Menschen mit ihrer Einstellung zur Empfängnisverhütung in Gewissensnot?

Der zitierte Satz ist keine lehramtliche Aussage der Kirche, sondern Georgs Meinung. Es stimmt aber, daß die Kirche bis in unser Jahrhundert im Kirchenrecht den Satz von den drei Ehezwecken im Sinne von Aufgaben stehen hatte: die Nachkommenschaft, die gegenseitige Hilfe und das Heilmittel für die Begierde. Der Satz aber, daß »der Zweck die Zeugung heiligt«, entwürdigt geradezu die eheliche Beziehung und degradiert die Frau zu einem Mittel für einen Zweck. Die katastrophale Folge eines solchen »Ehemißbrauches« trat schließlich im Zusammenbruch Elisabeth L.s und in ihrer Depression zutage.

Ist es wirklich »von Gott gewollt«, daß die Sexualität einzig und allein der Fortpflanzung dient? Hat es »die Natur«, die Schöpfung, so »eingerichtet«? Im Beichtspiegel des alten Gesangbuches (1951) heißt es: »Habe ich gegen den Zweck der Ehe gesündigt (Verhütung des Kindersegens)?« Wie steht die Kirche heute zu diesem Thema?

Gott hat gewollt, wie wir aus dem Schöpfungsbericht wissen, daß die Ehe der Fortpflanzung dient. Diese Aufgabe der Ehe zum einzigen Sinn der Sexualität zu erklären, ist, wie sich leicht erklären läßt, eine unzulässige Gleichsetzung von Ehe und Sexualität. Ganz abgesehen davon, daß es in der Natur Sexualität ohne Fortpflanzung und Fortpflanzung ohne Sexualität gibt, haben die Frauen einen Zyklus, in dem sich fruchtbare und unfruchtbare Tage abwechseln. Außerdem geht die Empfängnisfähigkeit mit dem Klimakterium zu Ende. Hätte die Sexualität nur den einzigen Sinn, Kinder zu zeugen, dann würde die Absicht, nur diesen Zweck zu verfolgen, wie Elisabeths Mann es wollte, dafür gar nicht ausreichen. Denn Kinder muß man sich immer noch »schenken« lassen. Deshalb ist auch das absolut geplante Kind, wie man es heute durch »In-vitro-infertilisation« erzwingen will, eigentlich gegen die »Weisheit« der Natur beziehungsweise des Schöpfers.

Elisabeth war Opfer, trotzdem fühlte sie sich schuldig. »Die Kirche« verursacht Leid, statt es zu mildern. Weshalb ist das so? Kennen ihre Vertreter nicht das oberste christliche Gebot: das der Liebe?

Wir alle kennen den Satz: »Das ist der Fluch der bösen Tat, daß sie fortzeugend Böses nur gebiert.« So tragisch das im Leben auch jeweils ist, wie wir in Elisabeths Schicksal erleben, so lassen sich solche Verstrickungen so lange nicht auflösen, bis das Übel an der Wurzel gepackt wird, wie es nach der langen Leidensgeschichte dieser Ehe noch geschah.

Solange sich Georg falsch verhielt, dazu immer mit dem Anspruch, daß er absolut Gottes Wille und seine Gesetze erfülle, mußte Elisabeth ihre Ansprüche und Vorstellungen, zerrissen von Zweifeln der Sicherheit und Unsicherheit, als Schuld erfahren. Sie lebte jahrelang in falschen Schuldgefühlen, die auch sonst im Leben ein weitverbreitetes Übel sind, solange wir nicht wirklich zwischen den wahren Forderungen Gottes und den falschen Forderungen von Menschen unterscheiden können.

Dazu kam der verbotene Haß gegen ihren Mann, den sie trotzdem noch liebt und sich deshalb mit seinen verkehrten Ansprüchen und Anschauungen zumindest unbewußt identifiziert. Ihre gesunden Wünsche sind von ihrem Mann her unerfüllbar. Sie beginnen, sich als Träume und Phantasien auf andere Männer zu richten. Neue Schuldgefühle werden dadurch ausgelöst, wodurch ihr dieses falsche Ventil ihrer Wünsche durch ihre religiöse Grundhaltung versperrt bleibt. Es hätte auch keine wahre (Er-)Lösung gebracht. Deshalb mußte der Zusammenbruch unter der sich immer mehrenden, sie niederdrückenden (deprimierenden) Last kommen.

Bei der Arbeit an diesem Buch beobachtete ich mit Erschrekken, daß gerade Geistliche ihre große Chance, die sie durch den Vertrauensvorschuß genießen –, verspielen. Statt zu helfen und zu heilen, verwunden sie Menschen und stoßen ab. Sind sie blind und taub, schlecht ausgebildet, überfordert oder gleichgültig?

Heute müßten wir von dem Vertrauensvorschuß sprechen, den Geistliche als Beichtväter hatten, als man noch zur Beichte ging. Aber nachdem die frühere Beichtpraxis einen erschreckenden Einbruch erlitten hat, stellten sich uns bestimmte neue Fragen. An dieser Entwicklung war nicht nur der Verlust des Sündenbewußtseins schuld. Die gut besuchten Bußandachten beweisen ja, daß man absolut noch um seine Sünden weiß.

Ein gewisser unfruchtbarer Formalismus hat dem Bußsakrament sehr geschadet. Heute, wo man mehr Interesse an Beichtgesprächen hat, zeigt sich, daß man früher gerade diese Hilfe vermißte. Das Vertrauen allein, das man auch aufgrund des strengen Beichtgeheimnisses zum Priester hatte, war mehr ein Vertrauen in dieses Beichtgeheimnis als in die Gesprächsfähigkeit der Beichtväter. Diese wurde oft schon sehr vermißt.

Zur Gesprächsfähigkeit muß natürlich ebenso die inhaltliche Befähigung kommen, um auf die differenzierten Situationen eingehen zu können, um nicht durch Rezepte und Normen, die zunächst keine Hilfe für die Lösung in Konfliktsituationen bringen, zu enttäuschen, zu verletzen oder wegen mangelnden Verständnisses die Menschen zu vertreiben. Denken wir nur an die Begegnungen Christi mit Sündern, die seine sie befreiende und heilende Liebe erfahren durften, *bevor* er ihnen die Mahnung mit auf den Weg gab: »Sündige nicht mehr!«

5

Gabriele B.
In mir ist eine schreckliche Leere
Ein Tonbandprotokoll

Gabriele B. ist Journalistin. Wir hatten gelegentlich beruflich miteinander zu tun und verstanden uns gut. Ich konnte jedesmal beobachten, wie die Umgebung auf Gabrieles Fettleibigkeit reagierte, wie Frau B. dies auch registrierte und darunter litt. Man begegnet ihr, der Übergewichtigen, mit der gleichen Unsicherheit, mit der man Behinderten begegnet. Aber diese unsichere Reaktion gilt nur für die Sensibleren unter den Zeitgenossen. Andere nutzen die Gelegenheit, von eigenen Gewichtsproblemen abzulenken, die plötzlich, angesichts solcher Leibesfülle, relativiert werden. Wieder andere haben keine Hemmungen, auf die Dicke, die man zugleich für »dickfellig« hält, einzudreschen. In Wirklichkeit ist Gabriele B.s Haut dünn, zart, empfindlich und äußerst leicht zu verletzen.

Bis es zu dem hier wiedergegebenen Gespräch kam, bedurfte es mehrerer vergeblicher Anläufe und Vorgespräche. Die Angst, beschämt und wieder einmal verletzt zu werden, ist groß. Ebenso groß aber ist das Verlangen nach Verständnis und die Hoffnung, Hilfe zu finden.

G. B.: Ich habe mich eine Stunde verspätet, entschuldigen Sie. – Ich habe noch zu Abend gegessen. – Ach wissen Sie, ich bin schon ein paarmal bei Weight Watchers gewesen, habe abgenommen und wieder zugenommen. – Ich bin ein Mensch, der ein bißchen sprunghaft ist, wissen Sie. – Also, mir geht es so, und das ist eine typische Reaktion für mich: Ich war im Modehaus X und wollte mir einen Wintermantel kaufen. Dort führen sie angeblich auch Übergrößen. Ich fand aber keinen Mantel, keiner paßte, bei keinem gingen die Knöpfe über dem Bauch zu. Ich war so erledigt! Denn ich bin immer gerne ein bißchen chic angezogen. Wenn ich manche Frauen in schönen Pullovern sehe, dann... Ich kann überhaupt keine Pullover mehr tragen. Dann nehme ich mir immer vor: Ich esse weniger. Aber wenn ich dann wieder am Trog sitze, dann ist das alles vergessen. Dann ist mir einfach alles egal. Also, nach dem mißglückten Mantelkauf bin ich, bin ich... Ich war sehr niedergedrückt und deprimiert. Ich war am Boden zerstört. So richtig elend. Ich war also todtraurig und ging durch die Y-Gasse und sah einen China-Laden. Da hat mich das Bunte, die Fähnchen, Tücher und Servietten ein bißchen... Da habe ich dann etwas gekauft, was ich nicht brauchte.

Anschließend bin ich an einem Schnellimbiß vorbeigekommen und habe die Leute stehen sehen und bin auch hineingegangen, habe eine Curry-Wurst und Brötchen gegessen... Danach war meine Stimmung wieder besser.

Sehen Sie, und das ist typisch für mich. Da ich keinen Mantel zu kaufen bekam, weil ich zu dick bin, war ich deprimiert, und da ergreife ich sofort Gegenmaßnahmen, indem ich esse. Das muß ich dann, das Deprimiertsein kann man nicht aushalten...

Frage: Nach dem Essen fühlen Sie sich dann wohl und ausgeglichen?

G. B.: Ja. Immer. So weit ich mich zurückerinnern kann, war das so. Nur gab es halt im Krieg und danach nicht so viel zu essen. Ich habe mich schon als Kind immer nur für Essen interessiert, nicht für Puppen. – Ich habe mich damals schon nicht beherrschen können, in der Schulzeit.

Als ich 18 oder 20 Jahre alt war, da hatte ich manchmal die Kraft, ein oder zwei Tage lang zu fasten, damit mir die schönen Perlonkleider, die es damals gab, paßten. – Aber meistens nicht. – Als ich heiratete, wog ich 160 Pfund.

Wie alt waren Sie da?

24 Jahre alt. Ich war eine Braut, die aussah wie eine Dampfnudel. Die anderen waren schlank, nur ich... Das hat mich wirklich arg deprimiert, damals schon. Aber es war keine Depression, die mich *so* umgeworfen hätte, daß ich weniger gegessen hätte. – Wissen Sie, man müßte ein schreckliches Erlebnis haben, das einen völlig umwirft, dann käme man vielleicht... Ja, dann könnte man vielleicht nichts mehr essen und...

Ich habe jedenfalls immer weiter zugenommen, die Kleider paßten nicht mehr. Dann habe ich versucht, mit Kleidung, die eigentlich über meine finanziellen Möglichkeiten hinausgegangen ist, vorteilhafter auszusehen. Damit wollte ich die Leute vom Fett ablenken, statt einfach weniger zu essen...

Nun, so »einfach« ist das ja offensichtlich nicht.

Irgend etwas an mir und mit mir stimmt doch nicht! Die wahre Ursache...

Die kennen Sie?

Die wahre Ursache kann ich nicht bekämpfen.

Waren Sie schon einmal bei einem Arzt, einem Psychiater zum Beispiel?

Beim Arzt – bei einem »normalen«! – war ich schon mal. Als Kind, als ich 14 Jahre alt war, ging meine Mutter mit mir zur Ärztin. Die sagte: Ach was, das ist harmloser Speck. – Ich habe seither versucht, den Speck wegzukriegen! Der Bauch ist so dick. Der Hals ist so kurz und dick. Ich habe mir noch nie gefallen. Ich hatte schon immer das Gefühl, daß mir in meinem Leben etwas fehlt. Ach, wissen Sie, Frau B., verstehen Sie, es fehlt etwas, das mich genügend fasziniert...

In mir ist ein Vakuum. Das Vakuum will ich mit Essen ausfüllen...

Aber es geht nicht... In dem Moment, in dem ich esse, bin ich rundum glücklich. Rundum – im wahrsten Sinne des Wortes, denken Sie jetzt. Ich sehe es Ihnen an...

Sie kommen von einer Reise zurück. Wie erging es Ihnen denn unterwegs?

Als ich jetzt in S. war, habe ich mir ein karminrotes Spitzenkleid gekauft. Alle Leute haben mir nachgeschaut.

Weil das Kleid so schön war!

Ja, ja! Aber ich habe mich schließlich im Spiegel gesehen und gedacht, ich muß unbedingt abnehmen. So ein schönes Kleid und ich darin... In letzter Zeit, da merke ich, wie alles zu viel wird. Das Gewicht... Die Atmung funktioniert auch nicht mehr so gut. Am schlimmsten ist es mit den Gelenken. Besonders die Armgelenke. Sie müßten mal meine bloßen Arme sehen! Wie häßlich das aussieht, wie unästhetisch!

Sie haben ein schönes Gesicht.

Das sagt man mir, daß ich ein gut proportioniertes Gesicht habe. Wenn es nur dünner wäre...

Ihre Kleider nähen Sie selbst?

Ja, das muß ich ja. Es gibt doch kaum etwas zu kaufen in meiner Größe...

Es ist eigentlich so, daß ich im Beruf Erfolg habe. Ich habe genug Anerkennung. Wenn ich bloß wüßte, Frau B., vielleicht...

Sie entbehren also nicht die Anerkennung, aber Sie vermissen...

Ja. Vielleicht suche ich einen Partner, den richtigen Partner... Diese Leere, diese Leere...

Sie waren verheiratet?

Ja, ich war verheiratet. Aber sehen Sie, meine Ehe ist schiefgegangen. Mein Mann war ein gräßlicher Egoist. Ich habe übereilt geheiratet. Er hatte gut ausgesehen, aber er war ein einfacher Mann. Ich hätte ihn nicht nehmen sollen. Er hat nicht zu mir gepaßt. Aber wissen Sie, vielleicht war es... Ich war schon 24 Jahre alt. Vielleicht war es da schon die Leere... Die Angst vor...

Sie haben also ein Nest gesucht, in dem Sie sich wohl und geborgen fühlen konnten?

Ja, genau. Sicherlich. Ich muß dazu sagen, meine Mutter... Sie bevormundet mich noch immer ganz entsetzlich. Sie ist sehr herrschsüchtig. Und launisch. Sie kann sehr beleidigend sein. In meiner Arbeit versteht sie mich überhaupt nicht. Wichtiger ist ihr, daß ich mein Bett gemacht habe und so... Aber ich soll ja meine eigene Misere nicht auf äußere Umstände und andere Menschen schieben...

Wer sagt das?

Als Kind ist man seinen Eltern ausgeliefert. – Übrigens, meine Mutter ist furchtbar sparsam, das grenzt schon an Geiz. Sie schimpft jetzt und kann nicht verstehen, daß ich Geld ausgab, um für die paar Tage nach S. zu reisen.

Sie wohnen mit Ihrer Mutter zusammen?

Ja. Mein Sohn auch. Ich habe nicht den Mut auszuziehen, weil ich fürchte, daß meine Mutter meinen Sohn beeinflußt. Er ist verheiratet, und sie soll sich nicht einmischen. – Meine Eßlust ist dermaßen groß, das können Sie sich überhaupt nicht... Ich bin richtig froh, daß ich mich einmal aussprechen kann. – Für mich ist essen ein Vergnügen, sage ich Ihnen, ein Vergnügen, eine Lust!! – Ich weiß nie, wann ich aufhören muß. – Ich habe vorhin, bevor ich zu Ihnen kam, Nudeln gegessen. Zwei Portionen. Das wäre ja noch verzeihlich. Aber dann habe ich noch die Schüssel leergegessen ohne Rücksicht... Ob die anderen auch etwas abbekommen, ist mir in solchen Momenten völlig gleichgültig... – Das ist doch krank, oder? Sagen Sie ehrlich. Wenn ich arbeite, brauche ich nichts zu essen. – Abends gehe ich immer noch mal an den Kühlschrank. Da bin ich oft schon die Treppe halb hinaufgegangen und kehre wieder um und gehe in die Küche... Bitte, Frau B., kann mir denn ein Psychiater nicht... Mit dem Essen versuche ich, irgendein Loch zu stopfen in mir... Ein seelisches Loch...

Sie sind nie zu einem Psychiater gegangen?

Ich bin... Ich beobachte mich doch selbst genau. Ja. – Ich war zweimal zur Kur, zum Abnehmen. Ich habe so schlimm gehungert. Ich konnte aber an Bäckereien vorbeigehen, ohne in Versuchung zu geraten. Aber... Was ich sonst so hasse, nämlich bestimmte Boulevardblätter, die habe ich mir gekauft. Am Zeitschriftenstand mit diesen Illustrierten konnte ich nicht vorbeigehen. – Ich habe diese Hefte verschlungen. Sie waren der Ersatz für das Essen.

Und das Essen...?

Ist Ersatz für etwas anderes. Ich müßte vielleicht doch einmal zu einem...

Seelenarzt – ? Ein hübsches Wort, klingt viel angenehmer als Psychiater, nicht wahr?

Das stimmt. Verrückt bin ich ja nicht. In der Kur war ein Psychiater oder so etwas. Der hat gesagt, daß ich einfach zu viel denke und zu schnell. – Aber sonst...

Ja?

Er hat nichts Krankhaftes bei mir festgestellt. – Das kann sich inzwischen geändert haben... Ich wiege jetzt 268 Pfund... Fast drei Zentner. – Es wird höchste Zeit, daß etwas geschieht, irgend etwas...

Wenn Sie, wie Sie selbst erkennen, ein Bedürfnis haben, das nicht befriedigt wird, dann...

Das Fatale ist, man kann sich nicht helfen.

Man braucht jemanden, der einem hilft?

Jawohl. – Ich trinke nicht, ich rauche nicht. Ich habe auch keine Schreibsucht wie andere... Diese Freßsucht aber ist eine Sucht, ist eine Sucht... Na ja, das Fettpolster macht mir wenigstens keine echten Depressionen. Ich bin nur deprimiert wegen der Reaktionen und der Folgen. – Wegen meiner Nierenerkrankung muß ich öfter ins Krankenhaus. Dann habe ich Angst vor dem Wiegen. Wenn ich operiert werden muß, macht mir das weniger aus, als wenn jemand hört, wieviel ich wiege. – Keine Krankenschwester kann mich ins Bett hieven. – Die Narkose ist ein Risiko. – Um mein Image zu wahren, sage ich in letzter Zeit: Ich bin so dick, weil ich nierenkrank bin – und nicht vom vielen Essen. – Diese Lügerei beschäftigt mich sehr.

Sie belastet Sie?

Ja. Jetzt fange ich auf meine alten Tage noch an zu lügen!

Es gibt so viele Unannehmlichkeiten. Zum Beispiel komme ich kaum in eine Duschkabine. – Ich möchte so gerne von der Sache wegkommen...

Von dem Eßzwang?

Ja. Aber wie? Depressionen habe ich nicht, aber... Ich fühle mich so diskriminiert! Richtig aus der Gesellschaft ausgeschlossen! Wenn ich im Restaurant esse, sehen mir die Leute auf den Teller. Auf dem Bürgersteig machen sie Platz und weichen vor mir auf die Straße aus.

Und diese Kränkungen und Enttäuschungen...

...gleiche ich mit noch mehr essen aus, richtig. Ich weiß ganz genau, daß mit mir etwas nicht in Ordnung ist. Aber auch den Gedanken daran verdränge ich, indem ich wieder mehr esse. – Essen ist Medizin.

Sie meinen, es ist wie ein Medikament?

Ja. Aber es ist auch Sucht. Wie Alkohol oder Haschisch oder bestimmte Medikamente. Nur ist das Essen nicht so gefährlich.

Ich weiß nicht? Gefährlich kann es aber doch werden. Ich meine: gesundheitsgefährdend.

Ja, die Gelenke. Aber das Herz ist noch gut. Nur der Blutdruck ist arg hoch. – Aber es geht ja nicht darum. Es geht nicht um die Gesundheit. Es geht um das Loch, das gestopft werden muß. Ich könnte genauso gut trinken. Aber ich esse. Ich betäube mich damit. – Ich habe furchtbar große Angst, daß ich Diabetes bekomme. Diabetes ist für mich ein Schockbegriff. – Ich esse halt auch völlig verkehrt. Fett und süß und immer das Delikateste. – Ich kenne da einen Mann. Aber es ist nur Seelenverwandtschaft. Ich denke, wenn ich so dick bin, da kann ich dem doch nicht gefallen. – Ich will ihm imponieren. Manchmal esse ich morgens nur einen Apfel. Aber dann ab 10.00 Uhr... Wenn es niemand sieht, esse ich. – Ich bin dann wie eine Diebin! – Ich war doch in Kur. Aber die Nerven werden da etwas strapaziert. 46 Pfund habe ich abgenommen, zu Hause dann noch mal 14 Pfund. – Die Haare gingen aus, die Zähne... Da ißt man doch lieber. – Damit füllt man das Loch...

Haben Sie, wenn Sie essen, richtige Hungergefühle?

Na, ich muß sagen... Es ist oft eher so, daß mein Magen rebelliert, weil er zu voll ist. Es ist kein Hunger da. Ich esse oft so viel, daß ich fast erbrechen muß. Ich esse, weil es schmeckt.

Und Sie können dann einfach nicht aufhören?

Ich esse weiter, auch wenn mir vom Essen übel ist. Ich esse, bis mir richtig schlecht ist. Aber es bleibt drin, das Gegessene. –

Da ist noch etwas anderes, was ich Ihnen sagen will: Wenn ich mich mit einem Mann gut verstehe, ich denke da an einen bestimmten, dann sind die Frauen eifersüchtig und geben mir Ratschläge gegen mein Übergewicht, um mich zu kränken. – Aber ein Diätessen ist für mich eine Vorspeise. – Ich habe keine Willensstärke. – Ich bin in Gesellschaft sehr unterhaltsam. Ich verkrafte es aber nicht, wenn ich mit jemandem zusammen bin, der unter meinem Niveau ist und mich nicht inspiriert. Ich liege zum Beispiel mit XX ständig in Fehde, weil sie so dumm sind. Aber ich sage es ihnen so, daß sie nicht böse auf mich sind. Mit einem Professor käme ich besser zurecht als mit einem Handwerker.

Sie wollen sagen, Sie brauchen einen guten Gesprächspartner, damit es Ihnen gutgeht?

Ja. Mein Mann war halt auch milieugeschädigt. Er hat sich mal absichtlich unter ein Auto gelegt. Er hatte davon eine Kopfverletzung und hätte keinen Alkohol trinken dürfen. Aber trotzdem wurde er Alkoholiker. – Er hat immer Belladonna genommen, ich weiß nicht, wieso. – Er war in der Trinkerheilanstalt. – Als er dann wegmußte, war mein jüngstes Kind noch ein Baby.

Sie haben Ihre Kinder allein großgezogen?

Mit der Hilfe meiner Mutter. Deshalb bin ich ja in dem Zwiespalt. – Aber all die Schwierigkeiten haben nichts mit dem Übergewicht zu tun. – Man soll erkennen, man muß erkennen, daß es nur an einem selbst liegt...

Wer sagt das?

(Gabriele B. antwortet nicht.)

Sie haben es nicht leicht gehabt?

Doch. Ich hatte eine glückliche Kindheit. In der Schule war ich gut, habe sogar eine Klasse übersprungen. Im Beruf bin ich erfolgreich. – Aber essen mußte ich einfach immer. – Depressionen habe ich eigentlich keine, aber... Es geht mir gut, solange ich esse. Wissen Sie, es ist einfach gräßlich. Man möchte in den Boden versinken vor Scham, zum Beispiel beim Wiegen. Einmal reichte die Skala der Waage nicht aus. – Beim Turnen in der Kur – da gibt es so viele Dinge, die einen fürchterlich kränken und demütigen. Man könnte sich zu Tode weinen. – Ich kann sehr gut schwimmen. Aber ich kann doch so nicht unter die Leute. Ich geniere mich. Ich bin doch so unästhetisch ohne Korsett. – Immer schauen alle zu einem her, überall. Aber im Schwimmbad besonders. – Wissen Sie, alles im Leben hat seinen Preis, auch die gute Figur. – Mit Diät würde mir das Leben überhaupt keine Freude mehr machen. – Sehen Sie jetzt mal meine Hände an, wie die angeschwollen sind. Ich bin total geschädigt. Am besten wäre es, ich würde morgen anfangen, weniger zu essen... Ich müßte, um richtig abzunehmen, ein Jahr lang in Kur. Aber damit sind meine Probleme vielleicht auch nicht gelöst... Ich müßte vielleicht eher meine Ernährung auf Dauer umstellen. Da wäre es gut, wenn ich mich von meiner Mutter trennen könnte...

Die Mutter füttert Sie zu gut?

Ja. Aber sie schimpft auch, wenn ich zu viel esse. – Ach was, es ist einfach Mangel an Willenskraft. – Nein, es ist das angeborene seelische Loch. Das Stück Kuchen, das einem zum Glück fehlt...

Ist das Ihre eigene Erkenntnis, die Sie da eben formuliert haben, oder...?

Ja. Nein. Doch. – Ich brauche ein Vorbild. Obwohl ich alles weiß und sehr darunter leide, schaffe ich es nicht, weniger zu essen. – Die Intelligenz steht im Wege, ich denke zu viel nach. – Und wenn man deprimiert ist, dann hilft nur noch eines: essen! Essen! Aber ich bekomme keine Depression, ich habe keine. Verstehen Sie mich?

Auskünfte von Experten

Frage an Dr. Ulrich Pratje, Neurologe und Psychiater

Man begegnet in der Literatur immer wieder dem Gedanken, Übergewichtige verhinderten mit ihrer Eßsucht den Ausbruch einer Depression. – Ist Gabriele B. in diesem Sinne krank?

Gabriele B. ist im Grunde genommen ein sicher liebenswerter, aber eben willensschwacher Mensch. Wir haben ja alle unsere Liebhabereien, der eine die Musik, der andere die Kunst, ein weiterer ein handwerkliches Hobby oder Sport. Es gibt auch Gourmets, die für ganz besonders gutes und schmackhaftes Essen sehr lange Wegstrecken zurücklegen und unter Umständen auch sehr viel Geld ausgeben.

Gabriele B. bringt einfach den Willen und die Energie nicht auf, ihrer Eßlust zu widerstehen. Sie sagt ja selbst: »Für mich ist Essen ein Vergnügen ... eine Lust.«

Alle kleineren Enttäuschungen des täglichen Lebens kompensiert sie eben mit dem, was ihr Freude macht: essen. Da sie zudem das ist, was man allgemein einen guten Futterverwerter nennt, legt sie dann auch an Gewicht zu und hat entsprechend große Mühe, einige Pfunde loszuwerden.

Gabriele ist nicht krank. Ich möchte sie auch keinesfalls als süchtig bezeichnen. Sie hat nur Freude am Essen und kann es nicht lassen. Eine ganz konsequente Reduktionskost über lange Zeit fortgeführt, würde zweifellos ihr Gewichtsproblem ohne Beeinträchtigung von Gesundheit und Leistungsfähigkeit lösen. Nur macht das eben kein Vergnügen.

Frage an Elisabeth Schad, Psychologin

Die Diagnose lautet: Gabriele B. ist nicht krank.

Ich fasse das so auf, daß sie keine endogene Depression hat und ihre Eßsucht auch nicht als Reaktion zu betrachten ist.

Könnte eine psychotherapeutische Behandlung dennoch hilfreich sein beim Überwinden der Willensschwäche und dem unbeherrschbaren Verlangen nach Essen?

Gabriele fällt es sehr schwer, über ihre Probleme zu reden. Werden stark gefühlsmäßige Inhalte angesprochen, blockiert sie oder greift andere, weniger »gefährliche« Themen auf. Vermutlich aus Angst davor, verletzt und gedemütigt zu werden, wehrt sie häufig ab.

Gabriele leidet unter dem Problem ihrer Fettsucht. Genauer betrachtet, sind es zwei Faktoren, die bei ihr immer wieder eine tiefe Niedergeschlagenheit auslösen:

Zum einen sind es äußere Gegebenheiten, wie zum Beispiel keine passende Kleidung zu finden, sich von bestimmten Tätigkeiten ausgeschlossen zu fühlen und insbesondere die Reaktion der Umwelt auf ihr Aussehen und Verhalten. Dieses Gefühl des Ausgeschlossen- und Diskriminiertseins kränkt und demütigt sie.

Zum anderen sind es innerpsychische Faktoren, von ihr als »schreckliche Leere, seelisches Loch« erlebt, die zu depressiven Verstimmungen führen.

Ihre äußeren und inneren Probleme versucht Gabriele durch vermehrtes Essen zu lösen. In der jeweiligen Situation gelingt ihr das wohl auch für kurze Zeit; sie fühlt sich nach dem Essen scheinbar wohl und ausgeglichen. Dabei geht sie immer nach dem gleichen Verhaltensschema vor: Auf eine Frustration, Enttäuschung, ihre innere Leere reagiert sie mit depressiver Verstimmung, die sie durch Essen auszugleichen versucht. Dabei stellt Essen für sie nicht unbedingt einen echten Genuß dar, da sie oft beinahe bis zum Erbrechen ißt. Sie ist dabei nicht in der Lage, körperliche Signale zu empfinden und wahrzunehmen und sich ihnen entsprechend zu verhalten. Essen hat für sie vielmehr eine Funktion des »Zustopfens«.

Dem Bericht ist zu entnehmen, daß Essen für Gabriele bereits seit frühester Kindheit von zentraler Bedeutung war. Schon als Kind habe sie sich nur für Essen interessiert. Sie erwähnt zwar, daß sie eine glückliche Kindheit gehabt habe, spricht aber gleichzeitig davon, daß »man« als Kind seinen Eltern ausgeliefert sei, beschreibt ihre Mutter als herrschsüchtig und bevormundend.

All das spricht für eine starke Abhängigkeit von der Mutter, und es drängt sich die Frage nach der Beziehung zwischen Mutter und Tochter auf. Möglicherweise hatte Gabriele nie – oder nur in eingeschränktem Maße – die Gelegenheit, ihre Bedürfnisse nach Geborgenheit, Wärme und Zuwendung ausreichend zu befriedigen, und mußte sich seit frühester Kindheit mit Ersatzbefriedigungen begnügen. Ebensogut wäre denkbar, daß die Mutter auf individuelle Bedürfnisse oder Unlustäußerungen des Kindes regelmäßig mit Füttern reagiert und damit zu einer starken Einschränkung der individuellen Entfaltungsmöglichkeiten des Kindes beigetragen hat. Unbewußt wollte sie eine individuelle Entwicklung und die Ablösung der Tochter verhindern.

Diese Überlegungen sind selbstverständlich als Hypothesen zu verstehen, die im Gespräch mit Gabriele bestätigt werden könnten. Bis heute konnte sich Gabriele aus der Abhängigkeit der Zweierbeziehung nicht herausentwickeln und zu innerpsychischer Stabilität und Eigenständigkeit gelangen. Ihrer Mutter gegenüber befindet sie sich in einem Zwiespalt: Zwar erwägt sie eine Trennung, hat aber gleichzeitig vermutlich Angst davor, die Mutter zu verletzen und allein gelassen zu sein.

Auf den ersten Blick scheint Gabrieles Hauptproblem in der Fettleibigkeit zu bestehen. Dabei wird der Eßlust eine Ersatzfunktion für ganz andere Bedürfnisse zugeschrieben. Essen ersetzt das Bedürfnis nach Zärtlichkeit, Geborgenheit, Akzeptiertwerden, Liebe. Meiner Meinung nach liegt Gabrieles Problem darin, daß diese Bedürfnisse nicht erfüllt werden, vielleicht nie ausreichend erfüllt worden sind.

Für sie wäre es wichtig, ihre eigenen Bedürfnisse und Ängste zu erkennen und sich ihrer bewußtzuwerden. Im »geschützten« Rahmen einer Psychotherapie hätte sie die Möglichkeit, ihre Probleme offen anzusprechen, gemeinsam mit dem Therapeuten nach Lösungsmöglichkeiten zu suchen und ihr Leben mit Sinn zu erfüllen.

Wenn Gabriele lernt, ihre echten Probleme zu erkennen und besser zu bewältigen, wird vermutlich das Essen einen anderen Stellenwert für sie bekommen. Dies könnte dann beispielsweise verhaltenstherapeutisch weiter bearbeitet werden.

6

Judith S.
Die verlorene Maske

Ein Bericht und einige Briefe

Ich kannte Judith S. seit Jahren. Sie wirkte auf mich so wie auf die meisten anderen Menschen auch: souverän, klug und überlegen. Sie hielt uns auf Distanz. Judith wurde respektiert und bewundert, aber sie hatte keine Freunde. Es gab eine Art unsichtbarer Zone, etwas, das sich nicht mit den Sinnen wahrnehmen ließ und das einen doch frösteln machte, geriet man versehentlich in seinen Bannkreis. Judith nannte nicht ohne Stolz und Koketterie diese Zone ihren »persönlichen Sperrbezirk«.

Ich gebe zu, ich fürchtete mich gelegentlich vor Judiths Selbstsicherheit und Arroganz, vor der Kälte, mit der sie ihre pädagogischen Ideen vortrug und gegen Einwände verteidigte, und vor der Schärfe, mit der sie von ihren Kollegen als von »unfähigen Paukern« oder von den Schülern als ihrem »müden Material« sprach. Ich reagierte darauf empfindlich, verletzt, manchmal auch in ohnmächtiger Wut. Ich erkannte nicht, daß ich auf eine Maske reagierte.

Jetzt, im Januar 1980, war Judith in eine »Krise« geraten, wie sie selbst in einem Brief ihre Schwierigkeiten nannte. Wir wohnten nicht mehr in derselben Stadt, und es war der erste Brief, den ich von Judith erhielt. Er war sehr theoretisch verfaßt, und entgegen meiner sonstigen Gewohnheit beantwortete ich ihn nicht sofort. Ich bemerkte Judiths Not nicht. Judith war nicht so ohne weiteres zu durchschauen.

»Liebe M.«, schrieb sie, »ich bin fast von einem Tag zum anderen in eine Krise geraten. Du weißt sicher, was die Psychologen darunter verstehen. Ich befinde mich also in der allseits bekannten und genügend definierten Phase innerer Spannungen, unbegründeter Ängste und eines allgemeinen Umbruchs. Bla bla. Ich fühle mich unsicher bezüglich meiner pädagogischen Fähigkeiten und meiner Eignung als Mutter. Ich leiste nichts mehr, weder in der Schule noch privat. Vielleicht sollte ich zu einem Arzt gehen, was meinst Du?

Liebe Grüße Deine Judith

P. S.: Vorgestern hat mich Andi, als ich ihn bei Frau Greber abholen wollte, in die Hand gebissen.«

Andi ist Judiths vierjähriger Sohn. Im post scriptum steht die Hauptsache, die eigentliche Mitteilung dieses Briefes, dachte ich spontan und vergaß es dann wieder. Frau Greber ist die Tagesmutter, von der der Junge betreut, versorgt, geliebt wird. Sie hat eine kleine Tochter, mit der Andi wie mit einer Schwester aufwächst. Er fühlt sich bei Frau Greber so sehr zu Hause, daß er sich nur unter Tränen und Geschrei von seiner Mutter abholen läßt. Judith haßt diese Szenen und fürchtet sie. In den folgenden Wochen holt sie Andi jeden Tag ein paar Minuten später als vereinbart ab, in der stillen Hoffnung, auf diese Weise die unwürdige Zeremonie verhindern oder mildern zu können. Sie überzieht den vereinbarten Termin von 15 Uhr so stark, daß es gelegentlich Abend wird, bis sie ihren Sohn nach Hause holt. Die Szenen des kindlichen Widerstands verschlimmern und steigern sich, bis Andi schließlich nur noch als schreiendes, um sich tretendes Bündel ins Auto geschleppt werden kann. In dieser Situation entwickelt sich ein reger Briefwechsel zwischen Judith und mir.

Liebe M.
Als ich Deinen Brief las, war ich von meiner Unzulänglichkeit und Wertlosigkeit noch tiefer überzeugt als zuvor. Ich habe Andi nicht gewollt, mußt Du wissen. Mein Mann hat

mir dieses Kind aufgezwungen, und nun muß ich sehen, wie ich zurechtkomme.

Ja, Du denkst wohl, ich schiebe Andi zu Frau Greber ab, weil ich ihn nicht liebe. Das stimmt nicht. Aber ich liebe meinen Beruf ebenso sehr wie mein Kind. Meine Arbeit ist die Voraussetzung für meine Selbständigkeit und relative Unabhängigkeit. Ich habe Angst, alles zu verlieren. Ist das so schwer zu begreifen?

Gruß Judith

Judiths Mann ist Arzt und selten zu Hause. Sein eigentliches Leben, das ihn ausfüllt, spielt sich außerhalb der Familie ab. In der Familie aber benimmt er sich wie ein Tyrann. Die Ansprüche, die Judith und Andi an ihn stellen, begreift und erfüllt er nicht. Er verhält sich zu ihnen wie zu seinen Patienten. Judith beklagt sich darüber häufig und heftig. Er reagiert darauf mit zunehmender Abwesenheit. Judith weiß oft nicht, wo sich ihr Mann aufhält, wenn sein Dienst im Krankenhaus beendet ist.

Wenn sie Andi am Abend zu Bett gebracht hat, beginnen für sie lange und einsame Stunden. Sie korrigiert Klassenarbeiten oder bereitet den Unterricht für den nächsten Tag vor. Manchmal sieht sie sich einen Spielfilm an und trinkt dabei große Mengen Sherry, der ihr nicht bekommt. Der Alkohol macht sie noch trauriger, er betäubt nicht im gewünschten Sinne. Vielleicht löst er für Stunden die Maske, mit der Judith sich über so viele Jahre hinweg schützen konnte, auf.

Donnerstag, 23.40 Uhr

Liebe M.,
ich fürchte mich. Wovor? Vielleicht vor der zunehmenden inneren Zerrissenheit. Ich möchte frei und unabhängig sein (und dachte die ganze Zeit über, ich sei es auch!). Aber zugleich möchte ich mich ganz eng an Rudolf anschmiegen. Ja, ich möchte mich an ihn klammern und von ihm festgehalten werden. Ich habe Angst vor der Abhängigkeit. Ich habe auch Angst vor der Unabhängigkeit. Ich habe Angst, Andi zu ver-

lieren (und habe ich das nicht schon? Ist nicht Frau Greber seine Mutter und ich nur der Bauch, aus dem er gepreßt wurde?). Ich habe Angst, von Rudolf verlassen zu werden. Angst, Angst. Verzeih.

Deine Judith

März. Freitag, 22.40 Uhr

Liebe M.,

heute sagte im Lehrerzimmer ein Kollege zu mir: »Sie mit Ihrer ewigen Nörgelei und Besserwisserei. Hören Sie auf, mich zu kritisieren. Ich falle nicht auf Ihr Gehabe herein, Sie seien fähiger als ich. Sie haben doch nur Angst, jemand könnte bemerken, wie unfähig Sie sind.« – Ich bin kaputt. So deutlich hat mich noch niemand mit der Schnauze in die eigene Scheiße gestoßen.

Judith

Sonntag, Mitternacht

Liebe M.,

Andis Verhalten ist ein einziger Vorwurf an mich. Was soll ich denn tun? Meinen Beruf an den Nagel hängen und mich um das Kind kümmern, wie man es von mir erwartet und verlangt, während Rudolf seine Karriere am Krankenhaus macht und an den Wochenenden sich mit attraktiven Kolleginnen auf dem Golfplatz vergnügt?

Ich kenne Andi überhaupt nicht. Ich weiß nur, daß er mich ablehnt. Er ist Rudolfs Sohn.

Judith

Mittwoch

Liebe M.,

gestern abend war ich mit Schülern meines Leistungskurses Deutsch im Theater. Als ich nach Hause kam, machte mir Rudolf eine lautstarke Szene, weil er seinen Sohn nicht vorgefunden hatte (Andi schlief in dieser Nacht bei Frau Greber). Rudolf war betrunken. Aber noch nüchtern genug, darauf zu dringen, daß ich endlich aus dem Schuldienst ausscheiden und für unser Kind sorgen solle. Ich bin so hin- und hergerissen. Meine Ambivalenz macht mich krank. Seit einiger Zeit schlafe ich nur noch, wenn ich Tabletten einnehme.

So ist das. Sei gegrüßt von

Deiner Judith

Ende April

Liebe M.,

Du fragst nach den Tabletten. Es ist ein Beruhigungsmittel aus der Gruppe der Benzodiazepine. Ja, ich war in den Osterferien beim Arzt. Er hat nichts »Krankhaftes« gefunden. Ich solle »meine Verhältnisse ordnen«, sagte er. Aber wie? Meine Verhältnisse – ist das nicht komisch? Der Arzt ist mit Rudolf befreundet. Ich hatte überhaupt keine Chance. Ich nehme eine oder zwei der Kapseln am Abend. Aber was nutzt das? Am Morgen erwarten mich die gleiche Unsicherheit und Niedergeschlagenheit. Es ist nicht auszuhalten. Was soll ich nur tun? Ich war noch nie so ratlos.

Es grüßt Dich

Deine hilflose Judith

Mai 1980

Liebe M.,

nach dem Zusammenstoß mit meinem Kollegen G. neulich im Lehrerzimmer, bei dem er so gehässig seine Meinung über mich sagte, fühle ich mich wie nackt. Es ist, als hätte man mir die Kleider vom Leib gerissen. Das war schon schlimm genug, dieses Gefühl. Aber jetzt ist mir, als verliere ich auch noch meine Haut. Ich bin so empfindlich geworden, es ist schrecklich.

Ich habe Angst vor meinen Schülern, vor den Kollegen, die plötzlich alle Partei ergreifen (gegen mich!), vor meinem Mann, vor Andi, vor Frau Greber, dieser Schlange. Niemand mag mich. Es war vielleicht schon die ganze Zeit so, und ich habe es nur nicht bemerkt? Ich bin völlig beschämt und auch verzweifelt.

Judith

15. Mai. 4.00 Uhr morgens

Liebe M.,
der Frühling findet dieses Jahr ohne mich statt. Ich war ein paar Tage krank zu Bett gelegen. Ich muß mir den Magen verdorben haben. Mir war so übel, als sei ich seekrank. Jetzt geht es wieder einigermaßen. Aber mir ist noch immer schwindlig, und ich muß in der Schule die meiste Zeit sitzen, um die Unterrichtsstunden zu über-stehen. Hach, was bin ich witzig! Andi blieb die ganze Woche bei Frau Greber.

Rudolf sagte sehr abfällig, meine Magenverstimmung sei das typische Symptom für eine verstimmte Frau. Ich solle endlich aus dem Beruf raus und mich um meinen Haushalt und das Kind kümmern... Das alte Lied. Ist er am Ende gar im Recht? Soll ich aufgeben? Ich habe ohnehin keine Lust mehr. Zu nichts.

Judith

19. Mai

Liebe M.,
jetzt habe ich drei Wochen lang diese Kapseln geschluckt, aber es geht mir täglich schlechter. Rudolf habe ich nicht gesagt, daß ich Tabletten nehme. Es ist ja kein Schlafmittel (das nimmt er selbst), sondern ein Tranquilizer. Bin ich denn aufgeregt? Eigentlich eher das Gegenteil. Hör mal, was auf dem Beipackzettel unter »Anwendungsgebiete« steht: »...ist angezeigt bei Angst-, Erregungs- und Reizzuständen.« Ich habe aber keine »Zustände«. Meine Ängste haben einen realen Hintergrund – oder nicht? Ich bin gereizt, weil ich im Beruf so rasch abbaue, daß ich es selbst nicht fasse. Ich kann in den Klassen keine Disziplin mehr halten. Dieselben Schülerinnen und Schüler, die noch vor ein paar Monaten meinem Unterricht gehorsam (und ich gebe es zu, manchmal mit Ablehnung und Furcht) folgten und mich respektierten, machen jetzt aus mir einen tanzenden Affen. Sie hören mir einfach nicht mehr zu, egal was ich sage oder zu sagen versuche. Ich müßte schreien, um mich durchzusetzen. Aber das kann ich nicht. Mir ist, als hätte ich keine Stimme mehr. Ich war nie so

schwach und kraftlos. Dazu kommt eine nicht gekannte Geräuschempfindlichkeit, ausgerechnet jetzt, wo ich diesem Radau ausgesetzt bin. Ich schrecke selbst beim Pausenzeichen zusammen. Die Schüler bemerken es und machen sich über mich lustig. Ich glaube, sie rächen sich an mir. Habe ich sie gequält? Habe ich alles falsch gemacht in den vergangenen Jahren? Ich bin doch erst 32 Jahre alt – soll ich wirklich schon den Dienst quittieren? Wenn alles so weitergeht wie in den letzten Wochen und Monaten, habe ich keine Wahl mehr, dann bin ich »dienstunfähig«. Das Schlimme ist: Ich habe keine Krankheit und fühle mich trotzdem krank. Das Herz stolpert oder rast, die Galle zieht, der Bauch kneift usw. Verstehst Du das? Rudolf sagt, ich sei hysterisch. Bin ich es?

Ein langer Brief. Mein Kopf tut weh vom Grübeln. Abends, sobald ich ins warme Bett gekrochen bin, ist es, als liefen mir Millionen Ameisen über Arme und Beine. Ich muß dann strampeln, aufstehen und um mich schlagen. Rudolf sagt, ich solle mal zu einem Nervenarzt gehen, nachdem sein Kollege, ein Internist, nichts gefunden hat. Du weißt ja, Rudolf ist Chirurg. Er betont immer, er sei ein solider Handwerker und nicht zuständig für Wehwehchen. Und *wie* er das sagt! Ich gehe ihm auf die Nerven. Ich gehe allen auf die Nerven. Ich habe langsam genug.

Sag mir, wenn auch Du von mir genug hast
Judith

Etwa fünf Wochen nach diesem Brief lud mich Judith zu einem Besuch ein. Ich fuhr am frühen Nachmittag los, es war schwül, und für die hundert Kilometer zu Judiths Wohnung am Rande der Großstadt benötigte ich fast zwei Stunden, weil ich von einem Stau in den nächsten geriet. Meine Stimmung sank auf den Nullpunkt. Gereizt, verschwitzt und durstig kam ich an. Es war Ende Juni.

Der Bungalow, den Judith mit ihrem Mann und Andi bewohnt, ist viel zu groß für die kleine Familie, in der jedes Mitglied sich soviel wie möglich außerhalb des Hauses aufhält. Man kommt sich verloren vor in den riesigen Räumen, die alle ineinander übergehen und hochmodern eingerichtet sind. Es herrscht eine Atmosphäre wie in den Verkaufsräumen eines Möbelgeschäftes. Die Dattelpalme im Kübel ist aus Plastik.

Judith war nicht weniger erschöpft als ich, wenn auch auf andere Art und Weise. Ihre Bewegungen waren träge, ganz anders, als ich sie in Erinnerung hatte. Judith hielt sich seltsam schief, so als habe sie Schmerzen in der linken Schulter. Die früher so überaus gepflegt und anspruchsvoll gekleidete Frau vernachlässigte ihr Äußeres. Sie war nicht salopp oder bequem gekleidet, sondern schmuddelig. Man konnte es riechen. Das kurze Haar war längst aus dem ursprünglichen Schnitt herausgewachsen und hing in glanzlosen Strähnen ins Gesicht. Von den Fingernägeln blätterte der rote Lack. Die Füße in den offenen Sandalen waren schmutzig, und es war nicht nur der Schmutz eines staubigen Sommertages.

Judith machte sich einen Drink: viel Campari auf wenig Eis. Ich hatte den Eindruck, daß sie sich Mut angetrunken hatte. Mein Besuch, um den sie so inständig gebeten hatte, war ihr unangenehm.

Wir saßen uns gegenüber, und ich hatte keine Kraft, ein Gespräch von mir aus in Gang zu bringen. Wir waren uns plötzlich so fremd wie eh und je. Die Offenheit der Briefe betraf zwei andere Menschen, so schien es. Auch Judith schwieg und nuckelte an einem Strohhalm, mit dem sie ab und zu in den Eiswürfeln stocherte. Ich erschrak über den Blick, den ich unversehens einfing: Das war eine Mischung aus abgrundtiefer Trauer und schrecklicher Feindseligkeit. Galt sie mir? Doch wohl nicht.

Andi kam ins Zimmer, ein lebhafter und kontaktfreudiger Junge. Er sah drollig aus mit dem streichholzkurzen Haar und dem dünnen langen Zöpfchen im Nacken.

»Willst du meine Spielsachen sehen?«

Er faßte meine Hand und zerrte mich aus dem Sessel.

»Nein«, sagte Judith heftig, »das ist mein Besuch. Geh schön spielen.«

Andi verließ widerspruchslos das Zimmer. Einen Augenblick später flog ein Fußball durch das offene Fenster, direkt auf den Tisch. Ein Glas zerbrach, Flaschen fielen um. Judith wurde blaß, aber sie reagierte nicht weiter. Sie schien überhaupt seltsam teilnahmslos. Als aber gleich darauf ein Plastiktraktor hereinflog, schloß sie wortlos das Fenster und verriegelte die Haustür.

Der Junge war ausgesperrt.

Er schrie, trat gegen die Tür, hämmerte mit einem stumpfen Gegenstand ans Fenster und rief immer wieder: »Ihr seid ja alle Arschlöcher!«

Judith ließ sich nicht rühren. Ich mußte mich beherrschen, um nicht aufzustehen und diesem Spektakel ein Ende zu bereiten.

»Eingesperrt oder ausgesperrt – wo ist da der Unterschied?« sagte Judith.

»Du fühlst dich eingesperrt?«

»Wie in einem Käfig. Wohin ich mich auch wende, ich renne mir den Kopf an. Sieh nur, er ist schon ganz geschwollen.«

Dann wieder Schweigen. Judith war betrunken.

Ich versuchte, von anderen Frauen in ähnlichen Situationen zu sprechen, von möglichen Ursachen und wie man sie vielleicht beheben könnte. Dazwischen brüllte Andi aus Leibeskräften.

Ich verlor den Faden.

»Laß doch das Kind ins Haus«, bat ich. »Es stört doch nicht. Setzen wir uns zu ihm ins Kinderzimmer. Dort kann es spielen, ist nicht allein, und wir können uns unterhalten.«

Judith öffnete die Tür.

Andi stürzte ins Zimmer, kam auf mich zu und trat mir so heftig ans Schienbein, daß mir die Tränen in die Augen schossen vor jähem Schmerz.

Ich war wütend, aber ich verstand das Kind nur zu gut. Seine Mutter verstand ich nicht.

Ließ sich Judith gehen? Jemand hatte ihr in der Schule seine Meinung etwas zu rüde gesagt, und jetzt wurde sie larmoyant.

War es nicht so? Ich wußte, daß ich unrecht hatte, daß meine Gedanken oberflächlich und dumm waren. Aber die Hitze, die gespannte Atmosphäre, die rasch anschwellende Beule am Bein und vor allem die im Sprechen völlig blockierte Judith setzten mir zu.

»Du kannst gehen, wenn du magst«, sagte Judith.

Es war in den zwei Stunden das dritte Mal, daß sie etwas sagte. Ich erhob mich. Weshalb hatte ich die anstrengende Fahrt gemacht? Hatte ich erwartet, Judith werde sich aussprechen? Aber womöglich wußte sie selbst nicht, was es noch zu besprechen gab. Vielleicht war sie innerlich längst verstummt, und ich hatte es erst heute, bei diesem Besuch, bemerkt? Ich wußte nicht, wie ich ihr helfen sollte. Ärzte hatte sie konsultiert mit dem immer gleichen Ergebnis: Eigentlich war sie gesund, höchstens etwas erschöpft vom wenigen Schlaf. Mir war, als säße Judith in einem undurchdringlichen Glasgehäuse. Ich konnte sie sehen, und ich sah auch, daß sie litt, ich sah die Bewegungen ihrer Lippen, aber ich verstand kein einziges Wort.

»Ich schreibe dir wieder«, sagte Judith an der Tür. »Das ist mir eher möglich, als zu sprechen. Bitte, hab Nachsicht mit mir.«

Sie begleitete mich bis zum Auto. Andi kratzte mir zum Abschied mit einem Schraubenschlüssel eine tiefe und lange Schramme in den Autolack. Als ich beim Abfahren in den Rückspiegel blickte, sah ich, wie Judith die Hände vors Gesicht schlug. Ich fuhr mit dem Gefühl nach Hause, versagt zu haben. Mit brennender Ungeduld erwartete ich Judiths Brief. Er kam bereits am nächsten Tag.

Freitag, 27. Juni 1980

Liebe M.,
vor wenigen Minuten bist Du hier weggefahren. Wir haben nicht miteinander gesprochen. Ich konnte nicht. Ich war wie erstarrt, solange Du mir gegenübersaßest. Da hast Du die lästige Fahrt gemacht und ich...

Jetzt sitze ich da und heule und wünsche, Du wärest nicht

abgefahren. Meine Gedanken überschlagen sich. Was ich Dir alles sagen möchte! Jetzt könnte ich es, aber jetzt ist es zu spät.

Ich war noch nie so sprachlos wie heute.

Andi war schuld. Ich habe mich seinetwegen vor Dir geschämt.

Wahrscheinlich ist es nicht so gewesen, und ich mache mir etwas vor.

Was ist los mit mir? Meine Situation ist ausweglos. Rudolf droht, mich zu verlassen, wenn ich nicht bald wieder »auf den Teppich komme«. Es genügt, daß ich nur daran denke, verlassen zu werden, und schon bekomme ich Weinkrämpfe, die ich immer schlechter beherrschen kann. Dabei bin ich doch im Grunde allein gewesen, seit ich verheiratet bin. Und das Leben in der Schule – es ist zum Alptraum geworden. Ich bin so müde (und auch ein bißchen betrunken).

Nichts interessiert mich mehr. Ich tue meine Pflichten oder bemühe mich, sie zu tun. Aber ich erlebe nichts mehr. Ich bin wie tot (siehst Du, jetzt habe ich auf einmal wieder Worte, jetzt, wo Du weg bist; es ist, als ob ich mich in einer Art Selbstgespräch bewege; es geht mir mit allen Menschen so: Ich kann mich nicht unterhalten). Ich bin wie tot. Ich bin wie tot. Nachts wache ich oft auf und habe das ganz fürchterliche Gefühl, sterben zu müssen. Meine Glieder sind dann wie gelähmt. Ich habe entsetzliche Angst dabei, das kann ich Dir nicht beschreiben. Als ob ich vernichtet würde, bei lebendigem Leib eingemauert oder so etwas. Wenn ich Rudolf wecke, wird er bitterböse. Ich nehme mir jedesmal vor, ihn nicht mehr zu stören, aber ein paar Nächte später ist es das gleiche. Wenn er so herzlos mit mir umspringt, dann spüre ich noch mehr, wie allein ich bin. Das verstärkt meine Angst.

Einmal hatte ich schon den Telefonhörer in der Hand, um die Ambulanz zu rufen, weil ich wirklich glaubte, sterben zu müssen. Am Morgen nach solchen Nächten gehe ich völlig zerschlagen zur Schule. Sieht man mir die Panik der Nacht an? Ich fürchte ja und werde noch unsicherer. Ich möchte davonfliegen und merke erst jetzt, daß mir jemand die Federn ausgerissen hat. Oder hatte ich am Ende niemals welche? So klebe ich am Boden fest und warte, bis ich irgendwann einfach nicht mehr kann. Ich denke, wenn ich völlig zugrunde gerichtet bin, wird es schon jemand merken und kommen und für mich sorgen. Vielleicht wird Rudolf dann doch wach? Ein böser Gedanke. Eine Erpressung. Ich verstehe mich selbst nicht.

Judith

2. Juli. Mittwoch. 4.00 Uhr

Liebe M.,
Dein Brief hat mir sehr geholfen, jedenfalls für ein paar Stunden. Vielen Dank. Aber es ist jetzt so, daß ich immer mutloser und schwächer werde. Diese Zeilen zum Beispiel schreibe ich um vier Uhr morgens. Ich erwache fast immer gegen drei Uhr und kann dann nicht mehr einschlafen. Ich stehe auf, koche Kaffee, stelle mich ans Fenster und rauche. Ich denke daran, wie vielen Menschen es ähnlich geht wie mir, wie viele verlassen sind oder krank, wie viele sterben oder ein Kind gebären. Ich sehe in die Nacht und ahne am Himmel schon das Morgengrauen.

Wenn ich Andi zu Frau Greber gebracht habe und in die Schule fahre, bin ich so zerschlagen und lustlos, daß ich mich am liebsten heulend ins Bett verkriechen möchte. In diesem Zustand trete ich dann vor meine Schüler. Die Folgen kannst Du Dir vorstellen.

Wenn ich nur wüßte, wie das alles angefangen hat – ich war doch nicht immer so unfähig und gelähmt und antriebslos und traurig und ängstlich und, und...

Wenn ich von der Schule zurückkomme, lege ich mich, ohne etwas gegessen zu haben, sofort hin (Andi ißt bei Frau Greber, Rudolf im Krankenhaus). Manchmal schlafe ich ein und wache wie gerädert nach einer halben Stunde wieder auf. Aber meistens starre ich zur Decke und habe die verrücktesten Einfälle. Gestern dachte ich: Wie viele Stricke werden pro Jahr zum Erhängen benutzt? In Deutschland, in der ganzen Welt? Ob man, wenn man alle Aufhängstricke aneinanderknotete, damit die ganze Welt umspannen könnte? Irr, solche Gedanken. Sie kommen, und ich kann mich nicht dagegen wehren.

Aber sorge Dich jetzt nur nicht. Ich bin nicht suizidgefährdet, wie man so schön sagt. Ich habe mich völlig unter Kontrolle.

Deine Judith

Donnerstag

Liebe M.,
jetzt bin ich schon so oft wegen »Befindlichkeitsstörungen« (was für ein Wort, gräßlich!) nicht in der Schule gewesen, daß mich die Kollegen mit Bemerkungen traktieren. Sie müssen ja meine Klassen übernehmen, für mich einspringen. Der Direktor hat mir nahegelegt, mich einmal »richtig auszukurieren«. Niemand versteht mich. Ich verstehe mich ja selber nicht.

Ich werde mich zum Ende dieses Schuljahres vom Dienst suspendieren lassen. Dann wird vielleicht alles wieder gut: Andi hat seine Ordnung (und ich kein schlechtes Gewissen), Rudolf hat eine Frau im Haus und kein Wrack.

Hoffentlich mache ich keinen Fehler mit dieser Entscheidung.

Gruß Judith

3 Uhr in der Frühe

Liebe M.,
ich war beim Internisten (einer, den Rudolf nicht kennt). Ich bin völlig gesund, obwohl ich mich sterbenskrank fühle und mir alle möglichen Organe weh tun. Mein Mineralhaushalt sei etwas in Unordnung, sagte der Arzt. Das komme von der Mangelernährung. Ich solle mal wieder tüchtig essen. Aber was ist denn bei mir schon »in Ordnung«, ich bitte Dich!

Sie sind doch eine hübsche junge Frau, sagte der Onkel Doktor. Weshalb spielen Sie krank?

Ach, ich bin so verletzt nach diesem Besuch. Früher wäre ich wütend geworden. Jetzt gehe ich nach Hause und weine und kann nicht mehr damit aufhören.

Hilf mir, ich flehe Dich an!

Judith

Dienstag. Vollmond. 26.8.1980

Liebe M.,
das neue Schuljahr hat ohne mich begonnen. Denke nur, ich fühle mich richtig gut und erleichtert. Wenn mir morgens so schrecklich übel ist (so ähnlich wie am Anfang der Schwangerschaft), dann lege ich mich eben hin, und niemand zwingt mich, aufzustehen.

Ich hatte gehofft, Rudolf werde auch glücklich und zufrieden sein, daß ich aus dem Schuldienst ausgeschieden bin. Aber das war ein Irrtum. Er ist kühl und grantig wie eh und je. Mein Anblick sei eine Beleidigung für ihn als Arzt, sagt er. Und Andi: Er will nicht bei mir bleiben, ich bringe ihn weiterhin jeden Morgen zu Frau Greber, obwohl dazu kein Anlaß besteht. Eigentlich bin ich froh, daß der Junge nicht im Haus ist. Ich kann nicht mit ihm umgehen. Am wenigsten aber kann ich es mit mir selbst.

Liebe Grüße

Deine Judith

Montag. 1. September

Liebe M.,
ich war beim Gynäkologen, weil ich oft ziehende Schmerzen im Unterbauch und in der Kreuzbeingegend habe. Nichts. Ich bin gesund. Er gab mir den Rat, noch ein zweites Kind zu bekommen (dabei weiß er doch, daß ich schon Andi nicht wollte). Weißt Du, wie er sich ausdrückte? Es sträubt sich die Feder: Damit wären alle meine Probleme »mit ein, zwei Stößen aus der Welt«. Ist das nicht unverschämt? Auf dem Heimweg wollte ich mich vor die U-Bahn werfen. Ich konnte es nicht.

Judith

3. September

Liebe M.,
bin ich wirklich überheblich, arrogant, kalt und unnahbar? Gestern hat man meinen geliebten Vater beerdigt. Beim »Leichenschmaus« mußte ich mir diese Attribute umhängen lassen. Sie sind mein Trauerschleier. Mein Vater ist tot. Es darf nicht sein! Wer sagt jetzt »mein liebes kleines Mädchen« zu mir? Niemand. Ich mache Schluß. Hätte es schon längst tun sollen.

Deine Judith

Nachdem Judith diesen Brief geschrieben hatte, schluckte sie eine Überdosis Schlaftabletten. Rudolf brachte sie ins Krankenhaus (nicht in dasselbe, in dem er arbeitet) und ließ ihr den Magen auspumpen. Von dort aus überwies man sie in die psychiatrische Abteilung. Nach vier Wochen wurde sie entlassen. Es ging ihr körperlich gut, sie hatte etwas zugenommen und wirkte wieder gepflegt. Sie schrieb mir nicht mehr. Eines Tages rief sie mich an und fragte, ob wir uns treffen könnten, etwa auf halber Strecke zwischen unseren Wohnorten. Es klang dringlich, und ich sagte sofort zu. Als wir uns in dem verabredeten kleinen Gasthaus gegenübersaßen, kamen wir sofort – auch ohne Andi als Störenfried – in die gleiche mißliche Situation wie bei meinem Besuch in Judiths Haus. Judith schwieg hartnäckig. Ich wußte jetzt, sie konnte nicht sprechen. Sie konnte schreiben und telefonieren, aber wenn sie mir gegenübersaß, angesehen wurde, brachte sie kein Wort mehr heraus. Ich schlug deshalb einen Spaziergang vor, es war Oktober, ein wenig kühl, aber nicht unwirtlich.

Gehend, dachte ich, kann sie vielleicht sagen, was zu sagen ist.

»Meine Beine sind eingeschlafen«, sagte Judith. »Immer, wenn ich eine Weile gesessen bin, werden sie ganz taub und gefühllos. Ich kann nicht spazierengehen.«

»Worüber wolltest du mit mir sprechen?«

»Über den Klinikaufenthalt. Aber lassen wir es. Mir ist doch nicht mehr zu helfen.«

Judith stand vom Stuhl auf und knickte ein. Der Knöchel des rechten Fußes schwoll rasch an. Judith konnte nicht mehr auftreten. Ich fuhr sie in die Praxis eines Allgemeinarztes. Es war der einzige Arzt in dieser ländlichen Gegend. Judith war froh, daß sie ihn nicht kannte und er nicht sie und ihren Mann. Das Wartezimmer war voll. Es war nach 20.00 Uhr, als Judith endlich an die Reihe kam. Ich wartete zuerst im Flur, dann auf der Straße, dann im Wartezimmer. Es war fast 22.00 Uhr, als Judith endlich mit verweintem Gesicht aus dem Sprechzimmer herauskam.

Die Verletzung am Fuß war ungefährlich, eine Verstauchung, die ruhiggestellt werden mußte. Aber der Arzt hatte andere, weniger augenfällige »Verletzungen« entdeckt und Judith darauf angesprochen. Seine Diagnose: Judith litt seit Monaten an einer »larvierten Depression«, die unbedingt behandelt werden mußte.

Nun fährt Judith seit einigen Wochen jeden Freitagnachmittag in das etwa fünfzig Kilometer von ihrem Wohnort entfernte Dorf zu »ihrem« Arzt.

Ich hoffe, er kann ihr helfen. Wir haben keinen Kontakt mehr, und ich denke, das ist dieses Mal ein gutes Zeichen. Judith wird sich mit Sicherheit wieder melden, wenn sie genesen ist.

Inzwischen frage ich mich: Was wäre aus ihr geworden, hätte sie sich nicht den Fuß vertreten und wäre sie nicht an einen so aufmerksamen und erfahrenen Arzt geraten? Ich will es mir nicht vorstellen.

Auskünfte von Experten

Fragen an Dr. Ulrich Pratje, Neurologe und Psychiater

Dr. Pratje schreibt über Judith S.:

Die Geschichte »Judith S.« handelt von einer der heute vielfach anzutreffenden jungen Frauen, die ihre Selbstverwirklichung nur im Berufsleben sehen. Ihnen gilt der Beruf der Hausfrau und Mutter als diskriminierend, und so vernachlässigen sie in völliger Verkennung der ungewöhnlichen Schwere des Berufes »Hausfrau und Mutter« diese Aufgabe ihres Lebens.

Judith ist begeisterte Lehrerin und gilt überall als erfolgreich, aber auch als arrogant, kalt, berechnend. Ihre Familie ist ihr ein lästiges Anhängsel. Dies führt zur Zerstörung der Familie, was teilweise aus der Reaktion ihres Mannes und insbesondere ihres Kindes hervorgeht. Zweifellos handelt es sich bei Judith um eine endogene Depression, die durch die ursprüngliche Persönlichkeit überspielt wird.

Judith verheimlicht ihre innere Unrast und ihr inneres Gequältsein vor der Außenwelt. Ihr Verhalten wird dadurch gekünstelt, imponiert als »hysterisch«, wird wohl auch von Fachleuten nicht leicht durchschaut. Im Grunde ist Judith aber sehr energisch und kann dadurch den Anfechtungen der Selbstmordgedanken fast immer widerstehen, bis ein Arzt die wahren Hintergründe erkennt.

Judith fühlt sich überfordert, mißverstanden und in die Enge getrieben. Der Arzt, den sie zuerst aufsucht, verschreibt Beruhigungsmittel. Was sind Tranquilizer? Wie wirken sie? Helfen sie bei Depressionen?

Unter Tranquilizern versteht man eine Gruppe von Medikamenten, die weder den Schlafmitteln zuzuordnen sind noch den stärkeren, gegen seelische Erkrankungen wirksamen Medikamenten. Sie liegen im Zwischenraum. Sie wirken beruhigend, aber in entsprechender Dosierung nicht ausgesprochen ermüdend. Sie wirken eher entspannend.

Bei endogenen Depressionen helfen sie nicht, bei reaktiven Depressionen beruhigen sie.

Judith S. schreibt: »Rudolf sagt, ich sei hysterisch. Bin ich es?« – Im allgemeinen Sprachgebrauch wird das Wort Hysterie oft als Schimpfwort benutzt, besonders in bezug auf unbeherrschte, exaltierte Frauen, die sich von ihren Gefühlen überschwemmen lassen.

Was sind »hysterische Reaktionen« im medizinischen Sinne? Haben sie etwas mit depressiven Erkrankungen zu tun?

Hysterie ist ein Begriff, der im 19. Jahrhundert geprägt wurde. Er wurde dem griechischen Wort »Hystera« (Gebärmutter) entnommen. Man wollte damit ausdrücken, daß sich diese krankhaften Zustände ausgesprochen auf Frauen beschränkten und daher in dem Organ ihren Sitz haben müßten, das nur Frauen eigen ist.

Man bezeichnete mit diesem Begriff offenbar psychisch ausgelöste, nicht mit einer Organerkrankung erklärbare abnorme Reaktionen, die eben überwiegend bei Frauen auftraten oder bei diesen registriert wurden. Der ausschließliche Bezug auf Frauen hat sich als völlig unhaltbar erwiesen. Heute nennt man solche Bilder lieber »psychogene Reaktionen«.

Hysterische Reaktionen haben mit Depressionen nichts zu tun.

Judiths Ehemann ist Chirurg, ein »Handwerker«, wie er betont. Für psychische Erkrankungen hat er kein Verständnis. Es gibt Menschen, die die eigenartigsten Vorstellungen von den Aufgaben eines Facharztes für Neurologie und/oder Psych-

iatrie haben. Was ist ein Neurologe? Was ein Psychiater? Was sind die Aufgaben eines Psychotherapeuten?

Das Fachgebiet der Neurologie und Psychiatrie umfaßt die Lehre von den Nervenkrankheiten bzw. die Lehre von den seelischen Erkrankungen, die man trennen muß.

Ganz grob kann man sie vielleicht so definieren: Nervenkrankheiten sind alle die Erkrankungen des Nervensystems, bei denen anatomisch eine Gewebserkrankung nachweisbar ist.

Seelische Erkrankungen spielen sich auch nach allgemeiner Übereinkunft gewissermaßen im Nervensystem ab, wobei man natürlich den Sitz der Seele nicht definieren kann. Für seelische Erkrankungen gibt es aber keine anatomisch faßbaren und krankhaften Gewebsveränderungen. Dessenungeachtet wird aber auch für das Gebiet der seelischen Erkrankungen eine organische Krankheitsursache angenommen, die bisher nicht beweisbar ist. Diese Annahme gründet sich auf der Tatsache, daß seelische Erkrankungen mit physikalischen und chemischen Methoden erfolgreich behandelt werden können.

Demgegenüber steht der Psychotherapeut, der Neurosen behandelt. Diese sind im strengen Sinne keine Organerkrankungen. Für sie findet sich kein irgendwie gearteter Hinweis, daß sie auf einer organischen Krankheit beruhen. Sie sind eben nur durch eine Gesprächstherapie mit Aufdeckung der innerseelischen Konflikte anzugehen, eben der »Psychotherapie«.

Judith suchte verschiedene Ärzte auf, ohne die Hilfe zu bekommen, die notwendig gewesen wäre. Sie galt als »gesund«. Der Arzt, den sie zuletzt aufsuchte, stellte die Diagnose »larvierte Depression«. Was versteht man darunter?

Eine »larvierte Depression« ist eine gewissermaßen »versteckte« oder »maskierte« Depression, das heißt eine Depression, die man vordergründig nicht als solche erkennt. In leider sehr vielen Fällen verheimlichen Patienten auch ihre Verstimmungen und die aus diesen Verstimmungen resultierenden Ängste und Nöte, für die sie dann irgendwelche körperlichen Beschwerden mehr in den Vordergrund schieben, die sie selbst für die Ursache ihrer Ängste und Nöte halten. So entsteht das Bild einer körperlichen Erkrankung, die aber nur gewissermaßen vorgeschoben wird, um die dahinterliegenden Ängste und Depressionen zu verbergen. So wird die eigentliche Depression sehr oft auch vom Arzt nicht erkannt, der ja viel häufiger mit körperlichen Beschwerden als mit solchen Problemen konfrontiert ist. Häufig durchlaufen diese Patienten viele Stationen eingehender ärztlicher Untersuchungen verschiedenster Fachgebiete, und erst am Ende, wenn alle diese Untersuchungen keinen Krankheitsprozeß ergeben haben, bleibt die relativ sehr seltene Möglichkeit einer oft noch von dem Patienten selbst energisch bestrittenen Depression.

Im Falle Judith handelt es sich sicherlich um eine »larvierte« Depression, da die eigentliche Depression durch die Verheimlichungstendenzen, die Judith sicher ihren behandelnden Ärzten gegenüber ganz energisch betrieben hat, verdeckt wurde. Die Aussagen, die Judith ihren behandelnden Ärzten gegenüber gemacht hat, können ja hier leider nicht vorliegen.

Frage an Dr. Adalbert Orth, Allgemeinarzt

Der Landarzt stellt die Diagnose »larvierte Depression«. Diese »Larve« besteht aus körperlichen Beschwerden, aus Befindlichkeits- oder Funktionsstörungen, mit denen der Patient in der Regel den Allgemeinarzt aufsucht. – Welche körperlichen Symptome treten überwiegend auf? Woran erkennt der Allgemeinarzt, daß sich dahinter eine Depression verbirgt?

Folgende Beschwerden werden bei der larvierten Depression am häufigsten beklagt: innere Unruhe, Benommenheit, Müdigkeit, Verlust von Kraft und Schwung, Schwindelgefühl, Haarausfall, Schwäche in Armen und Beinen, Herzstiche, Herzklopfen, Engegefühl über dem Herzen, Kreuzschmerzen, Unterleibsschmerzen, Potenzstörungen, Verstopfung oder Durchfall, Gliederschmerzen.

Es fehlt die sonst für Depressionen traurige Verstimmung.

In der amerikanischen Literatur wird mehr der Begriff »maskierte Depression« verwendet. Die Maske oder Larve besteht darin, daß die Erkrankten unter körperlichen Beschwerden leiden, obwohl die Ursache eine (gut behandelbare!) endogene Depression ist.

Es überrascht deshalb auch nicht, wenn diese Krankheit am häufigsten vom Praktischen Arzt / Allgemeinarzt oder Internisten gesehen wird. Überhaupt stellen Professoren aus dem Gebiet der Psychiatrie in letzter Zeit fest, daß die Behandlung depressiver Erkrankungen immer mehr in das Gebiet der Allgemeinmedizin fällt. Dementsprechend gewinnt die Erkennung und Behandlung der Depression in der Fortbildung der Allgemeinärzte zunehmend an Bedeutung. Diese Entwicklung ist auch ein Zeichen dafür, daß die Psychiatrie, die in den letzten 35 Jahren eine stürmische Entwicklung durchgemacht hat, immer klarere Erkenntnisse gewonnen hat und die Behandlungsmöglichkeiten verbessern konnte.

Hoffnungslosigkeit bezüglich der Heilung ist nicht mehr am Platz!

Frage an Elisabeth Schad, Psychologin

Die Diagnose des Psychiaters lautet: larvierte endogene Depression. Der Landarzt (Allgemeinarzt), zu dem Judith regelmäßig fährt, behandelt sie wahrscheinlich mit Medikamenten und hilft ihr mit Gesprächstherapie. Können Sie Sinn, Aufgabe und Zusammenspiel von medikamentöser und gesprächstherapeutischer Behandlung grundsätzlich *erklären und an diesem Beispiel erläutern?*

Judith hat sich für ihren Umgang mit anderen Menschen eine genau umschriebene Rolle zurechtgelegt, die der souveränen, klugen und überlegenen Frau, die andere gezielt auf Distanz hält. Ihre Umgebung geht auf dieses »Spiel« ein, kann dagegen nicht ankommen, reagiert mit Ohnmacht.

Dieses Verhalten hat für Judith zweierlei Funktionen: Zum einen stellt es nach außen hin eine massive Demonstration von Macht und Stärke dar, zum anderen hat es für sie eine Schutzfunktion. Judith könnte es nicht ertragen, wenn andere sie schwach und hilfsbedürftig sähen, sie würde sich dadurch möglichen Verletzungen preisgeben. Hinter ihrer demonstrierten Stärke verbirgt sich das Bedürfnis nach Wärme, Geborgenheit und danach, sich fallenlassen zu dürfen.

Weshalb sich Judith diese Gefühle verbietet, wie es dazu kam, kann man dem Bericht nicht entnehmen, da Judiths Biographie ausgespart bleibt. Im Vordergrund steht das aktuelle Befinden und Verhalten, das von starken Beziehungsschwierigkeiten geprägt ist.

Judith gerät eines Tages »aus heiterem Himmel« in eine Krise, die durch unbegründete Ängste, Spannungen und das Gefühl einer generellen Unsicherheit gekennzeichnet ist.

Möglicherweise brachten die sich ständig steigernden Schwierigkeiten mit ihrem Sohn Andi den Stein ins Rollen. Das zunehmend aggressive Verhalten des Sohnes (Biß) wurde für Judith zu einem traumatischen Erlebnis und brachte ihr psychisches Gleichgewicht völlig außer Balance. Andi lehnt seine Mutter entschieden ab, und auch Judith kann ihn nicht akzeptieren. Für sie ist er »Rudolfs Sohn«, der ihr aufgezwungen wurde. Selbst die vorher gesuchte Erfüllung im Berufsleben wird nun angezweifelt und als Bedrohung empfunden.

Bedingt durch die Probleme mit ihrem Kind und die sich ankündigende Depression, werden Judith die Schwierigkeiten, die in ihrer Ehe bestehen, bewußter. Jeder der beiden Ehepartner lebt sein eigenes Leben, irgendwelche Gemeinsamkeiten scheinen nicht vorhanden zu sein. Für Judiths Mann steht die berufliche Karriere im Vordergrund, für seine

Familie bringt er wenig Zeit und Verständnis auf. Mit der Forderung, seine Frau solle ihre Berufstätigkeit aufgeben, ist möglicherweise die Hoffnung verbunden, bestehende Schwierigkeiten möglichst problemlos aus dem Weg zu räumen.

Für Judith war die Beziehung zu ihrem Mann wohl schon seit längerer Zeit belastend. Eine Beziehung, die für sie gekennzeichnet ist von Mißtrauen, Konkurrenz und Eifersucht. Jetzt erkennt sie, daß sie sich seit Beginn ihrer Ehe allein(gelassen) gefühlt hat. Dabei hat sie ein starkes Bedürfnis nach Nähe und Zärtlichkeit.

Dieses Bedürfnis nach Wärme und Geborgenheit setzt sie gleich mit Abhängigkeit von ihrem Mann. Sie wagt es nicht, sich in diese »Abhängigkeit« zu begeben, hat Angst davor. Wahrscheinlich liegen dieser Angst frühere Erfahrungen zugrunde, Erfahrungen des Verlassenwerdens und Alleingelassenseins, die für sie derart hemmend wirken. Deshalb versucht sie, sich durch ihre Berufstätigkeit ein Stück Unabhängigkeit und Freiheit zu sichern.

Im Verlauf ihrer Krankheit führen diese beiden Alternativen Judith in einen starken persönlichen Zwiespalt. Mit zunehmender Verunsicherung und dem ständigen Erleben ihrer eigenen Unfähigkeit steigert sich die Angst, alles – Familie und Beruf – zu verlieren. Sie sieht keine Möglichkeit mehr, irgendeinen Halt zu finden.

Judiths Angst wird in zunehmendem Maß begleitet von körperlichen Mißempfindungen, Schlaflosigkeit, Grübeln und dem Erleben von Sprachlosigkeit. Sie sendet immer wieder Hilferufe aus, an ihren Mann, der mit Unmut reagiert, an Ärzte, die sie für körperlich gesund erklären. Selbst die Hilfe der Freundin kann sie nicht annehmen, da sie unfähig geworden ist, ihre Bedürfnisse zu artikulieren.

Weder die Aufgabe ihrer Berufstätigkeit noch ein Aufenthalt in einer psychiatrischen Abteilung bringen wirkliche Besserung.

Es scheint so, daß Judith von Anfang an zwei widerstrebende Tendenzen hatte – das Bedürfnis nach Unabhängigkeit um beinahe jeden Preis und das Bedürfnis nach Geborgenheit –, für die sie keine Lösung im Sinne eines Kompromisses finden konnte. Im Grunde war bereits vorgezeichnet, daß der Konflikt eines Tages zum Ausbruch kommen würde. Zwar konnte zunächst noch eine Kompensation erreicht werden, indem sie die Sorge für ihren Sohn delegierte und versuchte, im Berufsleben erfolgreich zu sein, in Konkurrenz mit ihren Kollegen. Diese Situation war für sie auf Dauer nicht durchzuhalten.

Die traumatischen Erlebnisse mit ihrem Sohn lösten den Konflikt aus. Alles, was sie von sich weggeschoben hatte, rollte nun wie eine Welle auf sie zurück. All das, was sie sich vorher aufgebaut hatte, wird von ihr nun in Zweifel gezogen und erscheint ihr sinnlos. Hatte sie bereits vorher niemanden, bei dem sie ihr Bedürfnis nach Anlehnung stillen konnte, so trifft sie dies in der Krisensituation noch wesentlich stärker. Zunehmend zieht sie sich in sich selbst zurück, verstummt, kann kaum noch Hilfe annehmen. Bei den wenigen Malen, in denen sie ärztliche Hilfe sucht, wird ihre Problematik und verzweifelte Situation nicht erkannt.

Durch Zufall gerät sie an einen Arzt, der ihre Problematik erkennt und ihr gezielt hilft. Dieser Arzt bemerkt als einziger, daß Judith in Wirklichkeit versucht, über das »Angebot« körperlicher Beschwerden einen Einstieg zu finden, endlich mit jemandem ihre zahlreichen Konflikte besprechen zu können.

7

Christine W.
Ich war ein Monstrum

Ein Bericht

Christine W. ist heute 35 Jahre alt. Aber sie erinnert sich noch sehr genau, wie es damals war: vor zehn Jahren, als sie ihr erstes und einziges Kind gebar. Sie erinnert sich so lebhaft, daß sie erzählend noch einmal alles zu durchleiden scheint und immer wieder beteuert, daß sie nie wieder ein Kind wolle, nie wieder.

Sie wünscht nicht, daß ich ihren Bericht auf Tonband aufnehme. Ich soll mit meinen eigenen Worten wiedergeben, was sie mir sagt. Sie hat Angst, jemand könnte sie an ihrer Sprechweise erkennen. Sie schämt sich noch heute und versteht nicht, was damals mit ihr geschah.

»Kein Mensch darf erfahren, daß ich so idiotisch war. Das gibt es bestimmt kein zweites Mal auf der Welt.«

So versuche ich jetzt, aus dem Gedächtnis niederzuschreiben, was ich behalten habe.

Christine war seit ihrem 16. Lebensjahr mit Stefan, einem Klassenkameraden, befreundet. Sie machten zusammen das Abitur und gingen anschließend auf dieselbe Fachhochschule. Die beiden waren unzertrennlich. Während des Studiums heirateten sie und zogen zusammen. Beide wünschten sich sehnlich ein Kind. Den Zeitpunkt der Empfängnis hatten sie geplant: nach dem Staatsexamen. Stefan bekam eine Anstellung als Sozialpädagoge, Christine blieb zu Hause, um dem Kind, das sie dann auch tatsächlich erwartete, »ein Nest zu bauen«.

Christine und Stefan fühlten sich als das glücklichste Paar der Welt. Die Liebe war groß. Das Kind, das sie erwarteten, war zu beneiden.

Christine verbrachte ihre Tage damit, Babysachen zu häkeln und zu stricken. Sie las Bücher über Säuglingspflege und Kindererziehung, ging zu Schwangerschaftsgymnastik und Vorsorgeuntersuchungen, hörte schöne Musik und schmückte die Wohnung mit Blumen, damit das Kind in ihrem Bauch von der angenehmen und glücklichen Stimmung der Mutter beeinflußt werde. Gemeinsam mit Stefan richtete sie das Kinderzimmer her und kaufte Wiege, Waage und Wikkeltisch. Abends und an den Wochenenden gingen die zukünftigen Eltern spazieren und freuten sich auf das wachsende Leben »wie Schneekönige«.

Christine notierte sorgfältig die ersten Kindsbewegungen, und Stefan war selig, wenn er seine Hände auf den sich mehr und mehr wölbenden Bauch seiner Frau legen konnte. So nahte der heißersehnte Tag der Niederkunft. Die jungen Eltern waren sehr nervös und gespannt, aber in freudiger Erregung. Das Klinikköfferchen war längst gepackt, jeder Tag hätte Geburts-Tag sein können.

Dann endlich war es soweit. Am frühen Abend begannen die Wehen, und Stefan fuhr seine Frau in die Klinik. Es war längst beschlossene Sache, daß er bei der Geburt seines Kindes dabeisein sollte. Die Wehen setzten aus, es wurde Morgen. Stefan nahm sich einen Tag Urlaub und blieb bei Christine. Um drei Uhr nachmittags war es dann soweit, die Wehen setzten wieder ein und kamen im Laufe der Stunden in immer kürzeren Abständen. Stefan hielt Christines Hand und strich ihr das schweißverklebte Haar aus der Stirn. Beide waren tapfer und tüchtig, und am späten Abend erblickte ein gesunder Junge das sogenannte Licht der Welt.

Stefan verabschiedete sich, Christine wurde von der Hebamme versorgt und durfte schlafen. Soweit war alles wunderbar und genauso gut gewesen, wie die beiden es sich erträumt hatten.

Am dritten Tag aber begann das Unglück, mit dem Christine nicht gerechnet hatte und das sie noch heute, in der Erinnerung, fassungslos macht. Die Hebamme hatte einen harmlosen Scherz erzählt. Die Frau, mit der Christine das Zimmer teilte, lachte herzlich. Christine aber drehte sich zur Seite und weinte. Die Hebamme war bestürzt, wußte nicht, womit sie Christine verletzt haben sollte. Christine wußte es selbst nicht. Als später der Arzt zur täglichen Visite kam, den üblichen aufmunternden Spruch auf den Lippen, hatte Christine keine ihrer schlagfertigen und meist lustigen Antworten bereit. Sie war einfach nicht mehr sie selbst. Es war dunkel in ihr geworden, von einem Tag zum nächsten. Sie verstand es nicht und hatte Angst.

Man brachte ihr wie gewohnt das Kind zum Stillen. Sie hielt ihren kleinen Sohn im Arm, als sei er eine Puppe, ein fremdes Ding, das sie nichts anging. Erst jetzt sah sie, wie häßlich ihr Baby war im Vergleich zu dem niedlichen Mädchen der Frau im Bett nebenan. Ein faltiger, häßlicher, brüllender Gnom war ihr Junge, nichts sonst. Sie erschrak bei diesem Gedanken, drückte das Kind fest an ihre Brust. Aber Christine blieb leer und völlig ohne Sympathie und Zärtlichkeit.

So also sah der Traum aus, den sie neun Monate lang geträumt hatte? Am liebsten hätte sie ihr Kind nicht mehr gesehen, aber sie wagte es nicht, etwas zu sagen.

Hoffentlich merkt Stefan nichts, dachte sie. Er hielte mich für eine Rabenmutter. Seine Enttäuschung gäbe mir den Rest.

Als Stefan am Abend kam, strahlend und den Arm voller Blumen, wollte er Christine mit dem Kind an der Brust fotografieren. Sie wehrte ab. Sie wollte überhaupt nicht fotografiert werden, nicht mit diesem Gesicht. Stefan verstand nicht. Er bedrängte seine Frau zu erzählen, was vorgefallen sei. Nichts, versicherte Christine immer wieder und sprach die Wahrheit. Aber Stefan glaubte ihr nicht. Es kränkte ihn, daß seine Frau kein Vertrauen zu ihm hatte, daß sie nicht offen war. Als er schließlich ging, war Christine am Ende ihrer Kräfte. Sie ging zur Toilette und weinte lange, aber die Tränen brachten keine Erleichterung.

In der Nacht lag Christine schlaflos trotz Schlaftabletten. Sie hatte darum gebeten, abstillen zu dürfen. Man sollte ihr Kind mit der Flasche ernähren. Christine grübelte, ihre Gedanken gingen im Kreise herum. Wie sollte es weitergehen, wenn sie nach Hause entlassen wurde? Sie stellte sich diese Frage wieder und wieder. Sie konnte sich einfach nicht vorstellen, daß sie mit dem Kind zurechtkommen würde. Wie mußte man es wickeln? Wie ernähren? Was tun, wenn es schrie und man nicht wußte, weshalb? Christine dachte an die vielen Bücher, die sie zu diesen Fragen studiert hatte. Es war hoffnungslos, nachdenken zu wollen, was darin gestanden hatte an guten Ratschlägen und Tips und Kniffen. Sie konnte sich an nichts mehr erinnern. Alles war aus ihrem Kopf verschwunden.

Am nächsten Morgen rührte sie das Frühstück nicht an. Auf alle Fragen der Schwestern antwortete sie nur noch mit Kopfnicken oder Kopfschütteln oder schaute an den Fragenden vorbei zur Decke. Man sollte sie in Ruhe lassen, hieß das.

Am gleichen Tag besuchte sie ein Internist des Krankenhauses. Er war ein ruhiger und freundlicher Mann, der Christine nach allen möglichen Störungen und Schmerzen befragte, die sie aber nicht hatte. Er untersuchte sie, erkundigte sich nach dem Gedeihen ihres Kindes und wollte wissen, ob ihr Mann sie regelmäßig besuche. Christine war froh, als er wieder ging. Sein aufmunterndes Lächeln und der herzliche Händedruck halfen ihr nicht.

»Ich konnte hören, riechen, sehen, tasten, aber es war, als gehe mich das nichts an. Es war, als tue dies alles jemand anderes für mich«, sagte Christine.

Am ersten und zweiten Tag nach der Geburt hatte sie sich so froh und glücklich gefühlt, trotz der Erschöpfung! Es hatte sie auch immer angenehm und erleichtert berührt, wenn sie die Hand auf den flachen Bauch gelegt hatte. Aber dann, am dritten, vierten Tag, hatte sie sich statt dessen völlig eingeschrumpft gefühlt.

»Alles Leben ist mit dem Kind aus mir entwichen«, erzählte sie. Sie fühlte sich wie ein eingetrockneter See, schlammig, krustig, tot. Die Geburt, die doch so gut verlaufen war, wurde im nachhinein zu einem Sturz, der alles

Glück mit sich gerissen und Christine kraftlos und freudlos zurückgelassen hatte.

Sie war ohne allen Mut. Sie hatte Angst. Sie bewegte sich in einer inneren Nacht ohne leuchtende Gestirne, und sie konnte sich nicht vorstellen, daß es für sie jemals wieder Morgen und hell werden könnte.

Christine sprach zu niemandem von ihrer Hoffnungslosigkeit. Im Gegenteil, sie versuchte, sie zu verbergen. Es gehört sich einfach nicht für eine junge Mutter, so entsetzlich schwermütig und traurig zu sein. Christine schämte sich und war enttäuscht. Sie verbarg ihre Scham hinter einer Maske aus Schweigen. Sie hatte dieses Schweigen nicht gewählt. Es war einfach so, daß es sich auf sie gelegt hatte. Sie konnte nicht anders.

Obwohl sie in den ersten beiden Nächten nach der Geburt wunderbar tief und fest geschlafen hatte, fühlte sich Christine jetzt völlig übermüdet. Trotzdem konnte sie nicht schlafen. »Das Kind«, sagte sie, »das ich geboren hatte, hat mir den Schlaf geraubt und die Flügel beschnitten.«

Am Abend des sechsten Tages ging Christine ein wenig im Krankenhausflur auf und ab, weil Beine und Rücken vom Liegen schmerzten. Am nächsten Morgen sollte sie entlassen werden. Stefan wollte gegen elf Uhr kommen und sie und das Kind nach Hause holen. Er freute sich darauf. Um Christines Bedenken zu zerstreuen, hatte er sich 14 Tage Urlaub geben lassen. Aber Christines Angst war nicht gewichen, im Gegenteil. Der kommende Tag stand vor ihr wie ein riesiger Berg, den sie niemals würde erklimmen können. Sie spürte, wie ein ungeheures Bedürfnis zu fliehen in ihr aufstieg. So muß man sich fühlen, wenn man irgendwo eingesperrt ist und in dem Raum Feuer ausbricht, dachte sie. Sie eilte zurück zu ihrem Zimmer. Als sie am Stationszimmer vorbeikam, stand die Tür weit offen. Eine Schwester legte verschiedene Medikamente in kleine Schälchen, die auf einem Tablett standen. Christine wollte die Schwester ansprechen, ihr alles erzählen, um Hilfe bitten. Sie wußte nicht mehr ein noch aus. In diesem Augenblick wurde von einem Krankenzimmer aus geläutet. Leise schimpfend verließ die Schwester das Stationszimmer. Christine war allein. »Ich wußte nicht, was ich tat«, berichtete sie. »Ich hatte es nicht geplant.«

Christine kippte sich aus der Krankenhauspackung eine große Menge Schlaftabletten in die Hand und verschwand damit auf die Toilette. Alles, was sie so schrecklich bedrückte und fassungslos machte und ängstigte, wollte sie mit einer einzigen Tat aus der Welt schaffen. In ihrer Verlorenheit, Dumpfheit und abgrundtiefen Hoffnungslosigkeit schluckte Christine die erbeuteten Tabletten. Dann ging sie zurück in ihr Zimmer, legte sich zu Bett und hoffte, sehr schnell zu sterben. Aber die Schwester, die abgerufen worden war und ihre Arbeit wieder aufnehmen wollte, bemerkte den Diebstahl der Tabletten sofort. Sie alarmierte den Arzt.

»Man dachte gleich an mich, weil ich mich so komisch und abnorm verhalten hatte, gar nicht wie eine richtige Mutter«, erzählte Christine bitter.

Der Magen wurde ausgepumpt, es war schlimm. Immer wieder wurde Christine gefragt: »Wie konnten Sie das Ihrem Mann antun? Haben Sie denn nicht an das Kind gedacht, an das arme verlassene Würmchen?« Dabei war es doch gerade das, woran sie unablässig gedacht hatte.

»Ich fühlte mich so schuldig. Ich konnte mir alles nicht erklären. Vorher hätte ich nie gedacht, daß ich zu so etwas fähig wäre.«

Christine mußte noch ein paar Tage im Krankenhaus bleiben, wenn auch nicht auf der gynäkologischen Station. Sie beteuert noch immer, noch heute, daß sie es einfach nicht verstehen könne, was da für ein Unglück über sie gekommen sei. Sie kann es nicht fassen, daß eine Frau, die sich ein Kind wünscht, es bekommt und damit glücklich ist, plötzlich und grundlos von einer so ungeheuren Traurigkeit und Verzweiflung überfallen werden kann. Sie kann nicht fassen, daß sie bereit gewesen war, Stefan und das Baby »im Stich zu lassen«. Sie schämt sich und wird es bis an ihr Lebensende tun. Sie fühlt sich noch immer als schreckliches Ungeheuer, als Monstrum.

Das Glück mit Stefan, die Harmonie, die Freude auf das ersehnte Kind, das Kind selbst: Nichts hatte getragen in jener schrecklichen Zeit, nichts davon hatte sich als stark genug erwiesen, um in die schrecklich finstere Nacht, in die Christine so unvorbereitet gestürzt war, einen Lichtstrahl zu senden.

Auskünfte eines Experten

Fragen an Dr. Hans Sproll, Gynäkologe

Was versteht man unter einer »Wochenbettdepression«?

Unter Wochenbettdepression versteht man eine seelische Erkrankung der Frau, die erst Tage (vier, sieben, zehn, gelegentlich 20 Tage) nach einer Geburt auftritt und der keine bekannten körperlichen Ursachen zugrunde liegen. Man zählt sie im allgemeinen zu den endogenen Depressionen, weil eben keine somatische Ursache zu finden ist. Die emotionelle Umstellung nach der Geburt eines Kindes kann eine vorher noch unterschwellige oder kompensierte psychische Störung zum Ausbruch bringen und eine Depression auslösen.

Die Wochenbettdepression hat eine gute Prognose, da sie in der Regel ohne Persönlichkeitsveränderung ausheilt und keine Schädigung zurückläßt. Nach späteren Geburten tritt sie seltener wieder auf, im weiteren Leben können sich aber depressive Phasen wiederholen.

Die Wochenbettdepression verläuft unter den Symptomen unmotivierter Traurigkeit, innerer Leere, Antriebsarmut, Konzentrationsstörungen und Interesselosigkeit. Gegenüber dem Neugeborenen fühlt sich die Frau hilflos, ja sie hat keine Freude mehr, auch am sehnlichst gewünschten und erwarteten Kind nicht, sie lehnt es aber nicht ab.

Schließlich treten Schlaflosigkeit und rasche Erschöpfbarkeit auf. Wie ein unübersteigbarer Berg türmen sich normale Arbeiten und Pflichten vor der Kranken auf, die Versorgung des neuen Lebewesens scheint nicht zu verkraften zu sein.

Christine W. kann nicht fassen, daß man als glücklich verheiratete Frau und junge Mutter von einer so ungeheuren Schwermut überfallen werden kann. Welche Vorgänge spielen sich im Körper ab?

Im Körper der Frau finden nach der Geburt viele physiologische Veränderungen statt. Einschneidend ist ein extremer Hormonabfall nach Ausbleiben der Hormonproduktion des Mutterkuchens. Die Eierstöcke müssen wieder die Hormonproduktion übernehmen. Die in der Schwangerschaft aufgetretenen Veränderungen des Kreislaufes, der Blutgerinnung, der Zusammensetzung des Blutes, der Haut, der Schleimhäute, der Nierenfunktion, der Darmfunktion usw. werden wieder zur Norm zurückgeführt. Diese Umstellung, auch die hormonelle, wird aber von der gesunden Frau nach komplikationslosem Geburtsverlauf in der Regel ohne schwerwiegende körperliche oder psychische Folgen verkraftet. Kommt zum Streß der Geburt noch die Anstrengung einer Operation – etwa bei einem Kaiserschnitt –, so wird auch diese gesteigerte Belastung normalerweise gut bewältigt. Wären Wochenbettdepressionen durch die physiologischen, körperlichen Veränderungen und Belastungen verursacht, dann müßte man annehmen, daß sie nach operativen Entbindungen häufiger auftreten. Das hat man nicht feststellen können. Die Wochenbettdepression tritt auch nicht in den ersten Stunden oder Tagen nach der Entbindung auf, während der intensivsten Veränderungen, sondern erst nach einem Intervall von Tagen, nach Abklingen der physiologischen Anpassungsvorgänge.

Christine W. kann nicht fassen, daß man als glückliche junge Frau und Mutter von einer so ungeheuren Schwermut überfallen werden kann: Es gehört zum Wesen der endogenen Depression, daß man sie rationell nicht fassen kann.

Diese Vorgänge müssen doch von enormer und entscheidender Kraft sein, wenn sie alles, was vorher wichtig war, nichtig werden lassen. Muß eine psychische Disposition zu dieser Erkrankung vorhanden sein?

Ja, es muß eine psychische Disposition vorhanden sein. Die physiologischen Veränderungen lösen die Wochenbettdepression nicht aus. Es sind vielmehr die emotionellen Gegebenheiten, die mit dem Wochenbett verbunden sind, die sie auslösen. Nicht im Sinne einer reaktiven Depression, bei der eine begründbare Ursache vorliegt. Auf dem Boden einer psychischen Bereitschaft oder Veranlagung entwickelt sich unter emotioneller Belastung die Wochenbettdepression. Es ist denkbar, daß der seelische Hintergrund bei einer Frau, die wie Christine W. übergewissenhaft und »ängstlich« besorgt sich um rechtes Verhalten in der Schwangerschaft, um den »Nestbau« und um das »Klinikköfferchen« bemüht, eher eine gewisse Bereitschaft oder Anfälligkeit für Depressionen erwarten läßt. Wenn die Bindung an das Ungeborene zu intensiv ist, wenn alle Gedanken einer werdenden Mutter nur um Schwangerschaft und Geburt kreisen, dann kann die Lösung vom Kind schwerfallen, kann die emotionelle Umstellung im Wochenbett eher der Auslöser einer Depression sein als bei einer Frau, für die die Schwangerschaft zwar ein entscheidendes Ereignis ist, aber Raum läßt für andere Dinge des Alltags und für eine zwar angepaßte, aber unkomplizierte Lebensweise.

Christine W. sagt: »Kein Mensch darf erfahren, daß ich so idiotisch war. Das gibt es bestimmt kein zweites Mal auf der Welt.« – Wie häufig treten Depressionen nach Entbindungen auf? Sind sie wirklich so selten?

Wochenbettdepressionen treten nicht häufig auf, in der Größenordnung weit unter ein Prozent der Geburten. Nicht zu den Depressionen zählen darf man die depressiven Verstimmungen, die »Heultage«, die »Jammertage«, die öfter auftreten.

Der Ehemann, das Krankenhauspersonal und besonders Christine selbst verstehen nicht, weshalb sie so verändert ist. – Ist das Phänomen der Wochenbettdepression so schwer zu durchschauen?

Das Phänomen der Wochenbettdepression ist wie das Phänomen anderer endogener Krankheitsbilder nicht einfühlbar und durchschaubar oder nachvollziehbar. Man kann sie nicht durch Medikamente oder Noxen (Alkohol oder Rauschgift) erzeugen. Depressive Reaktionen auf Schmerzen, auf den Verlust eines nahen Menschen, auf eine soziale Katastrophe, auf eine Totgeburt kann man verstehen, sie sind einfühlbar. Die Wochenbettdepression ist kaum beeinflußbar durch gutes Zureden. Tröstende Worte können das Leid eines reaktiv Traurigen lindern, seine Not tragen helfen. Die Frau mit einer Wochenbettdepression leidet keine äußere Not, sie hat keinen Verlust zu beklagen, keine Einsamkeit zu verkraften. Das Angebot und das Vorhandensein von Hilfe und Unterstützung, das von der Patientin rationell verstanden und geglaubt wird, vermag ihr die Trauer nicht zu nehmen und die sich türmenden Wolken nicht zu vertreiben. Noch so redliches und gutgemeintes Zureden der Nahestehenden vermag Angst und Bangen vor Versagen und Leistungsunfähigkeit nicht zu bannen.

Das Phänomen der Wochenbettdepression ist bekannt, die Symptome sind geläufig, der Verlauf ist meist gutartig und hinterläßt keine Folgen, aber der seelische Zustand, die Empfindungen und Vorstellungen der erkrankten Frau sind dem Gesunden eben nicht einfühlbar, nicht verstehbar und mit der Wirklichkeit nicht in Übereinstimmung zu bringen.

Der Internist erkennt, daß psychische Faktoren die Ursache für Christines Verhalten sind. Wie ist eine Wochenbettdepression zu behandeln? Oder verschwindet sie von selbst wieder?

Die geschilderte schwere Wochenbettdepression bedarf der Behandlung durch einen Psychiater oder Psychotherapeuten. Gezielte medikamentöse Behandlung ist geboten neben Beobachtung und auch Überwachung, um suizidale Tendenzen rechtzeitig zu erkennen und zu unterbrechen. Die Wochenbettdepression klingt zwar in der Regel von selbst wieder ab, die Therapie erleichtert aber die subjektiven Beschwerden, kann Trauer und Angst dämpfen und notwendigen Schlaf und Ruhe fördern.

8

Barbara A.
Könnte man uns nicht ein bißchen seelisch betreuen?

Ein Tonbandprotokoll

Barbara A. ist stellvertretende Gruppenleiterin einer Frauenselbsthilfegruppe nach Krebs. Am Tag unserer Tonbandaufnahmen muß sie zwei Beruhigungstabletten nehmen, nachdem sie gehört hat, daß es mit einer Freundin aus der Gruppe »zu Ende geht«. Barbara A. engagiert sich sehr, steht betroffenen Frauen bei und ist doch selbst sehr leidend. Aber vielleicht macht gerade das eigene schwere Schicksal offen und sensibel für die Bedürfnisse anderer.

Barbara A. erzählt: Ich war 46 Jahre alt, als ich Lymphdrüsenkrebs bekam. – Ich hatte in den letzten Jahren schon sechs Rückfälle. Das belastet mich stark. – Ich brauche jetzt wieder eine Mammographie, weil die Brust auch lymphatisches Gewebe ist, und es muß immer wieder mal – auch die Leber, die Lunge, die Mandeln – kontrolliert werden.

Frage: Darf ich wissen, wie alt Sie jetzt sind?

B. A.: 59. Ich werde bald 60. Ich hätte nie geglaubt, daß ich so alt werde.

War es so schlimm damals?

Ja. Weil man es nicht erkannt hat.

Wie ist es zu der Diagnose gekommen?

Ich hatte geglaubt, ich hätte Knochenkrebs.

Wie kamen Sie darauf?

Ich konnte überhaupt nichts mehr tun. Ich war so schwach. Und dann hatte ich einen ganz komischen Juckreiz am Körper, der mich fast zum Wahnsinn trieb. Dann bekam ich Husten. Ohne Auswurf.

Hat man auf Bronchitis oder ein Lungenleiden geschlossen?

Ja. Die Lunge ist geröntgt worden. Aber da hat man noch nichts gesehen. Der Tumor ist hier drin gesessen (zeigt auf die Gegend um das Brustbein). Das hat man aber erst kurz bevor ich in die Klinik nach L. kam entdeckt. Und zwar ist dort auf zwei Ebenen geröntgt worden.

Waren Sie bei einem Allgemeinarzt?

Ja. Zuerst. Aber den habe ich gewechselt. Der hat mich ja nicht für voll genommen! Er hat immer gesagt: verfrühte Wechseljahre, dieser Hausarzt. Und Rheuma.

Aber er hat doch ein Blutbild machen lassen?

Nichts hat er untersucht, nein! Das hat erst der Internist getan, zu dem ich dann gegangen bin. Dem habe ich aber von allen Nebenerscheinungen, die ich hatte und die der Hausarzt so abgetan hat, nichts gesagt. Ich hatte Angst, daß er mich auch nicht für voll nimmt und auch sagt: Sie kommen in die Wechseljahre. Obwohl ich gar keine Anzeichen dafür gehabt habe. – Die wollten mir alle Zähne ziehen! – Ich hatte abgenommen, abgenommen, abgenommen. – Bis ich nicht mehr konnte. – Ich konnte mich kaum noch fortbewegen und war so erschöpft. – Bin jeden Tag zum Internisten gegangen. Der hat die Krankheit auch nicht erkannt, und von dem Juckreiz habe ich ihm nichts gesagt. – Ich bin ja zum Hautarzt geschickt worden von dem ersten Doktor und habe juckreizstillende Tabletten bekommen. – Nachts bin ich aufgestanden und habe geduscht, damit der Juckreiz wieder wegging, habe weitere Tabletten geschluckt, und dann konnte ich schlafen. Aber das war ja kein Dauerzustand. –

Inzwischen ist dann mein Blut untersucht worden, nur hat

der Arzt danach mehr auf Nierenleiden »getippt«. Er hat gesagt: Sie sind schwer krank, und ich weiß nicht, was Ihnen fehlt. – Und dann hat er meine Lunge geröntgt und auch nichts gesehen. – Dann hatte ich diesen Juckreiz in den Ohren. Da war ich nahe am Verrücktwerden. Ich habe zum Internisten gesagt, er solle mir doch mal in die Ohren sehen. Er hat dann gesagt, er sehe nur einen leichten Belag wie bei Nesselsucht. Ich solle aber mal zum HNO-Arzt gehen.

Haben Sie den Rat befolgt?

Ja. Ich bin zu Dr. X. gegangen. Den habe ich privat gekannt. Zu dem habe ich Vertrauen gefaßt und ihm gesagt, daß ich im März eine Angina hatte, von der ich mich nicht mehr erholt hatte. Die war so furchtbar! Ich habe viele Antibiotika bekommen. Ein Arzt sagte, wenn es nicht besser werde, müsse ich in die Klinik. Es bestand Verdacht auf Diphtherie.

Hatten Sie Erstickungsgefühle?

Ja. Aber es ist dann zurückgegangen. Nur: Ich habe mich nicht mehr erholt. Ich weiß nicht, was vorausgegangen ist, daß ich diese Krankheit bekommen habe.

Sie meinen die Krebserkrankung?

Ja. Ich hatte weder finanzielle Sorgen noch Sorgen mit meinem Mann und meinen Kindern. Ich weiß nicht. Der Tod meines Vaters lag 16 Jahre zurück. Er ist auch an Krebs gestorben. Mit 60 Jahren.

Wollen Sie eine Verbindung zwischen der Krankheit und seelischer Verfassung herstellen?

Ja. Man behauptet das. Es könnte sein. Der Tod meines Vaters hat uns sehr mitgenommen. Damals gab es ja noch nicht die Therapien wie heute. Nichts dergleichen. – Aber das liegt so lange zurück...

Wie ging es weiter nach der Angina?

Ich hatte vorher nie eine Angina gehabt. Auch nachher nicht mehr. Der HNO-Arzt hat gesagt: Was haben Sie sonst noch an Beschwerden? Ich habe ihm alles aufgezählt. Ich habe ihm gesagt: Ich glaube, ich habe Knochenkrebs oder Leukämie, was anderes gibt es jetzt für mich nicht mehr.

Aber wie konnten Sie als Laie zu einer solchen Diagnose kommen?

Weil ich so wahnsinnige Knochenschmerzen gehabt habe, daß ich mich nicht mehr bewegen konnte. Ich saß nur noch auf Kissen. – Ich bekam Procain gespritzt, ins Sitzbein, Lokalanästhesie. Das hat ein bißchen geholfen. – Dann hat der HNO-Arzt gesagt: Jetzt müssen wir sofort eine ganz große Blutuntersuchung machen.

Ich habe gesagt, was ist mit meinen Ohren? – Ach, hat er gesagt, da machen wir ein paar Tropfen rein. – Er hat die Leber abgetastet. Ich habe gedacht, da stimmt doch etwas nicht. – Sie können sich vorstellen, wie mir zumute war!

Und hat der HNO-Arzt dann Ihre Krankheit erkannt?

Ja! Er war so erschrocken und ich auch. Anderntags hat er das Ergebnis der Blutuntersuchung gehabt, und er hat gesagt: Ich habe Ihnen ein Zimmer im X-Krankenhaus bestellt. Sie sind schwer krank. – Innerhalb eines Tages habe ich dann starke Schmerzen gekriegt. Und nach zwei Tagen sind plötzlich im Halsbereich so kleine blaue »Zwetschgen« hervorgekommen. Sechs Stück. Sie wurden immer größer. Ich bin operiert worden, zur Probe.

Eine Gewebsentnahme?

Ja. Dann mußte ich nach L. ins Krankenhaus verlegt werden. Es hieß »Lymphdrüsenkrebs«. Ich habe gefragt: Aber warum habe ich denn so schreckliche Knochenschmerzen? Da hat der Arzt gesagt, das Gift sitzt auf den Lymphknoten und drückt... Dann lag ich auf der Krebsstation...

Wie haben Sie sich denn gefühlt nach der Einweisung ins Krankenhaus?

Zuerst war ich erleichtert, daß man mich endlich für voll nimmt und mir glaubt. Daß endlich etwas geschieht! Daß man mir glaubt, daß man mir glaubt. Ich wurde wieder geröntgt: Nieren, Magen, Lunge. Dort war ein Schatten. Mein HNO-Arzt hat zu dem Professor gesagt: Ich lege Ihnen Frau A. ans Herz. Die wird mir wieder gesund! – Aber der Professor hat zu mir gesagt: Ich verlange von Ihnen folgendes: Mitarbeit und Vertrauen. – Dann hat man eine Lymphographie gemacht. Davor hatte ich schreckliche Angst, weil ich nicht wußte, was das ist.

Hat man es Ihnen nicht erklärt?

Doch, dann schon. Und Tabletten gegeben zur Beruhigung. Dann habe ich keine Angst mehr gehabt. Auf dem Monitor habe ich vier Stunden lang alles verfolgen können. – Es tut nicht weh, aber man darf sich nicht rühren. – Man hat sich mit mir unterhalten. – Vorher habe ich schrecklich geweint. Nicht vor Schmerzen. Wegen einer anderen Frau. Der konnte man nicht mehr helfen. Die hatte eine Radiumeinlage bekommen und war in Narkose und weinte schrecklich in der Narkose. Weshalb? Übers Wochenende war sie zu Hause gewesen. Ihr Mann wartete bloß, bis sie mit ihrer Unterleibserkrankung heimkam, um wieder zu ihr gehen zu können, obwohl sie so verbrannt war von den Strahlen. – Das ging mir nicht in den Kopf. Sie hat geweint und immer Angst gehabt vor dem nächsten Heimgehen. Da wär ich nicht heimgegangen. Aber wenn sie nicht heimgekommen wäre, dann hätte sich ihr Mann eine andere genommen. – Das war so deprimierend! – Die Gesundheit ist doch wichtiger. – Ich habe einen guten Mann. Der ist kein Wüstling. Der fällt nicht über mich her. Auch nicht nach der Chemotherapie, wo ich so total kaputt war. Auch seelisch. Auch da unten ist alles aufgerissen gewesen, die Schleimhaut. Wie mit dem Rasiermesser. Die hat sich bis heute nicht erholt. Ich habe Angst vor jedem Besuch und jeder Untersuchung beim Frauenarzt. – Ich kann mit meinem Mann keinen sexuellen Kontakt mehr haben, und trotzdem ist er immer bei mir. – Und er hat mich immer wieder aufgerichtet, wenn ich aufgeben wollte... Ich war oft am Boden zerstört. Aber ich habe wieder Mut gefaßt, weil ich gewußt habe, jetzt bekomme ich die Strahlen, das hilft mir...

Nur habe ich große Angst gehabt. Die Strahlen tun ja nicht weh. Aber die Angst... Ich habe mich geweigert, unter den Apparat zu gehen. – Sie war so schlimm, die Angst. – Vor den Nebenerscheinungen und überhaupt. Man ist seelisch so elend dran. So deprimiert. – Die Speiseröhre war zugeschwollen. – Aber man hat mir gesagt, das geht alles vorbei. Die haben mir Mut gemacht. Sonst geht es ja nicht. – Die Milz habe ich auch wegoperiert bekommen. Die war befallen. – Nach zweieinhalb Jahren kam wieder der Krebs heraus. Ab der Gürtellinie bis zu den Leisten. Dabei habe ich mich doch gesund gefühlt! Ich konnte es nicht fassen. Ich konnte nicht mehr, seelisch. Daß es wieder so weitergehen sollte! – Mein Hausarzt hat diese Krankheit gar nicht gekannt. Er hat an mir gelernt.

Also, nach etwa zweieinhalb Jahren kamen wieder Beschwerden?

Ja, der Bauch, die Leisten, der Magen. Die Periode durfte nicht mehr kommen. Sie war sofort nach der ersten Bestrahlung weggeblieben. Immer hatte ich Leibschmerzen, aber keine Blutungen. Ich hatte Magenschmerzen, habe alles erbrochen. – Ich konnte nichts mehr essen und sah aus wie Frau Mägerlein. – Na ja. Fünf Bestrahlungsfelder. – Nach einem halben Jahr Ruhe ging es weiter. – Man will dann aufgeben... Dann kam die Chemotherapie. Man ist mal hoffnungslos, dann wieder nicht... Das Leben... Ach, nein.

Wie lebt man mit diesen emotionalen Wechselbädern? Mit der Angst?

Hm. Das Schlimmste war: So ein ganz dummer Arzt hat mir einen Zettel in die Hand gedrückt (in der Bestrahlungsabteilung), da las ich: Drittes Stadium. Normalerweise gibt es ja bei Krebs drei Stadien, aber bei Lymphdrüsenkrebs gibt es vier, hat man mir später gesagt. – Das wußte ich aber da noch nicht. – Ich habe einen Weinkrampf bekommen. Aus, dachte ich. Da konnte ich es schwarz auf weiß lesen. Aus. Die Schwester rief meinen Mann. Ich bekam Durchfall, Erbrechen, Zittern. Man gab mir eine Beruhigungsspritze. – Ich habe doch geglaubt, das ist das Ende! – Mein Mann saß lange an meinem Bett. – Wie mir damals zumute war! – Man kann nicht darüber sprechen... – Ich habe ein Mittel bekommen für den Magen. Dann ging es mir besser. Es hat geholfen...

Und heute? Ist der Magen wieder in Ordnung? Sie rauchen...

Ich habe einen gesunden Magen.

Wie ging es dann weiter damals?

Nach der sechsmonatigen Chemotherapie – da meinte ich, meine letzte Stunde sei gekommen. Ich bekam Gürtelrose, Windpocken, den Mund voller Herpes. Das ging ein halbes Jahr lang. – Darmkoliken bekam ich erst zu Hause. Ich ernährte mich von Babynahrung aus Gläschen und von Babybreichen, mit Wasser angerührt. – Ich hatte auch Durchblutungsstörungen. Bekam Strombäder im Krankenhauskeller. Ich war aber viel zu schwach, in den Keller zu laufen.

Das war noch während des Krankenhausaufenthaltes in L.?

Ja. Niemand hat mich in den Keller gefahren. Dieser lange Weg durch den Keller zur Bäderabteilung. Ich habe gedacht, dort liegen die Leichen... Wie man sich da vielleicht fühlt! Ich habe mir in den Morgenmantel einen Zettel mit meinem Namen und der Station gesteckt, damit die überhaupt wissen, wohin ich gehöre, wenn ich umkippe. – Man ist völlig verlassen und einsam. Hat Angst. Ist deprimiert. Niemanden interessiert das.

Ging es wirklich so anonym zu?

Ja. Am Anfang hatte ich doch so große Angst! Jesus, habe ich gedacht, sterben hier viele Leute. – Aber in Wirklichkeit waren es nicht nur »Leichenabteilungen«. – Danach, als ich das wußte, war ich beruhigter. – Aber später bin ich nicht mehr durch den Keller gegangen.

Nach der Chemotherapie ging es Ihnen aber besser?

Ja. Ich hatte drei Jahre Ruhe. Dann kamen wieder Schmerzen. Ich konnte mich kaum auf den Beinen halten. Es fing in den Kniekehlen an. – Wieder Lymphographie. Diesmal hatte man etwas an der Leberpforte gefunden. – Ich hatte Glück gehabt. – Es war nicht die Leber selbst betroffen. – Wieder Bestrahlung. – Meine Mutter ist gestorben. Ganz elend. Das war ein Jahr vorher gewesen. Ich habe mich wahnsinnig aufgeregt. Seelisch war ich am Ende. Dann kam der neue Schub... Sie sehen also...

Sie meinen, es besteht wirklich ein Zusammenhang zwischen psychischen Belastungen und der Krebserkrankung?

Ja! Ja! Ja! – Dann hatte ich einen Stillstand. – Ich wurde nochmals am Hals operiert. Verwachsungen. Die Operation verlief schlecht. Seitdem habe ich Kopfschmerzen.

Hilft die Neuraltherapie nicht?

Doch. Die macht mir Dr. X. Es hilft ein bißchen. – Also, dann hatte ich wieder ein Vierteljahr lang Schmerzen in der Schultergegend. Niemand wußte, wovon. Alles sei in Ordnung. Es hieß: Es kommt von der Narbe. Man muß halt damit leben... Aber wie denn? – Da ging ich zu Dr. X. Ich konnte die Schmerzen nicht mehr aushalten. Ich habe nur noch geweint, weil niemand wußte, was ich hatte und alles so hoffnungslos war... – Wissen Sie, was war? Das Schlüsselbein war angebrochen. – Wenn das Zimmer höher gelegen wäre im Krankenhaus – damals wäre ich hinausgesprungen...

(Frau A. schweigt lange. Ihr Kätzchen kommt ins Zimmer, spielt mit dem Kabel des Tonbandgerätes, verfängt sich, macht possierliche Sprünge. Wir sehen zu, haben Freude an dem kleinen Tier. Die Spannung löst sich.)

Ich mußte dann wieder ins Krankenhaus nach L. zur Bestrahlung.

Weshalb? Wie war es denn zu dem Schlüsselbeinbruch gekommen?

Da war halt was Bösartiges draufgesessen. Der Professor hat geschimpft mit mir, weil ich wieder erst so spät kam. – Aber was sollte ich denn machen? Keiner der Ärzte hatte es doch gesehen! – Dann ist das Schlüsselbein nicht mehr zusammengeheilt. – Jetzt ist nichts mehr los mit meinem Arm. – Ich bin schief. – Habe immer Schmerzen, Nervenentzündungen im Arm... Ich schlucke viel Tabletten.

Was sind das für Tabletten?

Schmerzmittel. – Und was gegen die Depressionen. (Frau A. kann und will darüber nicht sprechen. Depressionen? Man hat sie. Aber man versteht es nicht, wo doch der Mann und die Söhne wirklich sehr lieb sind.) Vitamin B nehme ich viel. – Gegen das Kopfweh kann man nichts machen. Das artet aus. Es ist wie Migräne. – Zum Verrücktwerden. – Ach ja, mein Haar war übrigens auch weg. Es ist nachgewachsen. Aber da unten nicht. Ich hatte eine Perücke, aber die juckte so. – Mit Glatze sieht man grauenhaft aus. Aber ich habe mich nicht im Spiegel betrachtet... Mein Man hat mir die Haare gewaschen. Alles fiel aus. Er hat sie aufgehoben... Weh tut so etwas ja nicht, aber... Ein bißchen eitel ist man halt doch...

Sind Sie in der Klinik beraten worden?

Das spricht sich rum, was man wissen muß. Zum Beispiel, daß die Krankenkasse die Perücke bezahlt, wenn man sie sich verschreiben läßt. – Ich habe meine Rente beantragt. – Mit dem Arm kann ich nichts mehr arbeiten, auch nicht im Haushalt. – Ich war in der Unfallklinik wegen des Arms, aber man kann nichts machen. – Ich war bei einer Heilgymnastikerin. Es half alles nichts. Ich bin im Auto gesessen bei meinem Mann und habe geheult. – Ich war so fertig. – Ich muß jetzt mit meiner Behinderung leben. Aber wenn ich meine Freundin sehe, die liegt im Todeskampf... Sie ist so alt wie ich. (Die Freundin starb zwei Tage nach diesem Gespräch.) Manchmal habe ich die Nase voll... Da will man nicht mehr weitermachen. – Ich habe viele Depressionen gehabt. –

Dann kamen die Wechseljahre. Das war schlimm. Dr. X hat zu meinem Mann gesagt, ich käme nicht darüber weg, über die Krankheit und alles. Aber es waren reine Wechseljahrbeschwerden. – Er wollte mich ins Psychiatrische Landeskrankenhaus einliefern. Da habe ich gesagt: Dann hänge ich mich auf. – Er hat mich nicht weiterbehandeln wollen. – Mein Mann hat mich wieder auf die Füße gestellt.

Es gibt doch auch Medikamente gegen Depression?

Ja. Ich bin dann auch zum Nervenarzt gegangen. Der hat mir ein Antidepressivum verschrieben. Da habe ich am Anfang drei Kapseln genommen. – Jetzt nur noch eine am Tag, das reicht mir. –

Ich weiß nicht, wodurch Depressionen ausgelöst werden. Auf jeden Fall, morgens um acht Uhr habe ich schon geheult und wollte nicht mehr leben. – Früher hatte ich gesagt: Wenn die was zu schaffen hätte, dann hätte sie keine Depressionen. So eine Dummheit habe ich auch nur einmal von mir gegeben. – Ich war wie gelähmt. Konnte nichts tun. Nichts arbeiten. – Ich konnte nicht mehr aufstehen. Es war mir auch vollkommen gleichgültig, wie der Haushalt ausgesehen hat. Aber mein Mann hat das Büro direkt neben dem Schlafzimmer. Da habe ich gewußt, der ist immer da. – Allein gibt man früher auf. – Man kriegt ja solche Angstzustände. Das ist so ein furchtbares Gefühl in der Depression, ich kann es nicht beschreiben. Ich habe es erst vor einem Vierteljahr wieder gehabt. Da habe ich zu meinem Mann gesagt: Wie kommt denn das jetzt wieder an mich hingeflogen, ich habe gedacht, es sei alles überstanden. Aber ich glaube, es kommt von den Schmerzen...

Was nennt denn der Nervenarzt als Ursache für die Depression?

Na ja, die Krankheit und die Schmerzen. Beides. – Manche Ärzte sind ja schnell bei der Hand, einen in die Heilanstalt zu schicken. – Wenn mein Mann zugestimmt hätte, dann wäre ich dort gelandet. – Dort wird man vollgestopft mit Medikamenten bis obenhin. Da wird man dann abhängig und kommt gar nicht mehr auf die Füße.

Aber Antidepressiva machen doch nicht abhängig.

Aber die Beruhigungsmittel. Man kriegt ja schwere Geschütze, damit man Ruhe gibt. Damit man keine Arbeit macht. – Ich habe doch niemanden schikaniert. Ich wollte ja selbst in Ruhe gelassen sein. – Mein Mann ist so gutmütig. Und die Buben auch. Immer haben sie ein Witzchen auf den Lippen. Wir lachen zusammen. Das läßt einen sogar manchmal die Schmerzen vergessen. – In der Nervenklinik...

Ja?

(Keine Antwort.)

Dort wird man doch nicht nur mit Medikamenten gefüttert, sondern es nimmt sich ein Psychotherapeut Zeit zum Gespräch...

Ich schaffe es schon. – Die Behinderung geht nicht mehr weg. – Ich werde immer schiefer. –

Sie sind in einer Selbsthilfegruppe nach Krebs. Entlastet Sie das? Oder belastet Sie das Schicksal der Frauen in der Gruppe eher noch zusätzlich?

Es belastet auch. Jetzt wieder, die Freundin... Ich habe vorhin zwei Beruhigungstabletten gebraucht... Wir besuchen alle Frauen aus der Gruppe, die so schwer krebskrank sind. – Und wenn man sie sieht, dann überlegt man, wie man selber mal enden... – Ich nehme Beruhigungsmittel, wenn ich so zittere. Ich werde ausgeglichener. – Wir haben jedes Jahr Sterbefälle in der Gruppe. –

Ich lag vor dem Schlüsselbeinbruch auch noch ein halbes Jahr in H. Es hatte angefangen wie ein Schnakenstich und ist immer größer geworden. Salbe drauf. Das half nicht. Dann bin ich zum Hautarzt gegangen. Der hat mich in die Uniklinik überwiesen, ambulant. Dort hat jeder etwas anderes gewußt, bis einer mal gefragt hat: Sind Sie krank? – Ja, habe ich gesagt, ich habe Lymphdrüsenkrebs. – Dann wurde operiert: Krebszellen in der Haut. Ein halbes Jahr mußte ich liegen. Ich habe schrecklich ausgesehen. – Ich habe gedacht, ich verfaule und die Beine werden mir abgenommen. – Wie man sich da fühlt! So will man nicht leben. Ekelhaft. – Aber dann habe ich wieder Hoffnung bekommen. – Beruhigungsmittel hat man mir viel gegeben. – Eine Frau hat zum Stationsarzt gesagt: Könnte man uns denn nicht ein bißchen seelisch betreuen? Da hat der Arzt geantwortet: Ich bin nicht der Herr Pfarrer. Die Frau war voller Entsetzen, aber ich habe gesagt: Besser, man sagt gar nichts davon, wie man sich fühlt. Besser man ist ganz still. –

Im Krankenhaus gibt es keine festangestellten Psychiater oder Psychotherapeuten. Es kommen nur Pfarrer. Die bereiten einen auf den lieben Gott vor, obwohl man doch leben will. – Zu meiner Freundin hat der Pfarrer gesagt: Da, wo Sie hinkommen, ist es schöner als hier. – Mein Mann hat zu mir gesagt: Ich habe schöne rote Schuhe gesehen. Wenn du gesund bist, kaufen wir sie. Das hat mir so gutgetan! – Später hat er mir beim Juwelier teure Sachen gekauft. Da habe ich gedacht: Wenn er der Meinung wäre, daß ich bald sterben müßte, dann würde er mir nicht so teuren Schmuck kaufen. – Da habe ich mich dann nicht aufgegeben, weil doch der Mann mehr Hoffnung und Vertrauen hatte als ich. – Ich habe mich wieder schön angezogen. Wir sind zum Essen ausgegangen. – Ich habe psychisch bedingte Muskelkrämpfe gehabt. – In die Sterbeversicherung hat man mich nicht mehr aufgenommen. – Man horcht immer in sich hinein, um zu merken, wann ein Rückfall kommt …

Wie ist der Weg: Sie gehen zuerst zu Ihrem Hausarzt, dann –?

Ich war beim Allgemeinarzt, dann beim Internisten. Dann beim Ohrenarzt. Dann beim Chirurgen. Dann beim Hautarzt. Dann beim Nervenarzt. Dann beim Gynäkologen. Alles. Zuletzt endlich ins Krankenhaus. – Krebs heißt heute nicht mehr: Man muß sterben. Nur erkannt werden muß er rechtzeitig. Und mutlos darf man nicht sein. – Ich habe Hormonspritzen gegen die Wechseljahrbeschwerden bekommen.

(Die erwachsenen Söhne betreten das Zimmer, dann auch der Ehemann.)

Herr A.: Als Außenstehender hat man das kaum verkraften können, was meine Frau verkraften mußte. – Das geht mir nie aus dem Kopf heraus. So wenig, wie wenn man mal gesehen hat, wenn eine Kuh geschlachtet wird. Da kann man kein Fleisch mehr essen... Das geht nicht aus dem Kopf heraus. – Was die Krebskranken seelisch leiden: *das* ist oft die Todesursache, sage ich. Ein Beispiel: Da kommt ein Mann ins Krankenhaus zu Besuch, die Frau hat Krebs. Der guckt schnell rein, und draußen steht die Freundin, und die Frau muß hören, wie die Freundin sagt: Wie weit ist es denn endlich? – Das war das absolute Todesurteil für die Frau. – Es gibt ja oft aus unerklärlichen Gründen eine Besserung. Aber wenn so etwas dazukommt... Das ist das Hackebeil. Der Lebenswille ist dahin... Wo es doch schon schwierig genug ist, mit der Depression wegen der Krankheit fertig zu werden, dann noch so etwas... – Aber Männer leiden übrigens auch, so ist es nicht. Was manche hinnehmen müssen, das ist unwahrscheinlich schlimm. Wir wissen, daß ein Partner sagte: Du stinkst nach Krebs. – Der Mensch ist ein Schwein. – Der Mensch ist eine Ratte. – Das ist meine Meinung. – Die Leute sind überzeugt, Krebs ist ansteckend. Solche Leute kenne ich. Man wird zu wenig aufgeklärt.

B. A.: Aufklärung ja. Aber man kann nicht jedem Menschen sagen, wie krank er ist. Der verkraftet es nicht. Der will nicht hören, jetzt geht es durch die Hölle, aber dann wird alles wieder besser. – Die Öffentlichkeit müßte aufgeklärt werden, das stimmt. Und vor allem die praktischen Ärzte.

Der eine sagt, wenn ich ihm klage, wie erschöpft ich bin: Heute sind alle Leute müde. Der andere sagt, wenn ich ihm erkläre, daß ich so stark abnehme: Seien Sie froh, daß Sie schlank sind. Ist das denn eine Art, mit Menschen umzugehen?

Herr A.: Ein Arzt, der 3000 Krankenscheine durchmachen muß – der hat doch keine Zeit.

B. A.: Und sie behalten die Patienten zu lange, statt zu überweisen. Wenn ich sage, daß ich keinen Alkohol vertrage, daß ich dabei das Gefühl habe, ich ersticke, da sagt der Arzt: Dann lassen Sie das Trinken doch bleiben. – Solche Reaktionen deprimieren einen furchtbar...

Herr A.: Wir wollen aber keine Schuldzuweisungen machen. Gemeinsam kommen wir über die Krankheit und die Depressionen schon weg.

Auskünfte von Experten

Fragen an Dr. Gerhard Jakob, Gynäkologe

Weshalb fiel es den Ärzten so schwer, Frau A.s Krankheit zu erkennen?

Die Erkrankung der Patientin äußerte sich anfangs in untypischer Weise. Die ersten Symptome (Juckreiz, Bronchitis, Müdigkeit) waren ausgesprochen unspezifisch.

Die unauffällige Röntgenaufnahme der Lunge ließ den Befall des Mediastinums (hinter dem Brustbein) nicht erkennen. Initial beginnt die Erkrankung typischerweise mit dem Leitsymptom einer Lymphknotenschwellung am Hals. Die feingewebliche Untersuchung nach Probeentnahme des Lymphknotens ist für die Diagnose entscheidend. Knochenveränderungen finden sich nur in 15 % der Fälle. Die Diagnose kann aufgrund des klinischen Bildes besonders schwierig sein, wenn zunächst Lymphknotenvergrößerungen fehlen.

Gibt es einen Kausalitätsbeweis für die Wechselwirkungen zwischen psychischen und physischen Vorgängen, wie er von Barbara A. vermutet wird?

Verlustereignisse mit den nachfolgenden psychischen Veränderungen wurden als mögliche psychosomatische Ursache von schweren Krankheitszuständen, auch Krebserkrankungen, diskutiert. Jedoch wird kein unmittelbarer Zusammenhang zwischen Krankheitsentstehung und Verlustereignis gesehen, sondern der Hintergrund einer Biographie mit Verlustereignissen in der Kindheit schafft die psychische Grundlage, spätere Verlustereignisse nicht verarbeiten zu können (Le Shan, Meerwein).

Ein Kausalitätsbeweis für kurzfristige Wechselwirkungen

zwischen persönlichen Verlusten und Krankheitsausbruch fehlt.

Wie ist es auf den sogenannten »Krebsstationen« um die seelische Betreuung der Patienten bestellt?

Die seelische Betreuung auf Krebsstationen liegt völlig brach. Der Patient kommt meist nach Feststellung der Diagnose oder nach einer Primärtherapie zur Krebsbehandlung (Bestrahlung, Zytostatikatherapie) auf die sogenannte Krebsstation. Die dort tätigen Ärzte setzen eine völlige Aufklärung des Patienten über deren Zustand und die Diagnose voraus und sprechen deshalb sehr offen über die bestehende Erkrankung, unabhängig von der seelischen Verfassung der Betroffenen. Zudem ist eine Überlastung des Personals chronisch, und eine seelische Betreuung würde viel Zeit erfordern.

Speziell ausgebildete Fachkräfte zur psychischen Betreuung (Psychologen, Ärzte mit Spezialausbildung) fehlen. Nur ein Pfarrer (Seelsorger) steht auf Anfrage zur Verfügung.

Ärzte verstecken sich hinter der Fachsprache und erwekken immer neue Hoffnungen durch weitere diagnostische Verfahren und Behandlungsmöglichkeiten. Ein hoffnungsvoller Patient beansprucht weniger Zeit als ein verzweifeltes Individuum, das lange Gespräche über sinnlose Therapien und schrittweises Sterben fordert.

Frage an Dr. Adalbert Orth, Allgemeinarzt

Barbara A. sagt: »Dann kamen die Wechseljahre. Das war schlimm. Dr. X. hat zu meinem Mann gesagt, ich käme nicht darüber weg, über die Krankheit und alles. Aber es waren reine Wechseljahrbeschwerden.«

Worin besteht der Zusammenhang zwischen Klimakterium und Depression?

Die sogenannten »Wechseljahre« der Frau umfassen in unseren Breiten einen etwa zehnjährigen Zeitraum mit dem 50. Lebensjahr als Mitte. Dies sind allerdings Durchschnittswerte mit starken individuellen Schwankungen.

Es kommt in dieser Zeit zur Erschöpfung der Eierstöcke. Damit hört die vorherige *rhythmische* Ausschüttung relativ *großer* Mengen von Hormonen (Östrogene und Gelbkörperhormon) in das Blut auf. Durch die Verminderung der Eierstockshormone fällt eine ihrer wichtigsten Wirkungen, nämlich die Bremswirkung des Zwischenhirn-Hypophysenvorderlappen-Systems, fort. Die Selbstregulierung eines wichtigen Hormon-Kreislaufes wird unterbrochen. Deshalb leiden etwa 60% aller Frauen während der Wechseljahre an Beschwerden wie Hitzewallungen, Schweißausbrüchen, Schlaflosigkeit, Schwindel, Herzklopfen, nervöser Reizbarkeit, weiteren körperlichen Belästigungen und schließlich Depressionen. Da das ganze vegetative Nervensystem mit dem Kreislauf, der Tätigkeit der Drüsen und vielen anderen Organsystemen lange Jahre auf eine bestimmte Menge von Eierstockshormonen eingestellt war, braucht der Körper einige Zeit, um sich an die neue, hormonärmere Situation anzupassen. Diese Anpassungsschwierigkeiten verursachen die Wechseljahrsbeschwerden.

Es handelt sich aber nicht um Organkrankheiten, sondern um vorübergehende Beschwerden. Sie können mit Hormonen, aber oft auch mit Naturheilmitteln behandelt werden. Manchmal ist jedoch die Gabe stärkerer oder schneller wirksamer Antidepressiva erforderlich. In diesem Fall wäre es gefährlich, abzuwarten oder sich wie Münchhausen am eigenen Schopf aus dem Sumpf ziehen zu wollen. Dann ist der Gang zum Arzt zwingend.

9

Erna Z.
Es wird dann immer so dunkel im Kopf
Ein Tonbandprotokoll und ein Bericht

Frau Z. ist 70 Jahre alt und wohnt in H., einer Kleinstadt. Wir kennen uns noch nicht lange, aber sie erzählt sehr offen von ihrem Leben in Oberschlesien, von der Vertreibung, vom Alleinsein. Ihr erster Mann fiel im Zweiten Weltkrieg, ihr einziges Kind, ein Junge, wurde vor ihren Augen erschossen. Vor einigen Jahren heiratete sie noch einmal, inzwischen 66 Jahre alt. Ein Jahr nach der Eheschließung starb der Mann an Darmkrebs. Sie hat ihn so lange zu Hause gepflegt, wie es ihr möglich war. Überall in der hübschen Wohnung stehen Fotografien dieses Mannes neben Fotografien ihres ersten Mannes und ihres Kindes. Es sind kleine Altäre, die Frau Z. errichtet hat: mit Tüchern gedeckt, mit Kerzen und getrockneten Blumen geschmückt. Hier wird Erinnerung regelrecht zelebriert. Gegenwart findet für Erna Z. nur in Form von körperlichen Beschwerden, Einsamkeit und Angst statt.

Als wir uns kennenlernten, hörte Frau Z. schon sehr schlecht. Lesen war ihr nur mit Hilfe einer Lupe möglich. Fortbewegen konnte sie sich an guten Tagen auf einen Stock gestützt, an schlechten überhaupt nicht.

Diese schlechten Tage waren die Tage, an denen Frau Z. von Traurigkeit überfallen wurde und sich nicht mehr zu helfen wußte. Sie aß dann nicht, nahm den Telefonhörer nicht ab, öffnete nicht die Wohnungstür. Sie lag auf ihrem Bett und wartete auf das Ende, das nicht kommen wollte. Dabei hatte Erna Z. große Angst vor dem Tod. Sie fragte sich, wie es »im Himmel weitergehen sollte mit zwei Ehemännern«. Sie hatte ja beide geliebt und glaubte, sich in einem Leben nach dem Tod entscheiden zu müssen. Das brachte sie in schreckliche Gewissensnot.

Ich bat Frau Z., über ihr Leben und Leiden zu sprechen. Das Tonband lief. Mit fast tonloser Stimme, weinend und klagend, berichtete sie aus ihrem Alltag:

»Ja, als mein zweiter Mann noch lebte, da hat man noch jemanden bei sich gehabt. Wir haben uns ausgezeichnet verstanden. Wir waren zwar schon alt, aber es war eine gute Ehe. Aber jetzt, das Alleinsein, das ist fürchterlich. Immer allein, immer allein. Keine Ansprache. Ja, Herrschaften, man kann doch niemanden bitten. Ich kenne doch niemanden.«

»Worum bitten?«

»Na, daß er einem ein bißchen Ansprache gibt und so. Ich reiß mich immer zusammen, weil es der Doktor sagt. Ich versuche es, soweit es noch geht. Mein Nachbar ist jetzt auch noch ins Krankenhaus gekommen...«

»Auch?«

»Ja, ich war schon sechsmal dies Jahr. Da ist man wenigstens nicht so allein. – Mein erster Mann war Arzt. – Aber wir müssen wohl alles Leid tragen, wie es uns geschickt wird. Man muß sich halt zusammennehmen, sagt mein Arzt. Anderen Menschen geht es auch nicht besser, sagt er. An die gute Zeit darf man schon gar nicht mehr denken... Es ist ja gut, daß ich zu meinem Doktor gegangen bin. Der hat mir Tabletten gegeben gegen das Traurigsein und damit ich nicht so viel grübeln muß. Und er hat mir einen Krückstock geliehen, den muß ich nach drei Tagen zurückbringen, und dann will er mich aber lachen sehen, der Doktor.«

»Wozu brauchen Sie den Stock?«

»Um Gottes willen! Meine Krampfadern! Alles blau und dick. Immer wieder Venenentzündung. Manchmal brauche ich nachts ganz kalte Umschläge, aber niemand ist da, der sie mir anlegt. Und Spritzen. Der Doktor kommt, wenn er in der Gegend ist. Da kommt wenigstens einer und sieht, ob ich noch am Leben bin. Die Spritzen sind gegen Thrombose. Die

Hüften sind ganz blau von den vielen Spritzen. Um Gottes willen! Ich sehe ja so schlecht aus! (Weint.) Ich habe fünf Kilo abgenommen. Jeden Tag Spritzen. Und so viele Ampullen. Zum Aufbauen. (Weint.) Ich kann nicht mehr essen. (Ißt ein Stück Kuchen.) Und meine Bronchitis! Na ja. Die Beine sind gewickelt. Und der Doktor gibt Reizstrom gegen die Schmerzen in den Gelenken. Aber es wird nicht besser.« (Weint.)

»Woher haben Sie denn den schönen Sahnekuchen?«

»Vom Bäcker gegenüber.»

»Sie machen Ihre Einkäufe selbst?«

»Ja. Alles allein. Weil Sie doch heute gekommen sind. Da muß man es doch schön machen und auch etwas Schönes essen. Heute habe ich sogar gekocht. Aber allein gegessen. Sie sind ja nicht früher gekommen. Im Krankenhaus haben sie mich nicht freundlich behandelt. Dabei kennen sie mich doch und wissen, wie schlecht ich mich fühle. Früher habe ich so gerne Sahne und Obst gegessen. Aber jetzt vertrage ich gar nichts mehr. Bekomme Durchfall. Mir bekommt absolut nichts mehr. Von den Tabletten bekomme ich Verstopfung. – Ob ich nicht ins Altenheim gehen will, fragen sie im Krankenhaus immer. Ich sage, nein, ich will zu Hause sterben. Mein Gott, meine schönen Sachen, manches noch von daheim, aus Oberschlesien, wir sind ja vertrieben, alles mußte man zurücklassen, nur die paar schönen Sachen... Die Rosenthalteller und die Leuchter und die Fotografien... Das kriegt man nicht noch einmal auf Erden.«

»Diese schönen Dingen könnten Sie doch mitnehmen ins Altenheim?«

»Was sagen Sie da? Ich habe mir das angesehen: ein Bett, und es ist nicht meines; ein Tisch, an dem wer weiß schon wer gegessen hat; ein Stuhl, ein Schrank. Fertig. Einbaumöbel. Schrecklich. Und wieder allein. Und meine Wohnung ist so schön. Meinen Mann habe ich hier gefüttert bis zum Umfallen... Hier auf dem Teppich hat er gelegen, und ich habe ihn mit meinen schwachen Kräften ins Bett geschleppt.«

»Sie haben also nicht die Absicht, ins Altenheim zu gehen?«

»Na ja. Eigentlich schon. Meine Zukunft. Es gibt hier auf Erden keine Zukunft. Manchmal überlege ich mir, nachts, wenn es in mir drinnen genauso dunkel ist wie draußen, einfach fortzugehen, immer zu gehen, bis ich umfalle und tot bin. Aber man darf das ja nicht, sage ich mir dann. Aber so allein. Und immer die Angst...«

»Wovor fürchten Sie sich denn?«

»Nicht vor Einbrechern. Es ist nur, weil man so allein ist. Und man muß immer an das gleiche denken. Und es ist so ganz dunkel in einem drin. Niemand ist da und sagt etwas. – Der Doktor sagt aber, solange ich noch gehen kann, soll ich hierbleiben bei meinen Erinnerungen. – Und gegen meine Angst hat er Tabletten. Nur wird mir davon oft so übel...«

»Im Altenheim hätten Sie etwas Gesellschaft. Es gibt manchmal Veranstaltungen, und außerdem kann man sich gegenseitig ein bißchen beistehen...«

»Aber all diese Menschen – ich kenne sie doch nicht! Verwandte habe ich im Westen nicht. Niemand besucht mich. Hier, ich zeige Ihnen etwas (holt Fotografien). Das ist zum Sterben mit der Einsamkeit. Am 11. Mai ist mein Mann gestorben. Vor drei Jahren war das. Ich war so erledigt. Am Beerdigungstag war ich krank. Der Doktor sagte: Erschöpfungsdepression. Ich blieb da und habe alle Kerzen in der Wohnung angezündet. Wie die Zeit vergeht. – Morgen kommen die Handwerker. Aber ich mache vielleicht nicht auf.«

»Versorgen Sie Ihre Wohnung allein?«

»Ja, ja. Manchmal wische ich Staub. Jemand kommt alle drei Wochen und saugt und putzt Fenster und bezieht mein Bett frisch... Aber auf dem Bett meines Mannes sind noch die alten Laken, da darf niemand dran... Eigentlich brauchte niemand zu kommen, aber man hat halt alle paar Wochen ein bißchen Ansprache. Aber billig ist das nicht. Das ist so ein privater sozialer Dienst. Junge Leute. Die haben es immer eilig... Früher habe ich gerne gelesen, aber... Da mußte das kommen mit den Augen, ach Gott, ach Gott.«

»Aber Sie können noch fernsehen?«

»Nachrichten und so was, ja. Aber es ist alles ganz verschwommen. Besuch habe ich kaum. Die meisten Bekannten sind schon gestorben. Frau X., mit der ich befreundet war – ist einfach gestorben, an Krebs. So schnell geht das. So ein reizender Mensch war sie gewesen. Gerade das neue Haus abbezahlt und dann das... So schnell geht das. Nur nicht bei mir. Ich will sterben, aber es geht einfach nicht. Was soll ich denn tun? Zum Fenster hinunterspringen und Aufsehen erregen? Ich war immer still und unauffällig. So will ich auch sterben. Aber wie? – Ach, ich soll mich ja beim Gehen gerade halten, immer schön aufrecht, sagt der Doktor. – Aber ich gehe lieber krumm. – Hier, auf dem Bild, das war mein erster Mann. Er denkt an mich im Himmel. Er sieht auf mich und wartet. Aber was ist mit meinem zweiten Mann? Ach Gott, was habe ich für eine Angst vor dem Sterben! – Eine Bekannte von mir hat ihre Mutter zu sich genommen und sie nicht in ein Altenheim gegeben. Aber ich habe niemanden. Ich muß wohl in Pflege gehen irgendwann, sagen sie immer im Krankenhaus. Da hätte ich auch weniger Angst, und die Depressionen gingen weg. Das sagen die so. Ich bin ja so allein. – Haben *Sie* kein Kämmerchen für mich, wo ich wohnen könnte? – Das Meißener Porzellan haben mir die Amis abgekauft damals. In Breslau haben meine Geschwister studiert. Nach dem Krieg sind wir hierhergekommen. Ich habe lange nicht heiraten wollen und dann das. – Ich habe meine Heimat vor ein paar Jahren wiedergesehen. Ach Gott, ach Gott: alles verwahrlost, das schöne Gut meines Vaters. All die lieben Menschen liegen schon unterm Rasen. Ich bin allein übriggeblieben. – Kommen Sie, ich zeige Ihnen mein Schlafzimmer. Hier lag mein Mann, auf diesen Laken, alles unberührt bis heute. Und ich habe ihn gepflegt. Das habe ich im Krieg gelernt als Rotkreuzschwester. Mein Mann war ganz für mich da und ich für ihn. Wir hatten ja sonst nichts. Damals war ich nie so traurig wie jetzt, auch als er krank war nicht. Wir haben uns gesund ernährt nach dem Buch ›Die Kräutermutter‹. Aber jetzt will ich nichts mehr essen. Verhungern geht aber ganz langsam und tut weh, sagt der Doktor. Sie sehen ja, wie ich aussehe. Ich war oft krank. Meine Wirbelsäule, die Bandscheiben. Und jetzt die Arthrose. Ich soll mich bewegen. Aber ich will nicht. Ich liege gerne da und mache nichts. Den ganzen Tag manchmal. Nur auf die Toilette gehen und sich waschen, sonst nichts mehr. Mein Magen verträgt ja auch gar nichts. Und die Galle auch nicht. Im Krankenhaus war ich ein paarmal in diesem Jahr. Aber ich gehe nicht mehr hin. ›Muttchen‹ haben sie zu mir gesagt, und weil mich das ärgerte, sind sie nicht mehr freundlich zu mir. Zusammennehmen, zusammennehmen heißt es da nur und daß ich froh sein soll, wie gut es mir noch geht im Vergleich zu anderen Menschen. *Das kränkt einen doch*! Außerdem wollen sie immer, daß ich in Pflege gehe. Die wollen mich doch nur los sein. Da mache ich mir lieber Hafersuppe und Tee und warte, daß ich sterbe. Vielleicht habe ich doch irgendwann den Mut und helfe ein bißchen nach. Tabletten hat man ja genug, um sich umzubringen. Das reichte für einen Ochsen. Aber was sage ich da.«

»Vor mir müssen Sie keine Angst haben.«

»Ja, verzeihen Sie. In der Heimat war alles so schön. Schlafen kann ich nur noch mit Beruhigungsmitteln. Aber wozu muß ein alter Mensch noch schlafen? Der Doktor hat gesagt, ich solle das einmal positiv sehen: Die Zeit, in der ich nicht schlafe, sei doch geschenkte Zeit. Da könne ich mein Leben noch genießen. Es sei ja in meinem Alter nicht mehr gerade lang... Stellen Sie sich das vor. Ein schöner Trost. Aber so sind die jungen Doktoren halt. Wollen einen aufmuntern. – Schön, daß Sie heute vorbeigekommen sind mit Ihrem Tonband. Manchmal könnte man ja verkommen, weil man zu nichts mehr nütze ist und keiner einen braucht. Jetzt, wo es zeitiger finster wird, ist es ganz schlimm. Und der Nebel dazu. Scheußlich. Kommen Sie, ich zeige Ihnen noch einmal meine Wohnung, die schöne Wäsche und alles. Ich hatte eine gute Ausstattung als Mädchen, aber davon ist jetzt nichts mehr da. Aber hier, diese Fotos kennen Sie noch nicht. Da – meine Mutter am Schreibtisch, sie war sehr gebildet. Und hier der Vater, aber den kennen Sie ja schon. Das war mein Kindermädchen. – Wenn ich sterbe, werfe ich die Bilder weg. Das interessiert doch niemanden mehr. Oder darf ich Ihnen vielleicht...? Ich kann mich nicht entschließen, ins Altenheim zu gehen. – Die Straßen sind aber so krumplig, da kann man leicht fallen. Und die Leute stellen so dumme Fragen. Wenn ich schon immer so finstere Gedanken haben muß, dann wenigstens hier, wo mein Mann bei mir war.«

Als ich mich an diesem Tag verabschiede, sagt Frau Z.: »Sie kommen doch bald wieder?« – Ich kann es nicht versprechen. Der Weg ist weit, ich habe meine Arbeit, meine Familie, wie alle anderen Menschen auch. – Alle? – Ich schäme mich und sage hastig: »Wenn Sie in Not sind, können Sie sich jederzeit bei mir melden.« – Das klingt großzügig, denke ich und weiß, wie demütigend meine Worte für diese Frau sind. Ich mache sie zu einer Art Almosenempfängerin. Aber was kann ich tun?

Einige Tage später kommt lange vor Sonnenaufgang der Anruf, zu dem Frau Z. ein Recht hat. »Bitte, kommen Sie doch«, sagt Erna Z. »Ich habe solche Angst. Kürzlich, als Sie da waren, ging es mir so gut. Oder habe ich zu viel gejammert? Kommen Sie, bitte.«

Ich kann nicht so einfach wegfahren, verspreche Frau Z. aber, sie in zwei Stunden wieder anzurufen. Sie ist sofort am Telefon und sagt mit fast tonloser Stimme: »Bitte, ich will in ein Altenheim. Ich habe solche Angst, wenn ich allein bin.«

Ich frage Frau Z. nach ihrem Arzt, aber sie antwortet mir nicht. »Helfen Sie mir, bitte«, flüstert sie und legt auf.

Ich rufe im Abstand von zwei Stunden an. Frau Z. kann sich darauf verlassen, daß ich an sie denke, sie nicht im Stich lasse. Wir sprechen, per Telefon, den ganzen Tag über immer wieder ein paar Minuten miteinander. Sie lebt von Anruf zu Anruf, wartend. Als ich am späten Abend noch einmal anrufe, verstehe ich sie kaum. Sie habe den ganzen Tag nichts gegessen, sagt sie. Wie so oft. Ich frage noch einmal nach dem Namen ihres Arztes. Sie nennt ihn nicht. Es sei ihr ohnehin alles gleichgültig, sagt sie. Sie habe sich heute auch nicht gewaschen. Auf der Toilette sei sie auch nicht gewesen. Sie liege in ihrem Dreck und warte, daß endlich der Tod komme. Eine Stunde später ruft sie von sich aus an, es ist längst Mitternacht.

»Manchmal«, sagt sie, »hoffe ich, daß ein Auto kommt und mich überfährt, wenn ich einkaufen gehe. Aber was nutzt das Hoffen. Alles ist hoffnungslos. Und jetzt kommt wieder die zweite Hälfte der Nacht, in der die Angst am schlimmsten ist.«

Ich bitte Frau Z., ihren Arzt zu rufen oder mir seine Nummer zu geben. Aber sie weigert sich.

»Der wird mich wieder ins Krankenhaus stecken, wo die Schwestern so häßlich zu mir sind und sagen, daß ich mich nicht zusammennehme. Nein, nein, dorthin gehe ich nicht.«

Wir sprechen noch lange miteinander. Frau Z. wird müde und wirkt nach und nach etwas zuversichtlicher. Schließlich verspreche ich, sie am Wochenende zu besuchen und mit ihr in den Park zu gehen, von dem sie so begeistert gesprochen hat.

Am nächsten Morgen, sehr früh, ruft mich Erna Z. an. Während ich noch völlig verschlafen bin, ist ihre Stimme fest und klar, hat plötzlich Klang und Farbe. Ich höre sie zum erstenmal, seit wir uns kennen, so entschlossen und lebhaft sprechen. »Heute geht es mir besser«, sagt sie. »Die Tabletten haben geholfen und die Tropfen auch. Ich bin noch schwach, aber sonst geht es mir gut. – Vorhin habe ich eine Bekannte angerufen. Wissen Sie, was die mir sagte: Ich solle lieber doch nicht ins Altenheim gehen. Die schönen Sachen hier, die nimmt man mir dann weg. Lieber tot als dorthin. Die Angst aus der Nacht ist heute ganz weg. Ich rufe jetzt meinen Doktor an und sage ihm, wie gut es mir geht. Dann muß ich auch nicht ins Krankenhaus. – Man darf niemandem trauen.«

Ein paar Tage lang höre ich nichts von Frau Z. Dann, wieder frühmorgens, kommt ein Anruf. Es ist der gleiche Hilferuf, den ich schon kenne. Die Stimme ist schwach, monoton. Frau Z. ist sehr wortkarg.

»Helfen Sie mir«, sagt sie. »Ich bringe mich um.« – Wieder bitte ich sie um den Namen ihres Arztes, und wieder weigert sie sich, ihn mir zu nennen. Ich frage, ob sie ihre Tabletten genommen habe. – »Nein.« – Ich bitte sie, den Hörer nicht aufzulegen, Wasser zu holen und die Tabletten zu nehmen. Ich höre zu, wie Erna Z. am Telefon schluckt, schließlich sagt: »So, ich habe meine Medizin genommen. Sind Sie jetzt zufrieden?«

Am Nachmittag des nächsten Tages ruft Frau Z. an, ihre Stimme klingt munter, sie wirkt gefaßt.

»Sie sind mir sehr sympathisch«, sagt sie, »aber man soll fremden Menschen nicht vertrauen. – Ich traue Ihnen nicht. Sie wollen mich doch auch nur abschieben, wenn Sie merken, daß es mir schlechtgeht. Mein Arzt macht sich strafbar, wenn er Ihnen Auskunft gibt, sagt meine Bekannte.«

»Auskunft worüber denn?« frage ich erschrocken.

»Darüber, daß ich Depressionen habe und selbstmordgefährdet bin – manchmal, wenn ich meine Medikamente nicht nehme. Aber ich bin ein freier Mensch und kann sterben, wann ich will. Ich tröste niemanden, auch meine Bekannte nicht, weil mich niemand tröstet, wenn es mir schlechtgeht. Jeder ist ganz für sich allein auf der Welt. Ich bleibe immer allein, egal, ob ich in Pflege gehe oder zu Hause bleibe. Niemand darf sich in meine Verhältnisse einmischen. – Ich habe solchen Schwindel im Kopf, können Sie mir nicht helfen? Das macht mich ganz durcheinander, der dumpfe Kopf. Und diese große Angst manchmal. Man denkt, man muß sterben. Den ganzen Tag liege ich da, und dann nehme ich Tropfen und Tabletten. Aber ich glaube, die sind ganz schlecht. Ich will keine chemischen Sachen. Nur etwas für die Augen. – Was ist denn das überhaupt, eine ›Altersdepression‹? Immer benutzen die Doktoren solche Ausdrücke, unter denen man sich nichts vorstellen kann. – Ich kaufe mir lieber biologische Mittel aus dem Reformhaus. Damit lebe ich noch ein bißchen. Ich nehme doch keine Gifte. Ein Organ wird davon besser, das andere schlechter. Da muß man ja so viel Angst bekommen wie ich und nicht mehr wissen, was man machen soll vor Verzweiflung. Draußen diese Dunkelheit am Abend und mein Mann tot und ich immer allein... Heute habe ich schon zwei Stück Brot gegessen, und an meinen Schmerzen ist nur das Wetter schuld, mir geht es gut, und ich gehe nicht in Pflege. – Warum wollten Sie denn wissen, wie mein Arzt heißt? – Ach so, ich dachte schon, Sie wollten mit ihm unter eine Decke... Ich habe halt immer solche Angstzustände, da wird es dunkel im Kopf, und man weiß nicht mehr, was man tut. Man lebt allein. Da muß man doch aufpassen. Ich habe Ihnen meine guten Sachen gezeigt und dem Doktor auch... Manchmal vergesse ich ja auch einfach, die Tabletten zu nehmen, dann wird es so schlimm. – Besuchen Sie mich wieder? Wir können dann ein bißchen in den Park fahren, wenn das Wetter gut ist.«

Erna Z. ruft mich noch oft an, und wir sprechen sehr viel miteinander. Immer wieder sagt sie mir, daß sie mir mißtraut, weil man allen Menschen mißtrauen müsse. Ich erschrecke inzwischen nicht mehr darüber. Jetzt hat Frau Z. auch gelernt, ihre Antidepressiva nicht gegen ein Mittel aus dem Reformhaus einzutauschen. Die Angstanfälle werden weniger häufig. Was bleibt, ist die Einsamkeit und die Angst vor einer Zukunft im Pflegeheim. Erna Z. durchleidet immer wieder Phasen tiefer Hoffnungslosigkeit, in denen sie sich eine solche Zukunft einfach nicht vorstellen kann. Sie kauft dann nicht mehr ein, ißt nichts, dämmert tagsüber im Halbschlaf vor sich hin und grübelt den immer gleichen Zwangsvorstellungen nach. Sie magert in solchen Phasen ab, nimmt Abführmittel und kann den dünnflüssigen Stuhl nicht halten. Das Gefühl, mit der zweiten Ehe dem ersten Mann Unrecht getan zu haben, wird dann übermächtig. Erna Z. klagt sich an, wo es nichts anzuklagen gibt. Wenn sie sprechen kann, spricht sie unablässig über ihre zahllosen körperlichen Beschwerden. Das Schlimmste dabei ist, daß man ihr nicht ausreden kann, daß sie wie ihr verstorbener Mann an Darmkrebs erkrankt ist. Sie mißtraut ihrem Arzt, der bei ihr vorbeischaut, wenn er in der Gegend ist. »Er will mich nur kontrollieren.«

Am Ende einer solchen Phase beginnt sich Frau Z. wieder zu pflegen und ihre Wohnung in Ordnung zu bringen. Dann versteht sie nicht, daß man sich so »gehenlassen« kann, und schämt sich.

Auskünfte von Experten

Fragen an Dr. Ulrich Pratje, Neurologe und Psychiater

Haben seelische Veränderungen im Alter ihre Ursache in biologischen Veränderungen des Gehirns? Und/oder sind sie sozial-psychologisch bedingt, zum Beispiel durch Verlust von Kontakten, durch die Notwendigkeit, gewohnte Rollen aufzugeben, durch Milieuveränderungen?

Seelische Veränderungen im höheren Lebensalter haben zweifellos ihre Ursache in Alterungsprozessen des Gehirnes. Auch das Gehirn altert, was Menschen vordergründig zum Beispiel in einer gewissen Vergeßlichkeit bemerken, einer eingeschränkten Aufnahmefähigkeit für neue Dinge. Oft merkt es aber zuerst die Umgebung. Ältere Menschen sind geistig wenig wendig, vergessen leicht, können sich nichts merken. Ihre Denkabläufe werden langsam und umständlich. Dazu kommt das Vereinsamungsgefühl. Gleichaltrige Bekannte und Freunde sterben, vielleicht sogar der Ehepartner. Die Kinder haben ihre eigenen Familien, Probleme und Kreise.

Sind Altersdepressionen Krankheitsprozesse mit eigener Gesetzlichkeit oder »nur« traurige Gefühlsregungen, die durch hirnorganische Veränderungen mitbestimmt sind? Ich meine: Ist Altersdepression eine Krankheit, wie es zum Beispiel eine Spätzyklothymie ist?

Auch im höheren Alter gibt es endogene Depressionen, die dem Formenkreis der Zyklothymie zuzurechnen sind. Ihre Symptome sind aber oft nicht so »klassisch« wie in etwas jüngeren Jahren. Zudem werden die Depressionen im höheren Lebensalter oft durch organische Veränderungen zusätzlich verwischt. Dazu kommt natürlich die Möglichkeit einer reaktiven Depression durch Vereinsamung, häufigere Todesfälle, Angst vor dem Tod.

Ist Depression eine Psychose?

Zweifellos ist eine Depression eine Psychose. Grob unterscheiden wir die beiden großen Gruppen endogener Psychosen: zum einen die schizophrenen Psychosen, zum anderen die zyklothymen Psychosen. Zu den letzteren gehört die Depression und als Gegenteil hierzu die Manie, früher manisch-depressive Psychose genannt.

Gehören depressive Verstimmungen zwangsläufig zum Alter? Kennt man die Ursachen für die physiologische Alterung der Ganglienzellen?

Das Gehirn altert wie sämtliche Gewebe des Körpers, die Nervenzelle macht hier keine Ausnahme. Das ist ein physiologischer Prozeß, den wir auch heute noch nicht aufhalten können. Leider nehmen Menschen sehr häufig an, daß man zwar körperlich altern kann, daß aber die geistige Leistungsfähigkeit eigentlich immer gleich bleiben muß. Das ist nicht der Fall. Zur Frage der Zwangsläufigkeit der depressiven Verstimmung im Alter: Sie treten im höheren Lebensalter häufiger auf, meistens als reaktive Depressionen auf Ereignisse der Umwelt, wie Tod von Bekannten, Freunden, Verwandten.

Hat man spezielle Psychopharmaka für den alten Menschen entwickelt, oder dosiert man nur schwächer?

Es gibt keine speziellen Psychopharmaka für ältere Menschen. Hier müssen die gleichen Medikamente angewendet werden wie in jüngeren Lebensjahren. Bei der Dosierung muß berücksichtigt werden, daß einige Medikamente etwas höher, andere hingegen niedriger zugemessen werden müssen.

Ist die Ambivalenz zwischen tiefem Mißtrauen und Anklammerungsbedürfnis typisch für depressive alte Menschen?

Die Angst vor der »Abschiebung« in Pflegeeinrichtungen, Altenheime oder Kliniken ist im höheren Lebensalter relativ groß. Je älter ein Mensch ist, desto schwerer paßt er sich in eine neue Umgebung ein. Auch dies ist ein natürlicher Vorgang, der dann aber andererseits wieder Ängste vor einer solchen Umgebungsveränderung auslöst. Dies alles ist als Reaktion auf Umwelterlebnisse und deren schlechtere Verarbeitung im höheren Lebensalter zu verstehen. Es ist nicht typisch für eine Depression.

Frau Z. ist weinerlich. Ihr Verhältnis zu sich selbst und zur Umwelt kann sie nicht reflektieren. Daraus entsteht eine bestimmte, hypochondrisch wirkende Art der Darstellung. Was ist Hypochondrie? Gehören hypochondrische Züge zur Altersdepression?

Einem älteren Menschen fällt es sehr schwer zu reflektieren, seine Position zur Umwelt richtig zu sehen oder kritisch zu durchdenken, besonders in neuen und für ihn ungewohnten Situationen. Hier manifestiert sich auch der Rückbildungsprozeß des Gehirns. Hinzu kommt, daß viele ältere Menschen Leiden, die allein durch das Alter bedingt sind und eben im echten Sinne keine Krankheiten sind, als solche empfinden und deren Besserung und Behandlung erstreben. Dadurch wirken sie oft hypochondrisch. Ganz abgesehen von der Tatsache, daß hypochondrisch anmutende Leibbeschwerden zum Bild der Depression gehören. Die durch die Depression bedingten nicht krankhaften leiblichen Beschwerden sind aber durch antidepressive Behandlung zu beseitigen.

Fragen an Dr. Adalbert Orth, Allgemeinarzt

Was ist eine Erschöpfungsdepression?

Eine Erschöpfungsdepression ist ein Zustand traurig-ängstlicher oder schwunglos-düsterer Verstimmung. Sie entsteht durch langzeitig immer wiederkehrende seelische Verletzungen und Nadelstiche sowie durch seelischen Dauerdruck. Nicht die körperliche, sondern die seelische Erschöpfung gilt nach neueren Erkenntnissen als Ursache.

Besonders häufig findet man eine Erschöpfungsdepression bei übergewissenhaften, tüchtigen, ehrgeizigen und empfindlichen Menschen. Sie sind vor allem gefährdet, wenn sie sich überfordern und das gesteckte Ziel nicht erreichen können.

Da der Begriff »Erschöpfungsdepression« bei Laien – entsprechend auch der Meinung der älteren psychiatrischen Anschauungen – mehr an eine körperliche Erschöpfung als Ursache denken läßt und da viele Menschen gegenüber der Umwelt lieber als erschöpft denn als depressiv gelten, eignet er sich als Schutzdiagnose für Patienten, für die er nicht im strengen Sinn zutrifft. Ein bißchen Augenzwinkern gehört manchmal zum Arzt-Patienten-Verhältnis.

Beobachten Sie im Alltag Ihrer Praxis, daß besonders viele ältere Menschen an depressiven Verstimmungen leiden? Wie helfen Sie ihnen?

Es stimmt, daß viele ältere Patienten unter depressiven Verstimmungen leiden. Oft sind diese Verstimmungen gut verständlich und einfühlbar aufgrund der Vereinsamung im Alter.

Die Altersdepression kann allerdings auch körperlich durch die Arteriosklerose der Blutgefäße im Gehirn bedingt sein. Ihre Merkmale sind eine nicht so tiefe Traurigkeit, oft wahnhafte Vorstellungen (eine solche Frau erzählte wochenlang, daß sie gestern ihren Mann beerdigt habe), ständiges gleichförmiges Jammern, Hoffnungslosigkeit und unruhiges, getriebenes Wesen.

Alle Menschen mit einer Altersdepression brauchen viel Zuwendung und Geduld. In den Fällen arteriosklerotisch bedingter Depression helfen Injektionen gegen die oft quälenden Halluzinationen. Medikamentös kommen außerdem antidepressive chemische und homöopathische Mittel, Lokalanästhetika im Sinne der Neuraltherapie, Akupunktur, Herz und Kreislauf stützende Mittel, Einstellung von Blutzucker und Blutdruck sowie Behandlung der sonstigen körperlichen Beschwerden in Betracht. Außerdem ist alles wichtig, was die Arteriosklerose bremsen kann.

Im übrigen gibt oder verordnet man als Arzt Zuwendung, Hilfe zu einer Lebensperspektive, Humor, Lob, Ermutigung, Gemeinschaftserlebnisse, Altengymnastik, Altensport, Gruppenarbeit, Kneipp-Anwendungen und nicht zuletzt gesunde Ernährung (vitaminreich, meist kalorienarm, natriumarm, besonders, was die Mineralwässer angeht, leicht verdaulich).

Nach Möglichkeit sollte der ältere Mensch noch Gemeinschaftsaufgaben haben, zum Beispiel in der Familie. Die Jüngeren sollten nicht vorschnell sagen: »Gib her, das mache ich lieber selber!« Beispielhaft wird dieses Problem in den Klöstern gelöst, wo die älteren Schwestern auch im Pensionsalter ihre Aufgaben weitererfüllen, solange sie können. Danach üben sie leichtere Tätigkeiten wie Pförtnerdienst und schließlich Kartoffelschälen in der Klosterküche aus. So erbringen sie immer noch einen Dienst für die Gemeinschaft und kommen sich nicht nutzlos vor.

Auch in der Landwirtschaft und manchen anderen Bereichen findet man noch eine Arbeitsteilung, die den Kräften des älteren Menschen angepaßt ist. Dazu bedarf es der Phantasie und des guten Willens auf beiden Seiten.

Schließlich wird man als Arzt auch mit Medikamenten im oben besprochenen Sinn für möglichst ungestörtes Wohlbefinden der älteren Menschen sorgen.

»Mein Arzt macht sich strafbar, wenn er Ihnen Auskunft gibt«, sagt Frau Z. Wo liegen die Grenzen der ärztlichen Schweigepflicht, wenn es sich um einen suizidgefährdeten Menschen handelt?

Allem übergeordnet gilt auch hier der ärztliche Grundsatz: Salus aegroti suprema lex, das heißt: Das Wohl des Kranken ist oberstes Gesetz!

Dazu gehört, daß der Arzt selbstverständlich die ärztliche Schweigepflicht wahrt. Wenn es aber im Interesse des Kranken nicht anders geht, wird er den Angehörigen insoweit Auskunft und Anweisungen geben, wie es für das Wohl des Kranken unbedingt erforderlich ist und er annehmen kann, daß der Kranke bei klarer Entscheidungsfähigkeit den Arzt dazu autorisieren würde. Daß diese Auffassung auch juristisch gedeckt ist, geht hervor aus:

Dreher/Tröndle, Strafgesetzbuch, 42. A., Besonderer Teil, 15. Abschnitt, § 203,

Rand-Nr. 1): »Wer unbefugt ein fremdes Geheimnis... offenbart, das ihm als Arzt... anvertraut worden oder sonst bekannt ist, wird mit Freiheitsstrafe bis zu einem Jahr oder mit Geldstrafe bestraft.«

Rand-Nr. 7a): ...»auch ein Geisteskranker kann anvertrauen.«

Rand-Nr. 27a): »Unbefugt bedeutet... daß nach einschlägigen gesetzlichen Regelungen und allgemeinen Rechtsgrundsätzen zu prüfen ist, ob das im übrigen tatbestandsmäßige Verhalten straflos ist«... »Befugt handelt der, dessen Handeln gerechtfertigt ist durch besondere gesetzliche Regelungen..., aber auch bei sozialadäquatem Verhalten oder durch allgemeine Rechtfertigungsgründe, insbesondere durch...«

Rand-Nr. 28a): »die Einwilligung des Geheimnisgeschützten... in Betracht kommt auch die mutmaßliche Einwilligung, wenn der Täter im vermeintlichen Interesse... des Geheimgeschützten zu handeln glaubt...«

Rand-Nr. 29b): »gesetzlich geboten kann die Offenbarung in einzelnen Fällen sein. Es ist dann nach den Grundsätzen der Pflichtenkollision zu entscheiden, ob die Pflicht zum Schweigen oder die zum Offenbaren die höhere ist...«

Rand-Nr. 31 c): »in anderen Fällen; so bei rechtfertigendem Notstand, bei Ausüben einer beruflich gebotenen Handlung (Zuziehen eines Gehilfen) »...« der Arzt darf erforderlichenfalls Angehörige warnen...«

Rand-Nr. 33 b): »die Befugnis zur Offenbarung kann beschränkt sein; so in der Einwilligung hinsichtlich des Umfangs der Offenbarung oder des Personenkreises der Mitteilungsempfänger.«

10

Ariane N.
Keiner weiß, wohin das führen wird

Ein Bericht und ein Tonbandprotokoll

Ich kenne Ariane N. seit meiner Gymnasialzeit. Sie war damals für mich, das zwölf- oder dreizehnjährige Mädchen, der Inbegriff von intelligent, beherrscht, frühreif und selbständig. Wir waren gleichaltrig. Als ich in eine andere Stadt zog, schrieben wir uns ausführliche Briefe: Ich stellte darin Fragen und hatte Probleme, Ariane antwortete, und es gab damals nichts, so schien es mir, worüber sie nicht Bescheid gewußt hätte. Ihre Disziplin und realistische Einschätzung unserer Lebensmöglichkeiten, aber auch ihr unerschütterlicher Glaube an einen Heilsplan, als dessen Teil sie sich begriff, und ihre praktischen und musischen Fähigkeiten wurden von mir neidlos bewundert. Doch irgendwann riß der Kontakt ab oder vielmehr: er wurde abgeblockt. Wir verloren uns aus den Augen.

Als erwachsene Frauen, die beide das gleiche Studium absolviert, geheiratet und Kinder aufgezogen hatten, begegneten wir uns wieder. Ariane war krank. Ich fragte sie, ob es ihr möglich sei, für dieses Buch aufzuschreiben, wie ihr die Krebserkrankung psychisch zugesetzt habe, wie sie mit depressiven Verstimmungen fertig geworden sei. Denn daß sie auch diese harte Lebensprüfung bestanden hatte und weiterhin bestehen werde, davon ging ich aus und zweifelte keinen Augenblick daran.

Ariane schickte den folgenden Text zur Veröffentlichung. Einige Tage später schloß sich ein Gespräch an, das ich in Ausschnitten wiedergebe.

Text:
Alles begann vor knapp zehn Jahren. Bei der üblichen jährlichen Vorsorgeuntersuchung beim Frauenarzt stellte dieser einen Knoten in der rechten Brust fest. Er schickte mich zur Mammographie und Untersuchung nach H. Auch dort glaubte man an eine gutartige Geschwulst, die ich aber auf jeden Fall entfernen lassen sollte.

Ich selbst war rein gefühlsmäßig nicht von der Gutartigkeit überzeugt und betrieb die Einweisung ins Krankenhaus. Nach dem Erwachen aus der Narkose erfuhr ich das Ergebnis: Krebs, der Knoten war klein, Lymphknoten waren nicht befallen, Amputation der Brust, jedoch Erhalt der Muskulatur. Dieses Ergebnis, obwohl ja befürchtet, rüttelte mich wach, ich schlief den ganzen Tag nicht mehr zum Erstaunen der Schwestern. Zum Überlegen war ich jedoch zu benommen. Das kam in den folgenden Tagen. Was nun? Gute Tage wechselten mit Tagen voller Niedergeschlagenheit ab. Mein Arzt kam immer mehrmals täglich, wohl um mir das Gefühl der Begleitung zu geben. Nach drei Tagen eröffnete er mir, daß ich in zehn Tagen einen Termin in H. habe, an der Universitätsklinik, die Bestrahlung solle abgesprochen, das Feld eingestellt und markiert werden. Ich fragte mich, wie ich da hinkommen sollte.

Acht Tage nach der Operation wurden die Fäden gezogen. Ich sah zum erstenmal die Narbe. Es hat mich weniger schokkiert, als ich zuvor glaubte und befürchtete. Danach riet mir mein Arzt, bei dem schönen Wetter doch im Krankenhausgarten spazierenzugehen. Die Schwester solle mir Watte geben, um den Büstenhalter auszufüllen. Es war für mich ein Stück Freiheit. Ich zog mich komplett an, setzte mich im Garten auf eine Bank und las. Mitpatienten waren verwundert, daß ich mich anzog. Für mich aber war es ein wichtiger Schritt zum Gesundwerden, ein Stück Normalität. Da ich meist abends Besuch bekam, genoß ich meine Nachmittage.

Zwölf Tage nach der Operation wurde ich entlassen, zwei Tage später fuhr ich nach H. (der Arzt behielt also recht!). In den folgenden Wochen begannen die Bestrahlungen, fünfzehnmal, je vier pro Woche. Jede dauerte drei Minuten. Morgens mit der Taxe hinfahren, drei Minuten in den Bunker, heimfahren, hinlegen. Drei Minuten können endlos lang sein, man hat ja keine Uhr. Ich probierte zu Hause Gedichte aus, Gebete, die drei Minuten »dauerten«. So hatte ich eine Zeitorientierung. Die Bestrahlung vertrug ich recht gut, zur Unterstützung bekam ich noch zusätzliche Infusionen. Zum Überlegen und Überdenken meiner Lage kam ich kaum, die Behandlung und ein wenig Hausarbeit hielten mich so in Trab, daß ich nur noch müde war.

Das kam danach. Ich überlegte: Meine Ausgangsbasis ist recht gut, unsere Tochter werde ich – irgendwie – noch eine Weile begleiten können. Sie war ja erst zehn Jahre alt. Sie akzeptierte ohne weiteres meine veränderte Erscheinung, ebenso mein Mann, obwohl er – so habe ich das Gefühl – meine psychische Lage nicht begriff.

Von nun an war das Jahr aufgeteilt: vierteljährliche, halbjährliche, jährliche Untersuchungen, Arzt, Klinik in H., Labor, Szintigramme. Im ersten Jahr war ich mir recht sicher, daß nichts weiter auftreten werde. Zwischen dem zweiten und dritten Jahr hing ich durch, mein Arzt verordnete Infusionen, die mich auch physisch etwas auf die Beine bringen sollten.

Der nächste große Einschnitt war: Fünf Jahre überstanden: Erfolg. Die Untersuchungen wurden spürbar reduziert. Damit verringerte sich nicht nur der Zeitaufwand, der Druck des Terminkalenders, sondern auch der psychische Druck. Denn jedesmal, wenn eine Untersuchung bevorstand, wurde ich einige Tage zuvor nervös, bekam Alpträume und ähnliches. In dieser Zeit lernte ich, mit der Krankheit zu leben, sie war ein Stück von mir; aber nun war sie leichter zu tragen, ließ größeren Spielraum.

Fast acht Jahre nach der Operation bekam ich eine schlimme Bronchitis, und als diese abklang, blieb ein Schmerz im Brustbereich zurück. Ich konnte genau die Stelle zeigen, die beim Betasten sehr weh tat. Mein Frauenarzt schickte mich wieder nach H. zum Röntgen: Es wurde nichts gefunden. Ich fand das zwar gut, doch der Schmerz blieb hartnäckig, und wir beide, mein Arzt und ich, versuchten ihm auf die Spur zu kommen. Ein Knochenszintigramm und Spezialröntgenaufnahmen klärten die Beschwerden: Es hatten sich Metastasen in den Rippen gebildet. Es war für mich Schock, Enttäuschung, Ratlosigkeit, alles in einem. Die Krankheit hat mich wieder eingeholt. Die Prozedur der Bestrahlungen war mir ja bekannt. Auch dieses Mal vertrug ich sie recht gut. Nach dem Heimkommen eine Tasse Kaffee, etwas essen und hinlegen, sonst wurde mir übel. Die anschließenden Röntgenbilder zeigten, daß die Bestrahlung genutzt hatte. Habe ich Glück gehabt, wieder einmal gewonnen?

Ein halbes Jahr später das nächste Szintigramm zur Kontrolle. Mein Arzt teilte mir den Befund mit: Rippenmetastasen im Rücken. Zur Festlegung der Behandlung müsse ich wieder nach H. Ohne eine weitere Frage zu stellen, stand ich auf und verließ das Sprechzimmer. Mein Arzt ließ mich gehen, er wußte, daß ich nicht mehr ansprechbar war, auch nicht für Erklärungen aufnahmebereit.

Drei Tage später war ich wieder in der Sprechstunde, ein Gespräch war mir jetzt möglich, um mich über die Behandlungen zu informieren.

Die Ärzte in H. beschlossen, eine Chemotherapie durchzuführen, es sollte eine nicht ganz so aggressive Form versucht werden, eventuell sei auch Bestrahlung nötig. Nach drei Behandlungen, das heißt nach drei Monaten, wurde die Bestrahlung gestrichen, sie sei nicht mehr notwendig. Für mich ein Pluspunkt, denn beides zusammen strapazierte sehr. Ich begann die Therapie mit viel Unbehagen, auch ich hatte so manches gehört, aber es verlief bei mir recht gut. Mein Magen rebellierte nur ganz selten, meine Haare fielen nicht ganz aus. Wenn ich sie frisch gewaschen hatte, brauchte ich keine Perücke. Ich habe sie mir aber gekauft, um mir das Leben zu erleichtern. Ich war sehr oft unsagbar müde, schlief sofort ein. Selbst vormittags mußte ich mich hinlegen. Meine Blutwerte näherten sich bedrohlichen Grenzen, aber das merkte ich ja nicht im Befinden! Seit einem halben Jahr ist die Therapie abgeschlossen, wie zu Beginn der Erkrankung ist mein Kalender wieder voll von Untersuchungsterminen.

Wie lebe ich mit der Krankheit, welche Strategien habe ich entwickelt, für mich entdeckt?

Zu Beginn war für mich die Sorge um die Familie noch beherrschend, ich selbst trat zurück. Erst im Laufe der Zeit stellte sich mir die Existenzfrage. Ich bin kein Mensch, der sich in – vielleicht grundlose – Ängste steigert, ich will wissen, wie sich dem Fachmann die Sache zeigt, wie er sie beurteilt. Ich führte lange Gespräche mit meinem Frauenarzt, außerhalb der Sprechstunde, und es war für mich sehr wichtig und hilfreich, die medizinischen Aspekte kennenzulernen, aber auch im psychischen Bereich Hilfe zu erfahren. Schon das Wissen, ich kann den Fachmann fragen, er ist – fast – immer zu erreichen, war mir Hilfe, selbst wenn ich sie nicht überstrapazierte. Es ängstigen einen nämlich auch Dinge, die bei einem Gespräch wirklich aus der Welt geschafft werden können. Ich lernte auch in dieser Zeit, mir selbst etwas Gutes zu tun, wenn ich niedergeschlagen, verstimmt war. Ich kaufte mir zum Beispiel eine Illustrierte, kochte mir Kaffee, aß etwas Süßes dazu und versuchte so, eine Stunde Zeit für mich zu genießen. Meist ging es mir danach besser! Oder ich rief irgendwelche Bekannte an. Denen erzählte ich gar nicht den wahren Grund meines Anrufes. Ich wollte ein bißchen erzählen, so sehr war das auch nicht geschwindelt!

Nach Bekanntwerden der Metastasen nahm ich verstärkt Kontakt zu einer Person auf, bei der ich mich aussprechen konnte. Ich wollte meinen Arzt nicht auch noch persönlich zu sehr vereinnahmen. Mittlerweile gab es obendrein familiäre Schwierigkeiten. Ich brauchte jemanden, der sich meine Probleme anhörte, mit mir versuchte, Lösungen zu finden, Vorschläge machte, Anregungen gab. In langen Gesprächen, persönlich und telefonisch, wurde mir vieles klar, so daß ich es in Worte fassen kann.

Ich fühle mich nicht für meine Krankheit verantwortlich, ich brauche mir keine Vorwürfe zu machen. Damit dieses gute Gewissen bleibt, nehme ich meine Untersuchungstermine genau wahr. Das ist zwar keine Garantie, aber vielleicht eine Chance, zeitig einzugreifen.

Ich betrachte mich als gläubigen Menschen, und ich erfahre immer wieder, daß Leid wohl untrennbar mit unserer menschlichen Existenz verbunden ist. Jeder hat es wohl erfahren; ich rebelliere auch manchmal dagegen. Dinge, die man nicht ändern kann, muß man doch nicht »brav« hinnehmen. Auch mit Gott kann man versuchen zu rechten, was taten die Propheten anderes? Ich versuche mein tägliches Leben so zu leben wie jedermann. Ich denke bei weitem nicht jeden Tag an meine Krankheit. Ich schmiede Pläne, auch über das Morgen hinaus. Wer weiß, was in einem halben Jahr ist? Niemand, und doch werden Pläne gemacht. Vielleicht betrachtet mich die Medizin als sehr krank (schwerkrank?), ich betrachte mich als bedingt gesund. Und treten keine Zwischenfälle ein, werde ich in meinen Augen immer gesünder, obwohl mir klar ist, geheilt bin ich nie. Aber in diesem Zwischenstadium läßt sich leben, sogar recht gut, wenn ich ehrlich bin, und dafür bin ich dankbar. Und dankbar bin ich den Menschen, die mich begleitet haben, und ich weiß, ich werde sie gewiß wieder einmal brauchen, und es ist gut zu wissen, daß jemand da ist, der einen auffängt. Meine Erfahrung ist, Fremde sind dazu besser geeignet als die eigene Familie. Sie fühlt sich nämlich mitbetroffen.

Aus diesem Grunde habe ich mir weitgehend abgewöhnt, der Familie mein Leid zu klagen. Sie fühlt nämlich nicht nur meine Existenz bedroht, sondern auch ihre eigene. Das wird dann wieder zur Belastung für mich. Ein Außenstehender hat ja diese Ängste nicht. Aber ich halte es für ungemein wichtig, in dieser Situation einen »Schuttabladeplatz« zu haben. Ich ziehe es vor, denjenigen zu kennen, für andere ist vielleicht die Telefonseelsorge richtig.

Heute kann ich auch über diese vergangenen Jahre sprechen, ohne mich aufzuregen. In den ersten Jahren konnte ich es nicht. Das ging so weit, daß ich, wenn ich hörte, jemand ist an Brustkrebs gestorben, mich spontan fragte: Und du? Das ist nicht mehr so, obwohl es jetzt vielleicht mehr Grund dazu gäbe. Ich bin auch bereit, mit anderen Betroffenen zu reden, meine Erfahrungen mitzuteilen usw., aber nicht ungefragt. Auf der anderen Seite mache ich kein Hehl aus meiner Krankheit. Aber das Thema »Krebs« ist für mich nicht gesprächsbeherrschend noch lebensbestimmend. Noch nicht – ich hoffe, noch lange nicht! Denn Hoffnung habe ich natürlich auch noch!

Interview:
Frage: Du schreibst: »Gute Tage wechselten mit Tagen voller Niedergeschlagenheit ab ...«

A. N.: Ja. Als ich ins Krankenzimmer kam, war ich aus der Narkose erwacht. Mein Onkel sagte mir das Ergebnis. Das hatte ich vorher so festgelegt. Du erfaßt zwar mit dem Kopf den Tatbestand, aber mehr nicht. Der Tatbestand hat mich so schockiert, daß ich nicht mehr schlafen konnte. Normalerweise dämmert man ja nach der Narkose gnädig vor sich hin. Ich nicht. Am nächsten Tag spürte ich Erleichterung: Es ist vorbei. Und: Der Krebs ist noch rechtzeitig erkannt worden, ich habe noch Chancen. – Dann aber kommt diese physische Erschöpfung, und langsam begreift man den Schrecken. – Da habe ich einmal einen ganzen Nachmittag lang geheult. – Ich kann nicht sagen, weshalb. Ich war einfach so fertig... Wenn mich jemand konkret gefragt hätte, hätte ich gesagt: Ich heule wegen – allem, wegen allem. Es war nichts konkret Definierbares, was mich so deprimierte. Es waren nicht die Schmerzen. Ich konnte nichts sagen. – Die Schwestern kamen mir nicht bei und ließen mich heulen.

Da hat man dich den ganzen Nachmittag deinem heulenden Elend überlassen?

Ja. Man hat gefragt, ob ich Beruhigungsmittel möchte oder so etwas. Aber das habe ich abgelehnt.

Hat sich niemand kurze Zeit zu dir gesetzt?

Nein. Das ist in einem Krankenhausbetrieb nicht möglich. Gegen Abend kam die Visite. Der Arzt fragte, was los gewesen sei mit mir. Ich sagte: Ich weiß es nicht. Ich wußte es tatsächlich nicht.

Lagst du allein im Zimmer?

Nein, zusammen mit einer alten Frau. Sie war schlecht ansprechbar und sehr auf ihre mißliche Lage fixiert.

Wie lange hat es gedauert, bis du wieder einigermaßen in ein seelisches Gleichgewicht zurückfandest?

Ach ja, es wechselte. Mal war es ganz gut, eine Woche oder vierzehn Tage lang. Dann genügte irgendein äußerer Anlaß – manchmal kam es aber auch aus heiterem Himmel –, und ich fühlte mich wieder auf meine Situation gestoßen. Es kam mir zu Bewußtsein, wie schlecht es um mich steht und was noch alles auf mich zukommen kann. Wie wird es weitergehen? Niemand nimmt einem die Angst. Als geheilt wird man ja nicht entlassen.

Hattest du in dieser Zeit einen Menschen, mit dem du deine Ängste und Zweifel besprechen konntest?

Im Prinzip: Nein. Ich wußte nicht, mit wem ich darüber reden sollte. Zumal noch hinzukam, daß mein Mann es nicht gerne sah, daß meine Krankheit überhaupt bekannt wurde. Dieser Krankheit Krebs hängt ein Makel an.

Ein Makel?

Der Makel der Unheilbarkeit. Vielleicht wollte auch mein Mann nicht von anderen gefragt werden: Wie geht es Ihrer Frau? Für ihn tut so etwas niemand aus Anteilnahme, sondern immer aus Neugierde.

Ist das kein menschliches Armutszeugnis, das er sich da ausstellt?

Ja, ja! Sein Kontaktarmutszeugnis. – Parzival hatte es noch gelernt, im entscheidenden Moment endlich zu fragen, was fehlt. – Vielleicht ist das auch unsere Erziehung, daß man nicht nach solchen Dingen wie Brustkrebs fragt. Wenn jemand das Bein gebrochen hat, ist es unproblematisch zu fragen, wie geht es, wann kommt der Gips ab? – Aber bei solchen gravierenden Dingen wie Krebs, die in gewissem Sinne ja nie zu Ende sind und bei denen keiner weiß, wohin sie führen, da fragt man nicht. Da macht man nur einen Besuch im Krankenhaus, wenn man es nicht umgehen kann. Man hat Hemmungen, weil man nicht weiß, wie man dem Krebskranken gegenübertreten soll. – Das muntert den aber nicht gerade auf...

Da geht es also um die Hilflosigkeit des von der Krankheit nicht unmittelbar Betroffenen?

Ja. Der Gesunde schirmt sich ab. Er will sich nicht aufregen. Er will sich etwas Unangenehmes ersparen. Das ist eine Mischung aus Hilflosigkeit, Egoismus, Konvention. Das sind Bezugssysteme im psychischen Bereich, wo man versucht, sich möglichst ohne Aufwand durchzuschlängeln.

Und das bedrückt den Kranken zusätzlich?

Ja.

Man hält es ja auch schlecht aus, wenn jemand weint und man danebensitzt. Man versucht heftig zu trösten oder abzulenken, damit der oder die Weinende rasch aufhört, weil es einem peinlich oder unangenehm ist. Man will nicht dem Weinenden seine Traurigkeit nehmen, sondern man will sich selbst aus der Situation befreien, will sie abkürzen.

Ja, ja! – Mein Mann hat mich niemals gefragt, wie ich die Amputation empfinde, wie es mich trifft. Darüber wurde nie gesprochen. Oder was diese Diagnose Krebs überhaupt in mir ausgelöst hat. Das wurde immer übergangen.

Hat er es nicht begriffen oder nur nicht zum Ausdruck bringen können?

Ich glaube, er begreift es nicht. Er will und kann nicht begreifen. Er hat sich eingemauert und betrachtet die Außenwelt nur noch durch ein Guckloch. Und zwar dann, wenn er dazu Lust hat. Die Distanz, die auf diese Weise hergestellt wird, bestimmt er.

Ich hatte beim Lesen deines Textes eher vermutet, daß sich dein Mann als Mann nicht in deine Situation als Frau eindenken kann. Er kann nicht nachfühlen, was eine Amputation der Brust für eine Frau bedeuten kann.

Nein.

Das Entsetzen, die Angst vor jeder Art von Verstümmelung, sitzt doch tief im Menschen drin.

Nein. Mir hat das wenig zu schaffen gemacht. Es war mehr die Diagnose... Ich habe eine gute Prothese.

Vor jeder Untersuchung wurdest du nervös und bekamst Alpträume...

Ja. Wenn du genau weißt, am Donnerstag mußt du zur Untersuchung... Je näher der Donnerstag dann kommt, desto mehr Angst hast du vor dem Ergebnis, das sie bringt. – Man schläft schlecht. Ich habe dann immer das Gefühl, vor dem Untersuchungstermin... Also, wenn ich morgens die Zeitung nehme, sehe, es ist Dienstag, dann denke ich sofort: noch zwei Tage. Das ist vergleichbar mit dem Gefühl im Magen, das man hat, wenn man in eine Prüfung geht. Das kann sich steigern bis zu Durchfall. – Man hat zu nichts Lust. Man will keine Einladungen annehmen. Aber wenn man es nicht umgehen kann, muß man freundlich sein und muß lachen, obwohl einem... In diesem Zustand, in dieser Stimmung... Ich hatte Alpträume, daß ich zu der Untersuchung kam und wieder weggeschickt wurde und voller Angst wieder hingelaufen bin und wieder ohne Untersuchung weggeschickt wurde usw.: Das war ein Rennen nach einem Ergebnis.

Nach acht Jahren kamen die Metastasen.

Ja. Ich wurde am Telefon von Dr. X. davon unterrichtet.

Am Telefon?

Ja. Er hat am Telefon gesagt: Es tut mir leid, bitte, kommen Sie morgen zur weiteren Untersuchung zu mir.

Da warst du allein in der Wohnung?

Ja. Und ich saß da und schluckte. Da war ich ziemlich niedergeschlagen. Das war... Da war ich dann soweit, daß ich Pfarrer X anrief. Da brauchte ich einen Ansprechpartner.

Das ist aber ein Wort!

Wie soll ich denn sagen?

Freund. Er ist dir doch ein guter Freund, oder nicht?

Ja. Aber das ist mißverständlich. Da muß man vorsichtig sein mit diesem Wort bei Angehörigen dieses Berufes. – Aber vorher war ich ja noch bei meinem Arzt. Ich war dort nicht mehr ansprechbar. Ich habe mir alles angehört und bin gegangen. – Ich war nicht in der Lage, nach Hause zu gehen. Ich weiß nicht, was ich getan hätte, wenn mich dort jemand angesprochen hätte.

Und da gingst du zu dem Pfarrer?

Ja. Er war auch erschrocken. Wir haben dann alles gemeinsam durchgesprochen. Er hat mich abgelenkt, damit ich nicht völlig... Ich hatte einfach Kontakt zu einem Menschen nötig. – Natürlich ging es auch in unserem Gespräch um Existenzfragen. – Wenn man jedes halbe Jahr ein neues Untersuchungsergebnis bekommt, da sagt man sich ja: Irgendwann sind die Phasen der Bestrahlung und Chemotherapie vorbei und... Wie lange dauert es noch? – Fragen, auf die dir kein Mensch Antwort geben kann. Damit zu leben... Die Fragen tauchen auf.

Und wie kommst du damit jetzt zurecht?

Ja, das ist halt... Ich kann die Frage nicht permanent verdrängen. Gewisse Dinge überlegt man sich. Ich weiß, daß ich, wenn ich in die Phase komme, wo der Ausgang sehr kritisch ist, daß ich es dann nicht machen werde wie allgemein üblich: Drei Tage vor dem Tod im Krankenhaus eine Krankensalbung... Bei halber Bewußtlosigkeit...

Darüber machst du dir Gedanken?

Ja. Sie kommen. Je öfter ich behandelt werde, desto näher kommt die Phase, wo mir im Prinzip niemand mehr helfen kann. Das kann zwanzig Jahre dauern, es kann auch in fünf Jahren sein. Wenn ich nach den Statistiken gehe, muß ich sagen: Mit hoher Wahrscheinlichkeit ist der gefürchtete Punkt in drei Jahren erreicht. – Mein Mann will immer die Prognose wissen. Er schickte mich zum Arzt, um nach der Prognose zu fragen... – Ich will nicht von Herrn Y beerdigt werden, absolut nicht. – Gedankenlosigkeiten stoßen mich seit den letzten Jahren sehr ab. Ich bin wesentlich empflindlicher geworden. Auch gegenüber Dingen, die man in der Zeitung liest. Wo man von einer »neuen Qualität der Gewalt« lesen kann.

Die Krankheit hat dich sensibler gemacht?

Ja. Sehr. Ich fühle mich von Vorkommnissen oft hautnah betroffen. Ich las von einer Aktion für Patienten der Nervenheilanstalt. Da war die Rede von »abgeschriebenen Langzeitpatienten«. Das sind Dinge, die mir oft tagelang nachgehen und mich deprimieren. Diese Brutalität im Umgang miteinander!

Auch Sprache kann brutal sein, das vergessen die meisten Menschen.

Ja. Oft hätte man nicht den Mut, zu den Betroffenen selbst so brutal zu sein. Aber die Sprache entlarvt. Das sind Dinge, die mich jetzt enorm stören und belasten.

Du schreibst: »Zu Beginn war für mich die Sorge um die Familie noch beherrschend, ich selbst trat zurück.« – Wie ist das heute?

Die Familie braucht mich nicht mehr in dem Sinn wie früher. Ich habe mehr Zeit für mich, beschäftige mich mehr mit mir. – Ich lese auch mehr. – Mein Mann brachte mir vor ein paar Jahren von Maxi Wander das Buch »Leben wär' eine prima Alternative«, das Tagebuch einer Brustkrebskranken, das nach ihrem Tod veröffentlicht wurde. – Mein Mann verstand damals meine Reaktion auf seine gutgemeinte Tat nicht.

Die ahnungslosen Gutmeinenden sind für mich die gefährlichsten Zeitgenossen. – Wie hast du denn reagiert?

Aggressiv. Es war absurd. Es hat mich getroffen. Ich kann nicht mit ihm reden...

Im psychischen Bereich hast du immer Hilfe gefunden?

Ja, von meinem Arzt. Ich konnte jederzeit anrufen oder darum bitten, daß er mich anruft. Ich bekam immer Termine am Ende der Sprechstunde, wenn er für mich Zeit hatte. Er ist vorbildlich. Ich kann jederzeit kommen. Wir sprechen über alles, auch über die Zukunft und über die Probleme mit meinem Mann. Ich habe volles Vertrauen zu meinem Arzt. Als ich ihm erklärte, ich ziehe aus, ziehe in eine eigene Wohnung, sagte er: Herzlichen Glückwunsch. – Als ich von der Freundin meines Mannes erfahren habe, kurz bevor ich zur Kur ging, hatte ich zu meinem Arzt gesagt: Ich kann nicht mehr. Das hatte er noch nie von mir gehört. Das habe ich in all den Jahren nie gesagt. Er wußte, wenn ich das sage, dann geht die Welt unter, jetzt ist es aus. Das ist mehr gewesen als nur Deprimiertsein.

Familiäre Schwierigkeiten – meinst du damit eure Kontaktschwierigkeiten?

Die Ehe ist in die Brüche gegangen. Wie es weitergehen wird? Es ist wie mit der Krankheit. Das Abwarten muß man lernen. Rebellieren hilft nicht. Resignieren auch nicht. Ich fühle mich auch nicht schuldig. Ich habe mir die Krankheit nicht zugelegt, um die Familie unter Druck zu setzen. Das ist eine ungeheure psychische Belastung, wenn einem das vorgeworfen wird. Am Schluß entschuldigt man sich noch dafür, daß man noch ein paar Jahre lebt.

Du hast dir abgewöhnt, mit deiner Familie über deine Ängste und deine Niedergeschlagenheit zu sprechen?

Ja. Sie fühlen sich in ihrer Existenz bedroht. Für einen anderen Menschen trifft das nicht zu. Dessen Leben und sein Umkreis zerbrechen nicht, selbst durch meinen Tod nicht. Meine Existenz ist nicht so weit mit der seinen verbunden, daß er durch mich zerbricht. Deshalb sind andere Menschen als Stütze und seelische Hilfe geeigneter als die Familie. Trotz allem empfinde ich diese Tatsache persönlich als Mangel, als Armut im Zusammenleben.

Auskünfte eines Experten

Fragen an Dr. Gerhard Jakob, Gynäkologe

Bestimmte internistische Leiden verursachen depressive Zustände. Kann man davon ausgehen, daß auch Krebserkrankungen – neben reaktiven Depressionen – endogene Depressionen verursachen, die als direkte Begleitsymptome des Krankheitsprozesses verstanden werden müssen?

Ein körperliches Leiden kann als Folge eine exogene Depression verursachen. Dabei käme auch ein bösartiger Hirntumor als auslösender Faktor, neben vielen anderen gutartigen Erkrankungen (zum Beispiel Arteriosklerose) in Frage. Die Krebserkrankung als Ursache der exogenen Depression wäre jedoch die Ausnahme.

Die Entstehung der endogenen Depression hingegen ist ohne erkennbare körperliche Ursache oder ohne kausalen Zusammenhang mit Erlebnissen definiert, ist also nicht in Verbindung mit Krebserkrankungen zu erwarten.

Die Erkenntnis einer Krebserkrankung erschüttert die seelische Struktur eines Menschen derart, daß eine reaktive Depression als Folge möglich erscheint.

Sind Chemotherapie und Strahlentherapie depressiogen?

Chemotherapie und Strahlentherapie wirken an sich nicht depressiogen. Allerdings sind diese Behandlungsmöglichkeiten über die eigentliche Erkrankung hinaus körperlich (somatisch) derart belastend, daß psychogene Reaktionen nicht ausbleiben. Depressive Phasen im Rahmen der Tumortherapie sind zu erwarten. Die Behandlung des Patienten sollte in Gesprächen mit »seinem« Arzt bestehen, welcher der Traurigkeit seines Patienten viel Verständnis entgegenbringen muß.

Darüber hinaus stellt die Familie den wichtigsten Therapiefaktor dar. Arzt und Familie müssen gemeinsam die Betreuung tragen. Dann läßt sich in dieser Erkrankungsphase eine medikamentöse psychische Therapie meist umgehen.

11

Gespräch mit Doris K. über ihre Erfahrungen als mittelbar Betroffene

Ein Tonbandprotokoll

Doris K.: Meine Mutter hatte im Herbst vor zwei Jahren erstmals über organische Beschwerden geklagt. Ich fuhr sie von einem Arzt zum anderen, aber ohne Erfolg.

Frage: Also ohne positive organische Befunde?

Ja. Und da war mir schon klargeworden, daß etwas Psychisches die Ursache für ihr schlechtes Befinden sein mußte. – Das hat sich so den ganzen Winter hingezogen. Ich habe sie getröstet, habe es übergangen, habe gesagt: Das wird schon wieder.

Wie alt ist Ihre Mutter?

Sie ist Jahrgang 1923, war also damals 62 Jahre alt. – Ich glaube zwar nicht, daß es der auslösende Faktor war, aber damals arbeitete sie an Erinnerungen, schrieb über ihre Kriegserlebnisse.

Für sich persönlich, um diese Zeit aufzuarbeiten, oder dachte sie an eine Veröffentlichung?

Sie schrieb für ihre Kinder. Sie hat eine bewegte Zeit erlebt. Meine Eltern sind Deutschstämmige aus Jugoslawien. Sie wollte die Erlebnisse der Flucht für uns Kinder festhalten. Deshalb schrieb sie sie auf. – 1944, als die Russen einmarschierten, flohen meine Mutter und Großmutter, sonst wären sie in ein Lager gekommen. 1946 kam meine Mutter über die Grenze nach Deutschland – nach zweijähriger Odyssee. – Diese Erlebnisse schrieb meine Mutter also auf, weil sie sie sehr beschäftigten. Meine älteste Schwester – sie ist Fürsorgerin – bezog die Erkrankung meiner Mutter auf die unvergessenen Kriegserlebnisse, aber das glaube ich nicht. – Eine andere vermutete Ursache halte ich nicht für ausgeschlossen: Vor zwei Jahren hat sie ihr Haus, mein Elternhaus, auf meinen Bruder übertragen. Das Verhältnis zwischen der Mutter und dem Bruder war immer wunderbar gewesen, aber zu diesem Zeitpunkt – mein Bruder ist der einzige Sohn, und der einzige Sohn bekommt natürlich das Haus, allerdings mit der Verpflichtung, daß er seine Eltern versorgen wird –, zu diesem Zeitpunkt des Krankwerdens kam meiner Mutter zu Bewußtsein: Sie hat sich ausgeliefert. Das Verhältnis verschlechterte sich furchtbar. Mein Bruder verwies die Mutter in ihre Schranken, sagte, was sie dürfe und was nicht... Ich finde, dies war der Auslöser für die Depression. Das Ausgeliefertsein hat sie nicht verkraftet.

Sie unterscheiden also zu Recht zwischen Ursache, die es vermutlich nicht gibt, nicht erkennbar gibt, und Auslöser. – Ihr Vater lebt doch noch. Wie reagierte er?

Er äußerte sich überhaupt nicht. Er kümmerte sich zwar rührend um meine Mutter, aber er machte es wie ich: Er versuchte, ihre Beschwerden zu übergehen, zu ignorieren, zu sagen: Es ist nichts Ernsthaftes. Meine Mutter klammerte sich aber an den Gedanken, es sei etwas Organisches: Krebs. – Das ging also den ganzen Winter über so. Im Mai sind meine Eltern in Urlaub gefahren, aber als sie zurückkamen, fühlte sich meine Mutter furchtbar elend und legte sich jeden Tag ins Bett.

Das war aber doch schon ein Alarmzeichen?

Ja. Ich habe sie zu Ärzten gebracht, zum Röntgen, alles mögliche. Nichts wurde gefunden. Aber meine Mutter konnte es nicht glauben.

Wie auch? Wenn man sich krank fühlt, ist *man in gewissem Sinne auch krank.*

Ja. Ich sagte: Jetzt braucht sie einen Psychiater. Da protestierte meine älteste Schwester, die Fürsorgerin ist, und sagte: Das nützt nichts, sie braucht einen Psychotherapeuten, sicher hat sie eine Depression.

Wer stellte diese Diagnose? Welcher Arzt?

Der Internist. Er sagte, gehen Sie zum Psychiater, Ihre Mutter hat wahrscheinlich eine Depression. – Da war meine Mutter empört!

Wohnen Ihre Geschwister alle im gleichen Dorf?

In der nahen Umgebung. – Meine Geschwister beschlossen mehrheitlich: Die Mutter muß zu einem Psychotherapeuten. Mein Bruder hörte auf die Meinung meiner älteren Schwester, weil er sich kritiklos ihrer Meinung angeschlossen hatte. – Der Arzt in X. hat dann acht Tage lang Psychotherapie versucht...

War er auch der Meinung, es handele sich um eine endogene Depression?

Ja.

Und trotzdem gab er nicht Medikamente, sondern begann eine Gesprächstherapie?

Ja. – Nach acht Tagen sagte meine Mutter, sie halte es nicht mehr aus, sie habe solche Schmerzen, sie bringe sich um, sie könne das Leben nicht mehr ertragen. – Der Arzt sagte dann, sie müsse in eine Psychiatrische Klinik, ich solle sie in die Klinik X. bringen. – Das war für mich natürlich... – Meine eigene Mutter... – Der Arzt sagte, besprechen Sie sich mit Ihrem Vater. Wenn Sie jemanden haben, der Ihre Mutter rund um die Uhr betreut, dann können wir sie auch zu Hause behandeln.

Mit Medikamenten?

Ja. Er hätte dann Medikamente gegeben. – Ich unterhielt mich mit meinem Vater. Ich selbst konnte in den nächsten sechs Wochen keinen Urlaub nehmen. – Mein Bruder war am Morgen dieses Tages in Urlaub gefahren. – Meine ältere Schwester fuhr zwei Tage später in Urlaub.

Sie meinen, das war eine Art Flucht?

Nein. – Unverständnis. Der Urlaub war geplant und wurde nicht verschoben. Meine Geschwister hatten zu meiner Mutter vorher schon gesagt: Jetzt reiß dich endlich mal zusammen. Wortwörtlich. Meine Schwester erklärte mir den Verlauf einer Depression, und was in diesem Fall zu tun ist, was richtig ist und gut.

Sie meinen, Ihre Schwester kannte sich im Grunde mit Depressionen nicht aus, hatte falsche Vorstellungen?

Ja. – Die Geschwister setzten sich ab und sagten: Wir können ihr (der Mutter) sowieso nicht helfen. Sie soll sich zusammenreißen. – Also, ich wußte keinen Ausweg. Zusammen mit meinem Vater fuhr ich meine Mutter ins Psychiatrische Landeskrankenhaus. – Für mich war das so schlimm! – Ich habe wirklich nicht nahe am Wasser gebaut, aber da mußte ich den ganzen Weg weinen, es war so schrecklich. – Meine Mutter war nicht mehr entscheidungsfähig. – Der Patient ist ja völlig ratlos. – Ich habe mir eine Depression so nicht vorgestellt. – Wenn man meine Mutter irgend etwas fragte, antwortete sie nur: Ich weiß es nicht. – Sie kam gleich in die geschlossene Abteilung.

Was bedeutet das?

Sie darf und kann nicht allein die kleine Station verlassen, nicht ohne Begleitung. – Die Tür war abgeschlossen, die Fenster... die Griffe waren abmontiert. Der Patient kann das Fenster nicht öffnen. – Die Mutter sollte sich sofort an der Arbeit auf der Station beteiligen, Tisch decken, Zimmer putzen...

Galt das als Beschäftigungstherapie?

Ja. – Obwohl sich meine Mutter doch so schlecht fühlte und sich immer ins Bett legen mußte. – Ich habe ihr in den ersten Tagen selbst die Haare gewaschen. – Die Mitpatientin hat meiner Mutter dann in der ersten Zeit die Arbeit abgenommen. – Nach acht Tagen wollte meine Mutter aus dem Krankenhaus heraus, nach Hause. Aber das hat sie nicht geschafft.

Wie lange mußte Ihre Mutter bleiben?

Acht Wochen. – Das war für meine Mutter schrecklich lang. Sie sagte: Ich fühle mich eingesperrt wie im Gefängnis. – Mein Vater und ich fuhren jeden dritten Tag zu ihr. – Die ersten acht Tage telefonierten Vater und auch ich täglich mit Mutter, versuchten ihr Mut zu machen, aber sie sah alles hoffnungslos. – Das war auch eine Belastung, die Fahrten.

Wie bewältigten Ihre Mutter, Ihr Vater, die Familie die Zeit nach der Entlassung?

Das war auch schlimm. – Zurück ins häusliche Milieu, zur Nachbarschaft... Ich dachte anfangs, meine Mutter schafft es nicht. – Jeder im Dorf kennt jeden. Davor hatte meine Mutter schon während des Klinikaufenthaltes schreckliche Angst. – Alle denken, ich bin verrückt, sagte sie. – Sie hatte aber Glück. Sie wurde von den Dorfbewohnern sehr freundlich und liebevoll aufgenommen. Aber in der ersten Zeit fiel es ihr schwer, sehr schwer, einen Schritt hinaus auf die Straße zu tun. – Meine Mutter stellte sich vor, jeder werde mit Fingern auf sie zeigen. – Daß es nicht so war, das war entscheidend für sie. – Sie hat sehr viel Anteilnahme erfahren. – Es ist ihr leichtgemacht worden, aber zuvor hatte sie panische Angst ausgestanden. – Ich selbst hatte es mir auch schwieriger vorgestellt, hatte nicht gedacht, daß es so reibungslos verläuft im Dorf. – Ich vermute, das ging deshalb so gut, weil die Depression ja nicht die Persönlichkeit meiner Mutter veränderte. – Mein Vater half meiner Mutter auch sehr, als sie nicht den Mut hatte, das Haus zu verlassen. Er sagte: So, jetzt gehen wir einfach zusammen. Heute ist eine Veranstaltung, da gehen wir hin.

Meine Eltern sind in sehr vielen Vereinen engagiert und nehmen am Dorfleben aktiv teil. – Mein Vater hat der Mutter immer wieder zugeredet: Du brauchst keine Angst zu haben. Jeder meint es ehrlich mit dir. – Das mußte mein Vater immer wieder beteuern. – Ihm ist es zu verdanken, daß meine Mutter es so problemlos geschafft hat. – Nein, problemlos war es sicher nicht. – Die ersten vier Wochen hat er es schwer gehabt. – Er mußte ihr immer wieder gut zureden. – Er versprach ihr auch, sofort mit ihr nach Hause zu gehen, wenn sie das Gefühl habe, es nicht mehr aushalten zu können. – Versuche es wenigstens, sagte er. – Dann hat er es diplomatisch gemacht und gesagt: Komm mir zuliebe mit, ich kann nicht immer nur zu Hause sitzen oder allein fortgehen. – Es war gut, daß mein Vater bereits Rentner ist und immer bei meiner Mutter sein konnte, wenn sie es brauchte. – Er hat sehr mitgelitten. In der Klinik hat er sich bei den Besuchen nichts anmerken lassen, aber wenn wir dann nach Hause gefahren sind – er hat kein Auto, ich mußte ihn immer fahren –, hat er jedesmal geweint, das war für ihn hart. – Für ihn war es das Schlimmste, was passieren konnte: seine Frau in der Nervenklinik. – Früher war meine Mutter ja auch schon krank gewesen, hat Operationen gehabt, aber das war vergleichsweise alles nicht schlimm. Das Schlimmste, was passieren kann, ist die Einlieferung in eine solche Klinik.

Wieso? Weshalb empfindet man das als so katastrophal? Die Depression ist ja bei rechtzeitiger und richtiger Behandlung weniger lebensbedrohend als zum Beispiel eine schwere Operation.

Ja. Aber was der Patient mitmacht... Die Ängste! Es war selbst für mich, die ich mit Kranken zu tun habe, kaum vorstellbar, wie schlimm eine Depression sein kann. – Das habe ich erst an meiner Mutter erlebt. – Jetzt verstehe ich, daß der Patient sich nicht anders verhalten kann. Er *kann* sich nicht zusammennehmen. – Was meine Mutter an Ängsten ausgestanden hat! Und das Gefühl des Verlassenseins, das konnte man ihr einfach nicht nehmen. Selbst wenn ich ihr stundenlang die Hand hielt – es hat nichts geholfen. Sie hat sich allein gefühlt.

Können Sie in diesem Zusammenhang noch etwas über die Reaktion Ihrer drei Geschwister erzählen?

Mein Bruder war vier Wochen fort, meine ältere Schwester drei Wochen, und sie hat der Mutter nur eine Karte geschrieben, obwohl sie ihr sehr viel zu verdanken hat. Sie ist geschieden (die Schwester), und das Kind ist oft bei meiner Mutter. Allein deshalb schon finde ich, sie hätte hierbleiben sollen, aus Dankbarkeit. – Das hätte verhindert, daß meine Mutter in die Klinik mußte. – Zwischen meiner Schwester und mir kam es deshalb zu einem Zerwürfnis. Wir sprechen bis heute nur das Notwendigste miteinander, und das auch nur meiner Mutter zuliebe. – Meine Schwester war der Meinung, sie habe sich ihren Urlaub verdient, und ist abgereist. – Wenn sie dageblieben wäre, hätten wir es gemeinsam geschafft, meine Mutter rund um die Uhr zu betreuen. – Meiner Schwester fehlte das Verständnis. – Jetzt bemüht sie sich allerdings um meine Mutter. – Mein Bruder ist selbständig und hätte seinen Urlaub auch verschieben können. Meine Schwägerin ist nicht berufstätig, die beiden haben auch keine Kinder – und sind trotzdem weggefahren mit der Begründung, die Mutter »stelle sich nur an«, sie solle sich zusammennehmen, kein Theater machen...

Ist diese Haltung nicht auch ein Zeichen des Unverständnisses gegenüber der Krankheit Depression?

Ja. – Unverständnis. – Ich habe aber meinen Geschwistern gesagt, daß ich der Meinung bin, die Mutter brauche uns jetzt *alle*. – Nicht nur mich. Ich habe es in der Klinik gemerkt. Ich konnte der Mutter noch so oft sagen: Ich bin ja da, du bist nicht allein. Immer hat sie geantwortet: Die anderen haben mich allein gelassen. – Das hat sie sehr hart getroffen. – Mein Bruder schrieb nicht; rief nur einmal an. Zwei Tage vor Urlaubsende meines Bruders telefonierte ich mit ihm und sagte: Hilf mir, die Mutter aus der Klinik zu holen. Schließlich wohnte er ja im gleichen Haus und konnte in der Klinik sagen, daß er bei der Betreuung mithelfen werde. – Die Mutter klammerte sich in der Klinik an mich und sagte: Nimm mich hier heraus. – Meine jüngste Schwester war zwar da, hatte Verständnis gezeigt, aber nachdem die Mutter fünf Tage in der Klinik war, sagte meine Schwester: So, wenn die anderen Urlaub nehmen, dann sehe ich nicht ein, daß ich zu Hause bleiben muß. – Ich blieb allein übrig und mein Vater.

Wie haben eigentlich die Enkelkinder die Krankheit Ihrer Mutter aufgenommen? Konnten sie schon Verständnis entwickeln? Hat man ihnen die Krankheit Depression zu erklären versucht?

Für meinen Sohn, den ich in die Klinik zu Besuchen mitnahm, war das, was er sah, sehr erschütternd. Er gab sich Mühe, zu meiner Mutter lieb und nett zu sein, aber verstanden hat er die Krankheit überhaupt nicht. – Für meine Mutter wäre es sicher auch ein Trost gewesen, wenn sie die kleine Tochter meiner Schwester zu sehen bekommen hätte. – Überhaupt, wenn alle dagewesen wären in den acht Wochen... Sie hat sich so allein und verlassen gefühlt. Mein Vater und ich waren ihr kein Trost.

Das Gefühl des Verlassenseins und der Trostlosigkeit ist natürlich auch ein Symptom der Erkrankung.

Ja. – Und wenn meine Geschwister gekommen wären und hätten kein Verständnis gezeigt, dann hätte das meiner Mutter sicher nicht geholfen. Es hätte sie eher noch tiefer in die Depression getrieben. – Dieses Gefühl hatte ich vor der Einlieferung in die Klinik: Meine Geschwister haben die Mutter ganz tief in die Depression getrieben mit ihrem Satz: Reiß dich endlich zusammen.

Wie stehen Ihre Geschwister heute, nachdem alles überstanden ist, zu ihrem Verhalten? Sprechen sie noch darüber, oder ist das Thema tabu?

Es wird übergangen. Meine Mutter sagte kurz nach der

Klinikentlassung, sie möchte nicht mehr darüber sprechen. – Das akzeptierte ich. – Ich habe aber anschließend eine Auseinandersetzung mit meinen Geschwistern gehabt. Mein Vater war dabei. – Die Mutter hätte nicht in die Klinik gemußt, wenn ihre Kinder nicht versagt hätten. – Heute bemüht sich mein Bruder sehr um die Eltern. – Mit meiner älteren Schwester habe ich vereinbart, daß wir nur noch vor unseren Eltern miteinander sprechen.

Leidet Ihre Mutter nicht darunter, daß durch ihr Kranksein eine solche Bewegung in die Beziehung ihrer Kinder untereinander gekommen ist?

Sicher, ja!

Das belastet sie aber doch?

Meine Mutter verschweigt alle ihre Probleme. – Aber ich glaube, daß sie darunter leidet, daß die Beziehung zwischen meiner Schwester und mir zerbrochen ist.

Eine Depression kann sich ja wiederholen. Weiß das Ihre Mutter?

Ja. Und sie rechnet damit, daß es ihr dann wieder so ergehen wird wie damals vor zwei Jahren. Das hat sie mir offen gesagt.

Können Sie nicht jetzt, in der Zeit der Gesundheit, zum Beispiel mit Ihrem Bruder klären, wie es im Falle einer erneuten Erkrankung zu arrangieren sei, daß Ihre Mutter nicht in die Klinik muß? Eine gute Lösung könnte Ihre Mutter doch entlasten?

Ja, aber die Frau meines Bruders sagt, sie möchte auf nichts verzichten. Deswegen habe ich Zweifel.

Sagten Sie nicht, Ihre Schwägerin sei nicht berufstätig und sei kinderlos? Sie hätte doch die Möglichkeit, zusammen mit Ihrem Vater...

Nein. Der Schwiegertochter fehlt das Herzliche, Freundliche. Sie ist nicht geeignet, eine depressiv Kranke zu pflegen.

Sie können also der Mutter nicht versichern: Wenn du wieder eine depressive Phase hast, kümmern wir uns um dich, du mußt dann nicht mehr in die Psychiatrische Klinik?

Nein, leider. Außer zu schweren Zerwürfnissen hat die Aussprache zu nicht viel geführt. – Es fehlt das Verständnis für die Krankheit Depression.

Die Erkrankung hatte im Grunde Folgen für alle Familienangehörigen.

Ja. – Meine jüngere Schwester sagte aber, wenn Not ist, hilft sie gerne.

Die Mitarbeiter

Elisabeth Schad, Jahrgang 1952. Studium der Psychologie an der Universität Erlangen. Weiterbildung in Gesprächs- und Verhaltenstherapie. Freie Mitarbeit in Psychiatrischer Praxis in Hamburg. U. a. tätig in der psychologischen Arbeit mit Kindern und Jugendlichen.

Dr. Ulrich Pratje, Jahrgang 1924. Kindheit und Jugend in Berlin. Nach Abitur 1942 Wehrdienst bis 1945. Studium der Medizin 1947 bis 1952 in Mainz. Nach klinischen Jahren in der Inneren Medizin und Chirurgie Ausbildung zum Facharzt für Neurologie und Psychiatrie an der Universitätsklinik Homburg/Saar bis 1962. Seit 1962 als Arzt für Neurologie und Psychiatrie in eigener Praxis in Speyer/Rhein tätig.

Dr. Adalbert Orth, Jahrgang 1939. Humanistisches Abitur in München. Studium der Medizin an den Universitäten Würzburg, Wien und Mainz. Nach klinischer Tätigkeit Übernahme einer Allgemeinpraxis in Speyer/Rhein. Mitglied, wissenschaftlicher Beirat, Schatzmeister und Vorsitzender in verschiedenen wissenschaftlichen, karitativen und berufsständischen Organisationen.

Dr. Hans Sproll, Jahrgang 1926. Nach dem Abitur 1944 Kriegsdienst, dann Kriegsgefangenschaft bis 1947. Studium der Medizin in Tübingen und Heidelberg. Nach Ausbildungsjahren Arzt für Geburtshilfe und Frauenheilkunde. Seit 1972 Chefarzt der geburtshilflich-gynäkologischen Abteilung des Kreiskrankenhauses Ehingen/Donau.

Dr. Gerhard Jakob, Jahrgang 1946. Medizinstudium in Würzburg und Heidelberg. Promotion an der Universitätsfrauenklinik in Heidelberg. Facharztausbildung als Gynäkologe. Ab 1981 Oberarzt der gynäkologischen und geburtshilflichen Abteilung im Diakonissenkrankenhaus Speyer/Rhein. Seit 1986 niedergelassener Frauenarzt in Speyer. Seit 1985 Betreuung der Frauenselbsthilfegruppe nach Krebs in Speyer.

Ernst Gutting, Jahrgang 1919. Seit 1971 Weihbischof der Diözese Speyer und Referent für die Frauenseelsorge bei der Deutschen Bischofskonferenz. Buchveröffentlichungen: »Nur die Liebe zählt«, Leutesdorf, 6. Aufl. 1988. »Offensive gegen den Patriarchalismus«, Freiburg, 4. Aufl. 1988.

Die Frau in der Gesellschaft

Elisabeth Beck-Gernsheim
Das halbierte Leben
Männerwelt Beruf – Frauenwelt Familie
Band 3713

Vom Geburtenrückgang zur Neuen Mütterlichkeit?
Band 3754

Mutterwerden – der Sprung in ein anderes Leben
Band 4731

Renate Berger (Hg.)
Und ich sehe nichts, nichts als die Malerei
Autobiographische Texte von Künstlerinnen des 18.-20. Jahrhunderts
Band 3722

Gisela Breitling
Der verborgene Eros
Weiblichkeit und Männlichkeit im Zerrspiegel der Künste
Band 4740

Gisela Breitling
Die Spuren des Schiffs in den Wellen
Eine autobiographische Suche nach den Frauen in der Kunstgeschichte
Band 3780

Gisela Brinker-Gabler (Hg.)
Deutsche Dichterinnen vom 16. Jahrhundert bis zur Gegenwart
Gedichte und Lebensläufe
Band 3701

Susan Brownmiller
Gegen unseren Willen
Vergewaltigung und Männerherrschaft
Band 3712

Weiblichkeit
Band 4703

Eva Dane / Renate Schmidt (Hg.)
Frauen & Männer und Pornographie
Ansichten – Absichten – Einsichten
Band 10149

Andrea Dworkin
Pornogaphie
Männer beherrschen Frauen
Band 4730

Richard Fester / Marie E.P. König / Doris F. Jonas / A. David Jonas
Weib und Macht
Fünf Millionen Jahre Urgeschichte der Frau
Band 3716

Karin Flothmann / Jochen Dilling
Vergewaltigung: Erfahrungen danach
Band 3781

Sylvia Fraser
Meines Vaters Haus
Geschichte eines Inzests
Band 4751

Nancy Friday
Wie meine Mutter
My Mother my self
Band 3726

Fischer Taschenbuch Verlag

Die Frau in der Gesellschaft

Joëlle Augerolles
Mein Analytiker und ich
Tagebuch einer verhängnisvollen Beziehung. Band 10401

Monika Beckerle
Depression: Leben mit dem Gesicht zur Wand
Erfahrungen von Frauen
Band 4726

Dagmar Bielstein
Von verrückten Frauen
Notizen aus der Psychiatrie
Band 10261

Ingeborg Bruns
Als Vater aus dem Krieg heimkehrte
Töchter erinnern sich
Band 10300

Gaby Franger
Wir haben es uns anders vorgestellt
Türkische Frauen in der Bundesrepublik
Band 3753

Gisela Friedrichsen
Abtreibung
Der Kreuzzug von Memmingen
Band 10625

Maria Frisé
Auskünfte über das Leben zu zweit
Band 3758

Dietrich Gronau / Anita Jagota
Über alle Grenzen verliebt
Beziehungen zwischen deutschen Frauen und Ausländern
Band 10148

Imme de Haen
»Aber die Jüngste war die Allerschönste«
Schwesternerfahrungen und weibliche Rolle
Band 3744

Helga Häsing
Mutter hat einen Freund
Alleinerziehende Frauen berichten
Band 3742

Irma Hildebrandt/ Eva Zeller (Hg.)
Das Kind, in dem ich stak
Gedichte und Geschichten über die Kindheit. Band 10429

Katharina Höcker
Durststrecken
Zwischen Abhängigkeit und Alkohol
Frauen und Alkohol
Band 4717

Fischer Taschenbuch Verlag

fi 404 / 10a